1주차

한 주간의 계획을 먼저 세워 보세요. 매일 학습을 마친 후 맞힌 문제의 개수를 쓰세요!

회차	영역	학습 내용	학습계획일	맞은 문제수
01회	속담	**티끌 모아 태산** '티끌'은 먼지를 말합니다. 그런데 티끌같이 아무리 작은 것이라도 차곡차곡 모으면 크고 높은 '태산'처럼 커질 수 있습니다. 이처럼 **'티끌 모아 태산'**은 **'아무리 작은 것이라도 모이면 나중에는 큰 것이 될 수 있다'**는 말입니다.	월 일	독해 6문제 중 □개 어법·어휘 6문제 중 □개
02회	사자성어	**전전긍긍(戰戰兢兢)** '전전긍긍'을 우리말로 바꾸자면 전전은 '덜덜', 긍긍은 '벌벌' 정도로 바꿀 수 있습니다. **'어떤 것이 두렵거나, 애가 타서 안절부절 못하는 모습'**을 **'전전긍긍(戰戰兢兢)'**이라고 말합니다.	월 일	독해 6문제 중 □개 어법·어휘 3문제 중 □개
03회	관용어	**찬물을 끼얹다** 축제로 들떠있는 사람들에게 찬물을 확 뿌린다면 순식간에 그 분위기는 가라앉을 것입니다. **'찬물을 끼얹다'**라는 말은 **'잘 되어가고 있는 일에 끼어들어 분위기를 흐린다'**는 뜻입니다.	월 일	독해 5문제 중 □개 어법·어휘 5문제 중 □개
04회	속담	**하나만 알고 둘은 모른다** 우리는 때때로 어떤 일이나 사물의 겉면만 보고 잘못된 판단을 내릴 때가 있습니다. **'하나만 알고 둘은 모른다'**이 이처럼 **'사물의 한 쪽만 보고 두루 보지 못할 때'** 쓰는 말입니다.	월 일	독해 5문제 중 □개 어법·어휘 4문제 중 □개
05회	관용어	**입만 아프다** 아무리 말을 해도 상대가 듣지를 않거나 달라지는 일이 없으면 아무런 의미가 없습니다. 그저 입만 아플 뿐입니다. **'입만 아프다'**는 이처럼 **'아무리 말을 해도 듣지 않거나, 달라지는 것이 없을 때'** 쓰는 말입니다.	월 일	독해 6문제 중 □개 어법·어휘 6문제 중 □개

01회 티끌 모아 태산*

'티끌'은 먼지를 말합니다. 그런데 티끌같이 아무리 작은 것이라도 차곡차곡 모으면 크고 높은 '태산'처럼 커질 수 있습니다. 이처럼 '티끌 모아 태산'은 '아무리 작은 것이라도 모이면 나중에는 큰 것이 될 수 있다'는 말입니다.

공부한 날 [ ]월 [ ]일 시작 시간 [ ]시 [ ]분

먼 옛날에 '자린고비'라는 **구두쇠**①가 살고 있었습니다. 자린고비는 돈을 쓰는 일을 무척 싫어했고, 무엇이든 아끼는 것을 좋아했습니다. 그래서 마을을 10년이나 다닌 **북어**② 장수도 자린고비에게 생선 한 마리를 팔아 본 적이 없을 **정도**③였습니다.

자린고비에게 생선을 한 마리도 팔지 못했던 것이 못내 아쉬웠던 북어 장수는 꾀를 하나 냈습니다. 마치 북어를 흘린 것처럼 자린고비의 마당에 두고, 자린고비가 그것을 먹으면 북어의 값을 내게 하려는 계획이었습니다.

그러나 자린고비는 북어를 들고 한참을 생각하더니, 곧 북어를 문밖으로 던져 버렸습니다.

"아니, 맛있는 반찬이 있으면 밥을 더 먹게 될 것이 아닌가. 그러면 안 되지, 암!"

그 말을 듣고 북어 장수는 ㉠**참 지독하다며 혀를 내둘렀습니다.** 그리고 다시는 자린고비에게 북어를 팔려 하지 않았습니다.

그러던 어느 날, 자린고비가 사는 지역에 큰 가뭄이 들었습니다. 오랜 가뭄에 많은 사람이 굶주림에 시달려야 했습니다. 이러다 굶어 죽지는 않을까 모두 걱정하던 그때, 자린고비가 나서 마을 사람들에게 쌀을 나누어 주기 시작했습니다.

㉡**"아니, 어디서 이렇게 많은 쌀을 가지고 온 겁니까?"**

"**티끌 모아 태산***이라는 말도 모르나? 지금껏 조금씩 아낀 돈으로 사 온 것뿐이네."

마을 사람들은 자린고비가 그렇게 많은 돈을 모은 줄 몰라 깜짝 놀랐고, 또 그 돈으로 쌀을 사서 마을 사람들에게 나누어 주는 것도 믿기지 않았습니다. 그러든 말든 자린고비는 **묵묵히**④ 쌀을 나누어 줄 뿐이었습니다.

그 후, ㉢**마을 사람들은 자린고비를 지독하다고 욕했던 것을 반성하고 사과했습니다.** 그리고 자린고비를 **본받아**⑤ **검소하게**⑥ 생활하며 필요할 때를 **대비**⑦해 돈을 아꼈다고 합니다.

– 우리나라 전래 동화

어려운 낱말 풀이   ① **구두쇠** 돈이나 물건을 지나치게 아끼는 사람   ② **북어** 명태를 말린 것 北북녘 북 魚물고기 어   ③ **정도** 어떤 것의 수준이나 단계, 범위를 나타내는 말 程단위 정 度법도 도   ④ **묵묵히** 말없이 잠잠하게 默잠잠할 묵 默잠잠할 묵 -   ⑤ **본받아** 본보기로 하여 그대로 따라 本근본 본 -   ⑥ **검소하게** 낭비하지 않고 수수하게 儉검소할 검 素본디 소 -   ⑦ **대비** 앞으로 일어날 일을 위해 미리 준비해 둠 對대할 대 備갖출 비

1 자린고비가 마당에 떨어져 있던 북어를 먹지 않은 까닭을 써 보세요.

맛있는 반찬이 있으면 [ ]을(를) 더 먹게 될 테니, 그마저도 아끼기 위해서

2 밑줄 친 ㉠~㉢에서 마을사람들이 자린고비에게 느낀 감정으로 알맞은 것을 골라 선으로 이어 보세요.

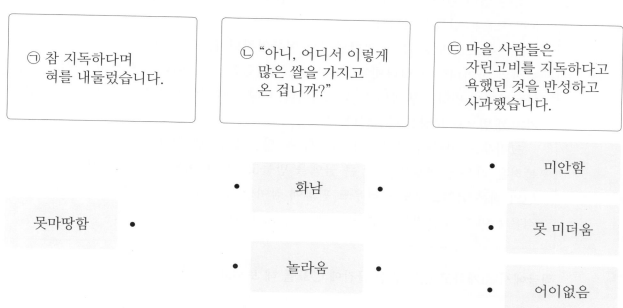

3 '티끌 모아 태산'의 뜻으로 미루어 보았을 때, 자린고비가 말한 '티끌'과 '태산'은 각각 무엇인지 알맞게 선으로 이어 보세요.

4 이 이야기에서 '자린고비'라는 말이 유래되었습니다. '자린고비'는 어떤 사람을 부르는 말인지 골라 보세요. -- [   ]

① 욕심쟁이   ② 거짓말쟁이   ③ 지독한 구두쇠
④ 돈이 없는 사람   ⑤ 생선을 싫어하는 사람

[5~6] 다음 글을 읽고, 문제를 풀어 보세요.

> **기발한** **발명품**을 만들거나, 많은 사람에게 도움이 될 좋은 생각을 **실현**하고자 할 때 돈이 필요하기도 합니다. 지금처럼 인터넷을 많이 쓰지 않았던 옛날에는 그런 돈을 모으기가 쉽지 않았습니다. 하지만 요즘은 '크라우드 펀딩'이라는 방법을 통해 그 돈을 모으는 사람들이 있습니다.
>
> 크라우드 펀딩은, 수많은 사람을 뜻하는 영어 단어 '크라우드(Crowd)'와 돈 모으기를 뜻하는 영어 단어 '펀딩(Funding)'을 합친 말입니다. 즉, 크라우드 펀딩은 여러 사람에게서 돈을 모으는 일을 뜻합니다.
>
> 크라우드 펀딩은 주로 인터넷에서 **이루어집니다.** 크라우드 펀딩을 하고자 하는 사람은 자신의 **아이디어**를 인터넷에 올립니다. 사람들은 그 아이디어를 보고 자신의 마음에 드는 아이디어에 원하는 만큼의 돈을 보냅니다. 이후 아이디어가 실현되면, 돈을 준 사람들은 여러 가지 방법으로 **보상**을 받습니다.
>
> 크라우드 펀딩에 **참여**하기 위해서 꼭 많은 돈을 낼 필요가 없습니다. 크라우드 펀딩의 목적은 작은 금액들을 모아 큰 금액을 만들고 아이디어를 실현하는 것입니다. 천 원, 이천 원의 적은 금액으로도 크라우드 펀딩에 참여할 수 있습니다. **티끌 모아 태산**이라는 말처럼, 적은 돈이 모여 큰일을 해낼 수 있게 하는 것이 크라우드 펀딩입니다.

5 윗글에서 소개하고 있는 중심 글감에 ○표를 해 보세요.

기발한 발명품	인터넷 아이디어	크라우드 펀딩
[ ]	[ ]	[ ]

6 다음은 크라우드 펀딩에서 '티끌'과 '태산'은 각각 무엇을 가리키는지 정리한 표입니다. 빈칸에 알맞은 낱말을 [보기]에서 찾아 써 보세요.

[보기]   실현   참여

티끌	태산
여러 사람들이 [ ][ ] 해 내는 크고 작은 금액의 돈	아이디어를 [ ][ ] 할 큰돈

🧻 어려운 낱말 풀이 ┃ ① **기발한** 생각이 놀라울 만큼 재치가 있고 뛰어난 奇기특할 기 拔빼어날 발 - ② **발명품** 아직까지 없었던 물건을 새로 생각하여 만들어 낸 것 發필 발 明밝을 명 品물건 품 ③ **실현** 꿈, 기대 따위를 실제로 이룸 實열매 실 現나타날 현 ④ **이루어집니다** 어떤 상태나 형편이 됩니다 ⑤ **아이디어** 어떤 일에 대한 구상 ⑥ **보상** 어떤 것에 대한 대가로 갚음 報갚을 보 償갚을 상 ⑦ **참여** 어떤 일에 끼어들어 관계함 參참여할 참 與더불어 여

1단계 [보기]를 보고 빈칸에 알맞은 낱말을 채워 보세요.

[보 기]　　　　　　　참여　　　　정도　　　　보상

[1] 탐정은 사건 해결에 대한 ☐☐(으)로 큰 금액을 요구했다.

[2] 이벤트에 ☐☐하기 위해서는 우선 회원 가입이 필요하다.

[3] ☐☐이(가) 지나치면 무엇이든 보기 좋지 않다.

2단계 다음 문장의 ☐ 속 낱말이 잘못된 부분에 ×표 하고 바르게 고쳐 보세요.

[1] 여러 사람의 힘을 모우면 해낼 수 있다. → ☐

[2] 자린고비는 묵묵히 쌀을 나너줄 뿐이었습니다. → ☐

3단계 다음 [보기]의 빈칸에 공통으로 들어갈 낱말을 골라 보세요. ------------- [　]

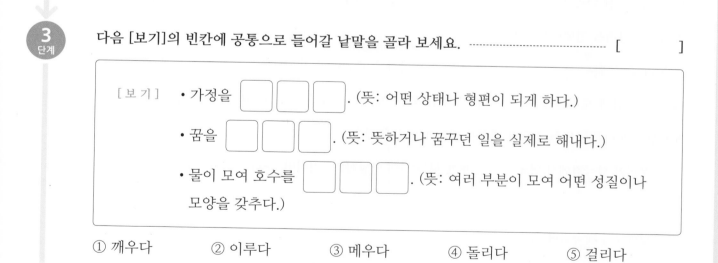

[보 기]
· 가정을 ☐☐☐. (뜻: 어떤 상태나 형편이 되게 하다.)
· 꿈을 ☐☐☐. (뜻: 뜻하거나 꿈꾸던 일을 실제로 해내다.)
· 물이 모여 호수를 ☐☐☐. (뜻: 여러 부분이 모여 어떤 성질이나 모양을 갖추다.)

① 깨우다　　② 이루다　　③ 메우다　　④ 돌리다　　⑤ 걸리다

시간　**끝난 시간** ☐시 ☐분
1회분 푸는 데 걸린 시간 ☐분

채점　**독해** 6문제 중 ☐개
어법·어휘 6문제 중 ☐개

02회 전전긍긍(戰 戰 兢 兢)*

싸울 전　싸울 전　삼갈 긍　삼갈 긍

'전전긍긍'을 우리말로 바꾸자면 전전은 '덜덜', 긍긍은 '벌벌' 정도로 바꿀 수 있습니다. '어떤 것이 두렵거나, 애가 타서 안절부절 못하는 모습'을 '전전긍긍(戰戰兢兢)'이라고 말합니다.

공부한 날 [　] 월 [　] 일 시작 시간 [　] 시 [　] 분

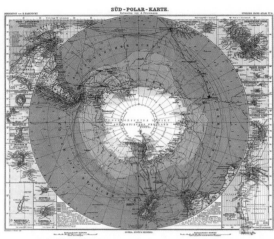

↑ 1912년에 만들어진 남극 지도. 가운데 하얀 부분이 남극의 모습입니다. 오른쪽 아래 부분에 노랗게 보이는 땅이 호주입니다. 우리나라는 호주가 있는 방향을 따라 북쪽으로 올라간 곳에 위치하고 있습니다.

1911년, **남극점**①을 최초로 **정복**②하기 위한 승부가 시작되었습니다. 영국의 스콧 탐험대와 노르웨이의 아문센 탐험대가 승부의 주인공이었습니다. 스콧은 열정적이지만 **무모한**③ 탐험가였고, 아문센은 **치밀하고**④ 냉정한 탐험가였습니다.

옛날도, 그리고 지금도 남극은 사람이 살 수 없는 위험한 곳입니다. 아무리 **철저히**⑤ 탐험을 준비한다고 해도, 잠깐의 실수로도 목숨을 잃을 수 있습니다. 두 탐험대는 남극이 주는 많은 어려움을 하나하나 **극복**⑥하며 점점 남극점으로 나아갔습니다.

두 탐험대의 탐험 과정은 무척 달랐습니다. 그 당시 최고의 **강대국**⑦이었던 영국의 지원을 받은 스콧의 탐험대는 최신 기술을 바탕으로 탐험을 했습니다. 반면 아문센은 여러 번의 탐험으로 쌓은 경험과 철저한 계획으로 탐험을 진행했습니다.

둘의 승부에는 서로의 자존심뿐만 아니라 영국과 노르웨이의 자존심도 걸려 있었습니다. 두 탐험대는 혹시 남극점에 도착했을 때 스콧의 깃발이, 혹은 아문센의 깃발이 꽂혀 있을까 봐 **전전긍긍***했습니다. 노르웨이의 아문센 탐험대의 한 **대원**⑧은 일기에 이렇게 썼습니다.

㉠'우리가 남극점에서 영국 국기를 보게 되는 것이 아닐까? 신이시여, 우리를 도와주소서.'

– 03회에서 계속됩니다.

어려운 낱말 풀이 ① **남극점** 지구 자전축의 남쪽 끝 南남녘 남 極다할 극 點점 점　② **정복** 매우 가기 힘든 곳을 어려움을 이겨 내고 감 征칠 정 服옷 복　③ **무모한** 앞뒤를 생각하지 않고 무작정 덤벼드는 無없을 무 謀꾀 모 -　④ **치밀하고** 자세하면서 꼼꼼하고 緻빽빽할 치 密빽빽할 밀 -　⑤ **철저히** 빈틈이나 부족함이 없이 徹통할 철 底밑 저 -　⑥ **극복** 어렵고 힘든 일을 잘 이겨내는 것 克이길 극 服옷 복　⑦ **강대국** 군대의 힘이 세고 나라의 살림이 넉넉한 나라 強강할 강 大클 대 國나라 국　⑧ **대원** 부대나 집단을 이루는 사람 隊무리 대 員사람 원

1 이 글의 내용 중 아문센과 관련된 단어로만 이루어진 짝을 골라 보세요. ----------------------- [   ]

| ㉠ 영국 | ㉡ 노르웨이 | ㉢ 냉정함 | ㉣ 무모함 |

① ㉠,㉡   ② ㉠,㉢   ③ ㉡,㉢   ④ ㉡,㉣   ⑤ ㉢,㉣

2 다음 중 이 글의 내용으로 알맞지 <u>않은</u> 것을 골라 보세요. -------------------------------------- [   ]

① 남극은 사람이 살기 힘든 위험한 곳이다.
② 1911년 당시 영국은 세계적인 강대국이었다.
③ 스콧과 아문센의 탐험 방식은 상당히 비슷했다.
④ 스콧과 아문센의 승부에는 각 나라의 자존심이 걸려 있었다.
⑤ 아문센 탐험대 중 누군가는 일기를 썼다.

3 밑줄 친 ㉠이 뜻하는 것이 무엇인지 [보기]에서 찾아 빈칸을 채워 보세요.

| [보 기] | 도착 | 영국 | 깃발 |

노르웨이의 아문센 탐험대가 남극점에 ☐☐ 했을 때, ☐☐ 의 스콧 탐험대가
먼저 도착해 꽂아 놓은 ☐☐ 을 보게 될까 봐 두렵고 걱정이 되어 애가 타는 심정을
담은 말이다.

4 다음 중 '전전긍긍'이 바르게 쓰인 문장을 골라 보세요. ------------------------------------- [   ]

① 방송에 나온 그 음식점 앞은 **전전긍긍**을 이루었다.
② 영감님은 지금까지 살아온 이야기를 **전전긍긍**하게 털어놓았다.
③ 반 친구들은 얼른 수학여행 가는 날이 다가오기를 **전전긍긍**했다.
④ 그는 혹시나 그가 잘못한 것을 모두가 알게 될까 봐 **전전긍긍**했다.
⑤ 개그맨이 이상한 분장을 하고 나타나자 사람들은 **전전긍긍**을 터뜨렸다.

[5~6] 다음 글을 읽고, 문제를 풀어 보세요.

> 옛날 어느 산골에 한 할머니가 팥을 들고 집으로 돌아가고 있었습니다. 집에 거의 다다랐을 때, 호랑이 한 마리가 울타리를 넘어 들어와 할머니를 잡아먹으려 했습니다. 할머니는 **다급하게**① 소리쳤습니다.
>
> "이 팥으로 팥죽을 **쑤어 주겠소**②. 그러고도 배가 차지 않으면 나를 잡아먹으시오."
>
> "팥죽? 그것 참 맛있겠군. 얼른 한 그릇 쑤어 와라."
>
> 부엌으로 들어온 할머니는 몸을 벌벌 떨며 팥죽을 쑤었습니다. 혹시 호랑이가 팥죽을 다 먹고도 자기를 잡아먹을까 봐 **전전긍긍**했습니다. 어찌나 떨었던지 팥죽을 휘젓던 주걱을 가마솥에 빠뜨리기도 했습니다.
>
> 이윽고 팥죽이 익어 달콤한 냄새가 나기 시작했습니다. 그러자 부엌에서 목소리가 들려왔습니다.
>
> "할멈, 할멈! 여길 봐. 우릴 보라고!"
>
> 고개를 돌리자 아궁이, 지게, **멍석**③, 송곳, 항아리가 말을 걸고 있었습니다.
>
> "할멈, 할멈은 우리를 정말 아껴 주었지. 우리한테 팥죽을 한 그릇씩만 주면 우리가 힘을 내서 호랑이를 물리쳐줄게."
>
> 할머니는 물건들이 어떻게 호랑이를 물리치겠다는 건지 알 수 없었습니다. 그래도 팥죽을 크게 한 그릇씩 퍼서 물건들에게 주었습니다. 맛있게 먹는 모습을 본 할머니는 **전전긍긍**하던 마음을 잊고 흐뭇하게 미소를 ㉠지었습니다.
>
> – 우리나라 전래 동화 「팥죽 할멈과 호랑이」 중 (03회에서 계속됩니다.)

5 위 이야기를 읽고 나눈 대화로 알맞지 <u>않은</u> 것을 골라 보세요. ──────── [　　　]

① 규환: 호랑이는 원래 할머니를 잡아먹으려 했어.
② 동호: 할머니는 호랑이한테 잡아먹힐까 봐 전전긍긍했어.
③ 세진: 부엌에서 아궁이, 지게, 멍석, 송곳, 항아리가 말을 걸었어.
④ 은택: 할머니는 팥죽을 호랑이한테 줘야 하니 물건들에게는 조금씩만 주었어.
⑤ 수현: 물건들이 맛있게 먹으니, 할머니는 전전긍긍하던 것을 잊고 미소지었어.

6 다음 중 '짓다'가 밑줄 친 ㉠과 같은 뜻으로 쓰인 것을 골라 보세요. ──────── [　　　]

① 무리를 **짓다**.　　　② 빌딩을 **짓다**.　　　③ 표정을 **짓다**.
④ 노래를 **짓다**.　　　⑤ 농사를 **짓다**.

🗒 **어려운 낱말 풀이** ┃ ① **다급하게** 할 일이 코앞에 닥쳐 몹시 급하게 多많을 다 急급할 급 - ② **쑤어 주겠소** 죽을 끓여 주겠소 ③ **멍석** 짚으로 엮은 큰 깔개. 곡식을 널어 말리거나 마당에 펴서 깔고 앉는 데 씀

1 단계 빈칸에 알맞은 낱말을 [보기]에서 찾아 채워 보세요.

[보 기]　　　　　　　　정복　　　　무모　　　　치밀

철수는 아무런 계획이 없이 ☐☐ 하게 산을 올랐다가 다리를 다쳤습니다.

병원에 입원한 철수는 다음부터는 ☐☐ 하게 계획을 세워 반드시 뒷산을

☐☐ 하리라 마음먹었습니다.

2 단계 다음 한자 풀이를 보고, 대원에 쓰인 '대'와 같은 한자가 쓰인 낱말에 ○표를 해 보세요.

隊	員
무리 대	사람 원

뜻: 부대나 집단을 이루는 사람

[1] **대국**: 큰 나라 ------------------------ [　]

[2] **대량**: 아주 많은 양 ------------------- [　]

[3] **대열**: 무리가 줄지어 선 행렬 ------------ [　]

[4] **대소**: 크고 작음 ------------------------ [　]

3 단계 다음은 상태를 나타내는 말들입니다. 낱말과 뜻을 알맞게 선으로 이어 보세요.

[1]　위험한　　•

　　　　　　　　　　　• ㉠　아주 마음에 들어 기분이 좋은

[2]　다급한　　•

　　　　　　　　　　　• ㉡　안전하지 못한 나쁜 처지인

[3]　흐뭇한　　•

　　　　　　　　　　　• ㉢　할 일이 코앞에 닥쳐 몹시 급한

 시간　**끝난 시간** ☐ 시 ☐ 분
1회분 푸는 데 걸린 시간 ☐ 분

 채점　**독해 6문제 중** ☐ 개
어법·어휘 3문제 중 ☐ 개

찬물을 끼얹다*

축제로 들떠 있는 사람들에게 찬물을 확 뿌린다면 순식간에 그 분위기는 가라앉을 것입니다. '찬물을 끼얹다'라는 말은 '잘되어가고 있는 일에 끼어들어 분위기를 흐린다'는 뜻입니다.

공부한 날 [ ] 월 [ ] 일 시작 시간 [ ] 시 [ ] 분

1912년 1월 3일, 스콧 탐험대는 남극점까지 240km를 남겨두고 있었습니다. 이전에 남극을 탐사했던 영국의 선배 탐험가 '어니스트 섀클턴'은 남극점까지 240km를 남겨 놓고 돌아가야만 했습니다. 그렇기 때문에 스콧은 남극점에 가겠다는 **의지**^①를 더욱 굳게 다졌습니다. 지금까지는 섀클턴이 왔던 길을 따라 왔지만, 이제부터는 스스로 길을 **개척**^②해야 했습니다. 스콧은 **식량**^③을 아끼기 위해 탐험대의 **절반**^④만을 데리고 남극점으로 이동했습니다.

남극점으로 가는 길은 **호락호락하지**^⑤ 않았습니다. 스콧은 가는 길 내내 눈보라와 거친 날씨에 시달렸습니다. 그럼에도 스콧은 굳은 의지를 가지고 탐험을 계속해 나갔습니다. 스콧 탐험대는 곧 남극점에 도착할 것이라는 **기대감**^⑥을 가지고 더욱 힘을 냈습니다.

1월 16일, 스콧은 충격적인 것을 발견했습니다. 그것은 바로 자신보다 앞서간 이들의 썰매 자국과 발자국이었습니다. 그 자국들은 남극점을 향한 스콧 탐험대의 의지에 **찬물을 끼얹었습니다.**[*] 그래도 스콧은 희망을 버리지 않고 남극점으로 향했습니다.

1월 17일, 스콧 일행은 드디어 남극점에 도착했습니다. 그곳에는 이미 아문센의 깃발이 펄럭이고 있었습니다. 아문센은 한 달이나 빠른 1911년 12월 14일 남극점에 도착했습니다. 아문센이 스콧보다 훨씬 더 빨랐던 까닭은 아문센의 탐험 준비가 남극의 **기후**^⑦를 극복하는 데 더 **적절했기**^⑧ 때문입니다.

아문센은 이동 수단으로 개썰매를 이용했습니다. 북극의 원주민들이 개썰매를 이동 수단으로 쓰는 것을 보고, 추운 기후에 가장 적절한 이동 수단이 개썰매라고 생각했기 때문입니다. 반면 스콧은 개보다 빠른 조랑말을 이동 수단으로 삼았습니다. 이 이야기를 들은 아문센은 스콧에게 조언을 건네기도 했습니다.

↑ 아문센이 남극 대륙을 탐험할 때, 사용했던 개썰매의 모습(1912년 프랭크 헐리 촬영)
© Uiidcixvood &Undcr-jjood SHACKLETONS SHIP ENDURANCE, CRUSHED BY ICE PRESSURE AND SINKING

"조랑말은 추운 날씨에는 좋지 않습니다. 개썰매를 쓰십시오. 당신이 걱정됩니다."

그러나 스콧은 조언을 듣지 않았고, 조랑말들은 결국 남극의 추위 속에 얼어 죽고 말았습니다.

세계의 주목을 받았던 두 탐험대의 남극점 탐험은 아문센의 승리로 끝났습니다. 두 탐험대의 이야기는 지금까지도 여러 사람의 입에 오르내리며 교훈을 주고 있습니다.

1 스콧과 아문센 중 남극점에 먼저 도착한 탐험가는 누구인지 쓰고, 그럴 수 있었던 까닭을 [보기]의
낱말을 사용하여 채워 보세요.

[보 기]	준비	적절	극복	기후

먼저 도착한
탐험가 ·····

그럴 수
있었던 까닭 ·····

남극 탐험 ☐☐ 이(가) 더욱 철저했으며, 남극의
☐☐ 을(를) ☐☐ 하는 방법이 더욱 ☐☐ 했기
때문에

2 이 글의 내용으로 알맞지 <u>않은</u> 것을 골라 보세요. ------------------------------------ [　　　　]

① '어니스트 섀클턴'은 영국의 탐험가였다.
② '어니스트 섀클턴'은 남극점까지 도달하지 못하고 돌아간 적이 있다.
③ '스콧'은 남극점에 도달하지 못했다.
④ '스콧'은 남극에서 이동하는 데 말을 이용했다.
⑤ '아문센'은 남극에서 이동하는 데 개를 이용했다.

3 스콧 탐험대의 의지에 '찬물을 끼얹은' 것을 골라 보세요. ------------------------------------ [　　　　]

① 어니스트 섀클턴 　　② 남은 거리 240km 　　③ 눈보라와 악천후
④ 앞서간 자국 　　⑤ 남극의 기후

어려운 낱말 풀이 ① **의지** 어떠한 일을 이루고자 하는 마음 意뜻 의 志뜻 지 　② **개척** 새로운 영역, 운명, 진로 따위를 처음으로
열어 나감 開열 개 拓넓힐 척 　③ **식량** 살기 위해 필요한 사람의 먹을거리 食밥 식 糧양식 량 　④ **절반** 하나를
반으로 가름 折꺾을 절 半반 반 　⑤ **호락호락하지** 일이나 사람이 만만해서 다루기 쉽지 　⑥ **기대감** 어떤 일이
이루어지기를 바라고 기다리는 심정 期기약할 기 待기다릴 대 感느낄 감 　⑦ **기후** 기온·비·눈·바람 따위의 대기
상태 氣기운 기 候기후 후 　⑧ **적절했기** 꼭 알맞았기 適맞을 적 切끊을 절 -

[4~5] 다음 글을 읽고, 문제를 풀어 보세요.

> 부엌에서 팥죽 냄새가 나는데도 할머니가 나오지 않자, 호랑이는 부엌으로 갔습니다. 할머니는 부엌에서 팥죽을 쑤는 척하고 있었습니다.
>
> "아직 멀었느냐? 더 이상 나를 배고프게 하면 너를 잡아먹을 거야, 할멈!"
>
> 할머니는 겁이 났지만, 물건들이 시킨 대로 말했습니다.
>
> "아이고 호랑이님, 팥죽이 딱 맛있게 익었습니다. 여기 와서 한 입 드셔 보세요."
>
> 신이 난 호랑이는 아궁이 앞으로 갔습니다. 그러자 아궁이는 재를 푹 쏘아 올렸습니다. 재가 눈에 들어간 호랑이는 허둥거리다 옆에 있던 항아리의 물로 눈을 비볐습니다. 그런데 그 항아리의 물에는 소금이 잔뜩 들어 있었습니다. 호랑이가 눈을 잡고 낑낑대자 이번에는 송곳이 나타나 호랑이의 엉덩이를 쿡 찔렀습니다.
>
> "이 나쁜 호랑이 녀석아! 맛이 어떠냐!"
>
> 호랑이는 눈과 엉덩이가 아파 데굴데굴 굴렀습니다. 그러자 기다리고 있던 멍석이 호랑이를 둘둘 감았습니다. 그리고 기다리고 있던 지게 위로 올라갔습니다. 지게는 멍석에 말린 호랑이를 지고 근처 강가로 갔습니다.
>
> "못된 호랑이 녀석, 할머니와 우리의 화목한 생활에 <u>찬물을 끼얹으려</u> 하다니. 네놈을 찬물에 버려 주마!"
>
> 지게와 멍석은 힘을 합쳐 호랑이를 강에 풍덩 빠뜨렸습니다. 할머니의 물건들에게 된통 당한 호랑이는 얼이 빠진 채 저 멀리까지 떠내려가 다시는 나타나지 않았습니다.
>
> – 전래 동화 「팥죽 할멈과 호랑이」 중

4 호랑이를 물리친 물건들이 나눌 대화로 알맞지 <u>않은</u> 것을 골라 보세요. ────── [   ]

① 아궁이: 나는 호랑이 눈에 재를 쏘아 앞을 못 보게 만들었지.
② 항아리: 나도 그래. 호랑이가 눈을 비빌 물에 미리 소금을 잔뜩 넣어 두었지.
③ 지게: 나는 호랑이의 등을 짝 때렸어.
④ 송곳: 나는 호랑이의 엉덩이를 쿡 찔렀지.
⑤ 멍석: 나는 굴러다니는 호랑이를 둘둘 말아 지게 위에 올라탔어.

5 다음 중 '찬물을 끼얹다'를 바르게 사용한 문장을 골라 보세요. ──────────── [   ]

① 소미는 늘 <u>찬물을 끼얹은 듯</u> 밝게 웃는 성격이다.
② 정상이 눈앞에 보이자 <u>찬물을 끼얹은 듯</u> 힘이 솟아나기 시작했다.
③ 진모는 매일 아침 일찍 일어나 <u>찬물을 끼얹은 듯</u> 규칙적으로 생활했다.
④ 아이돌 가수가 등장하자 축제의 분위기는 <u>찬물을 끼얹은 듯</u> 달아올랐다.
⑤ 우리 팀이 역전 골을 터뜨리자 상대팀 응원단은 <u>찬물을 끼얹은 듯</u> 조용해졌다.

1 단계

[보기]를 보고 빈칸에 알맞은 낱말을 채워 보세요.

[보기]   의지   개척   기후

[1] 열대 지방의 ☐☐ 은(는) 무척 덥고 습하다.

[2] 교수님은 곤충 연구의 새 분야를 ☐☐ 했다.

[3] 이루고자 하는 ☐☐ 만 있다면 무슨 일이든 해낼 수 있습니다.

2 단계

[보기]를 보고 빈칸에 들어갈 말로 알맞은 말을 써 보세요.

[보기] ☐(感): '느끼다'라는 뜻의 한자어

호☐ : 좋아하는 느낌

기대☐ : 어떤 일이 이루어지기를 바라고 기다리는 심정

→ ☐

3 단계

'찬물을 끼얹다'에서 '끼얹다'의 뜻은 무엇일지 골라 보세요. ---------------------- [   ]

① 위에 올려두다.

② 벌컥벌컥 마시다.

③ 욕이나 저주를 퍼붓다.

④ 연기 같은 것이 퍼지다.

⑤ 물 같은 것을 씌우듯 뿌리다.

 시간

끝난 시간 ☐시 ☐분

1회분 푸는 데 걸린 시간 ☐분

채점   **독해** 5문제 중 ☐개

어법·어휘 5문제 중 ☐개

하나만 알고 둘은 모른다*

우리는 때때로 어떤 일이나 사물의 겉면만 보고 잘못된 판단을 내릴 때가 있습니다. '하나만 알고 둘은 모른다'는 이처럼 **'사물의 한 쪽만 보고 두루 보지 못할 때'** 쓰는 말입니다.

공부한 날 [ ] 월 [ ] 일 시작 시간 [ ] 시 [ ] 분

↑ 김만중의 초상

　　김만중은 태어나기 전에 아버지를 잃고, **홀어머니**① 밑에서 자라났습니다. 그처럼 어려운 상황임에도 김만중의 어머니는 자식을 교육하는 데 돈을 아끼지 않았습니다. 김만중이 읽고 싶은 책이 있다면 얼마든지 사다 주었고, 붓과 먹이 없다면 곧바로 구해다 주었습니다. 김만중은 이러한 어머니의 사랑에 늘 감사하면서도 죄송한 마음을 가지고 있었습니다.

　　어느 날, 김만중의 집에 책을 파는 **보따리장수**②가 찾아왔습니다. 보따리장수는 많은 책을 늘어놓았습니다. 그런데 그때, 김만중의 눈에 〈춘추좌씨전〉이라는 이름의 책이 띄었습니다. 춘추좌씨전은 당시에 가장 유행했던 책으로, 김만중이 꼭 읽어 보고 싶다고 생각하던 책이었습니다. 김만중은 홀린 듯이 춘추좌씨전을 집어 들었습니다. 조금 살펴보니 과연 좋은 책이었습니다. 김만중은 슬쩍 보따리장수에게 물었습니다.

　　"이 책이 얼마입니까?"

　　"요즘에 가장 유행하는 책이니, 꽤 비싸지요. 못해도 오십 냥은 받아야겠습니다."

　　김만중은 깜짝 놀랐습니다. 오십 냥이면 책값으로는 너무 비쌌기 때문이었습니다. 그 오십 냥을 벌기 위해서 어머니가 해야 할 고생을 생각하니, 김만중은 도저히 책을 살 수가 없었습니다. 그때, 김만중의 표정이 **심상찮음**③을 눈치챈 어머니가 물었습니다.

　　"그 책이 마음에 드니?"

　　"아니요, 단지 요즘 **내로라하는**④ 선비들이 좋다고 하기에 호기심에 보았을 뿐입니다. 비싸기만 하고 좋은 책은 아니더군요."

　　그러나 아무리 거짓말을 잘해도 자식이 부모를 속일 수는 없었습니다. 김만중의 거짓말을 눈치챈 어머니는 김만중을 조용히 **타일렀습니다**⑤.

　　"혹시 나를 위해 그러는 거니? 그렇다면 그건 **하나만 알고 둘은 모르는*** 거란다. 네가 그 책을 읽고 더 훌륭한 사람이 될 수 있다면 지금 당장은 내가 좀 더 고생하더라도 더 큰 보람을 느낄 수 있단다."

　　그 말에 김만중은 눈물을 흘리며 열심히 공부하여 어머니께 보답하겠다고 다짐하였습니다. 그 후 훌륭한 문장가가 되어 「구운몽」, 「사씨남정기」 등의 유명한 작품을 집필하였고, 높은 관직에 올라 어머니께 크게 효도하였습니다.

　　– 관련 교과: 도덕 3(2014 개정) '3. 사랑이 가득한 우리집'

어려운 낱말 풀이 ① **홀어머니** 남편을 잃고 홀로 자식을 키우는 여자 ② **보따리장수** 보따리에 물건을 싸가지고 팔러 다니는 사람 褓포대기 보 - ③ **심상찮음** 무언가 이상함 尋찾을 심 常항상 상 - ④ **내로라하는** 어느 분야를 대표할 만한 ⑤ **타일렀습니다** 잘 깨닫도록 설명해주었습니다

1 이 이야기에 나온 〈춘추좌씨전〉에 대한 설명으로 옳은 것을 골라 보세요. ------------- [　　　]

① 아는 선비들만 아는 책이었다.
② 당시에는 꽤 싼 값에 구할 수 있는 책이었다.
③ 결국 김만중은 춘추좌씨전을 사지 않았다.
④ 김만중은 평소에 춘추좌씨전을 꼭 읽어 보고 싶었다.
⑤ 김만중이 실제로 읽어 보니 비싸기만 하고 좋은 책은 아니었다.

2 다음은 이 이야기를 읽고 '김만중'에 대해 정리한 것입니다. 옳지 <u>않은</u> 부분을 골라 보세요.

------------- [　　　]

김만중
• 태어나기도 전에 아버지를 잃음 …… ①
• 가난한 사정으로 책이나 붓, 먹이 없어 공부할 수 없었음 …… ②
• 나중에 높은 관직에 오르게 되었음 …… ③
• 〈구운몽〉, 〈사씨남정기〉 등의 유명한 작품을 남김 …… ④
• 높은 관직에 올라 어머니께 효도하였음 …… ⑤

3 이 이야기에 속담 '하나만 알고 둘은 모른다'를 적용한다면, '하나'와 '둘'은 각각 무엇을 가리키는지 빈칸을 채워 보세요.

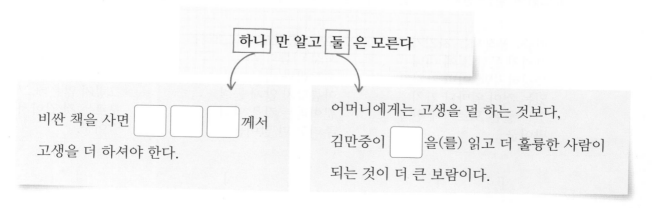

하나 만 알고 둘 은 모른다

비싼 책을 사면 [　][　][　]께서 고생을 더 하셔야 한다.

어머니에게는 고생을 덜 하는 것보다, 김만중이 [　]을(를) 읽고 더 훌륭한 사람이 되는 것이 더 큰 보람이다.

공작새는 불만이 하나 있었습니다. 그것은 바로 목소리가 아름답지 않다는 것이었습니다. 노래를 부르려고 해도 형편없는 소리밖에 나지 않으니, 공작새는 늘 아름다운 소리로 지저귀는 꾀꼬리가 부러웠습니다.

어느 날, 공작새는 하느님을 찾아가게 되었습니다. 공작새는 하느님에게 불만을 털어놓았습니다.

"하느님, 어째서 제 목소리를 이렇게 만드셨나요? 그 작은 참새까지도 아름다운 소리로 지저귀는데, 저 혼자만 노래할 수 없으니 너무 억울합니다."

하느님은 그 말을 듣고 공작새를 타일렀습니다.

"너는 ㉠하나만 알고 둘은 모르는구나. 너는 꾀꼬리처럼 아름다운 목소리는 가지지 못했지만, 목둘레의 무지개 같은 장식에 보석보다 화려한 꽁지깃까지 가지고 있지 않으냐. 그러고도 남을 부러워한단 말이냐?"

공작새는 주변을 둘러보았습니다. 그러고 보면 꾀꼬리는 공작새처럼 아름다운 깃털을 가지지는 못했지만, 단 한 번도 불평하지 않았습니다. 꾀꼬리는 아름다운 목소리를 가진 것만으로도 만족하고 있는 것이었습니다.

공작새는 그제야 부끄러움을 느끼고 고개를 숙이고 말았습니다.

– 이솝 우화 (관련 교과: 도덕 6 (개정 전 2015), '1. 소중한 나, 참다운 꿈')

4 위 이야기에서 공작새가 가지지 못한 것과, 가지고 있는 것은 각각 무엇인지 써 보세요.

[1] 가지지 못한 것: 아름다운 ☐☐☐

[2] 가지고 있는 것: 목둘레의 ☐☐☐ 같은 장식, ☐☐ 보다 화려한 꽁지깃

5 하느님이 밑줄 친 ㉠처럼 말한 까닭을 올바르게 짐작한 친구에 ○표를 해 보세요.

명중: 공작새는 자기가 가지지 못한 것에 대해 불평하지만, 이미 가지고 있는 것이 얼마나 가치 있는 줄은 모르기에 한 말이군.	**수영**: 공작새의 목소리는 사실 아름다운데, 꾀꼬리와 비교하니 아름답지 않게 들릴 뿐이라는 것을 알려 주려고 한 말이군.	**수호**: 원래 작은 새는 아름다운 목소리를 가지고 있고, 큰 새는 그렇지 않은데 그 사실을 모르는 것 같아서 하는 말이군.
[　　　]	[　　　]	[　　　]

1
단계

다음 중 [보기]의 빈칸에 어울리지 <u>않는</u> 낱말을 골라 보세요. ─────── [　　　]

[보기]　　　　　　　　　　나는 그에게 용서를 [　　　　].

① 구했다　　　　　　　② 찾았다　　　　　　　③ 빌었다

2
단계

밑줄 친 부분과 바꿔 쓸 수 있는 말을 골라 번호를 써 보세요.

[1] 아이에게는 화를 내기보다 **타이르는** 것이 중요하다. ──────── [　　　]
　　　　　① 잘 깨닫도록 설명하는
　　　　　② 엄하게 가르치는

[2] 어쩐지 낌새가 **심상찮다**. ──────────────────── [　　　]
　　　　　① 평소와 다름없다.
　　　　　② 무언가 이상하다.

3
단계

다음 중 '내로라하다'와 어울리는 사람에 ○표를 해 보세요.

| 나중에 커서 훌륭한 선수가 될 거란 기대를 받는 **초등학생 축구 선수** | 이제 막 작품을 내기 시작하여 명성을 쌓고 있는 소설가 | 많은 연구를 통해 성과를 올리고 세계적인 명성을 가진 **과학자** |

　　[　　　]　　　　　　　　[　　　]　　　　　　　　[　　　]

시간
끝난 시간 [　]시[　]분
1회분 푸는 데 걸린 시간 [　]분

채점
독해 5문제 중 [　]개
어법·어휘 4문제 중 [　]개

관용어   둘 이상의 낱말이 오래전부터 함께 쓰이면서 본래의 뜻과 다른 뜻을 지니게 된 표현

입만 아프다*

아무리 말을 해도 상대가 듣지를 않거나 달라지는 일이 없으면 아무런 의미가 없습니다. 그저 입만 아플 뿐입니다. '입만 아프다'는 이처럼 '아무리 말을 해도 듣지 않거나, 달라지는 것이 없을 때' 쓰는 말입니다.

공부한 날 [ ] 월 [ ] 일   시작 시간 [ ] 시 [ ] 분

조선 시대 김이수라는 사람이 흑산도라는 섬에 살고 있었습니다. 흑산도의 주민들은 오래전부터 **세금**^① 때문에 고통을 받고 있었습니다. 종이를 만들 때 쓰는 닥나무를 세금으로 내야 했는데, 닥나무는 흑산도에서 자라지 않기 때문이었습니다.

흑산도 사람들은 **관청**^②에 수십 번도 넘게 억울함을 호소했지만, 그 억울함이 풀리는 일은 없었습니다. 김이수 또한 마찬가지였습니다. 결국 김이수는 참다못해 말했습니다.

"아무래도 안 되겠습니다. 이대로 관청에 말을 해봐야 **관리**^③들은 신경도 쓰지 않으니, 말해 봐야 **입만 아플***뿐 아닙니까. 임금님께 직접 가서 말씀드려야겠습니다."

흑산도는 **육지**^④와 멀리 떨어져 있는 데다 서울과는 거리가 한참이나 있었습니다. 김이수는 흑산도 주민들이 한 푼 두 푼 모아준 돈으로 온갖 어려움을 이기며 서울로 향했습니다. 서울에서는 마침 조선의 왕이었던 정조가 행차 중이었습니다.

김이수는 임금님이 가는 길에 있던 **징**^⑤을 울렸습니다. 당시 징을 울린다는 건 왕에게 억울함을 풀어 달라는 뜻이었습니다.

"임금님, 제 억울함을 들어 주십시오. 흑산도의 관리들에게는 아무리 말해 봐야 억울함을 풀어 주지 않으니, **입만 아플***뿐이라 이렇게 찾아뵙게 되었습니다."

김이수는 그렇게 억울한 사정을 모두 설명하기 시작했습니다. 정조는 흑산도 주민들이 안타깝기도 하고, 그 먼 곳에서 찾아온 김이수가 감탄스럽기도 했습니다.

"여봐라, 당장 이 자의 억울함을 풀어 주어라. 닥나무가 나지 않는 곳에서 닥나무를 세금으로 거둔다는 게 무슨 소리란 말이냐!"

김이수는 기쁜 마음에 눈물을 흘렸습니다.

이처럼 조선 시대에는 아무리 말을 해도 해결되지 않는 억울함을 직접 왕에게 말하는 **제도**^⑥가 있었습니다. 이를 '격쟁'이라고 하는데, 김이수의 이야기는 그중에서도 가장 유명한 이야기로 남아 있습니다.

– 우리나라 역사 이야기

🧻 **어려운 낱말 풀이**   ① **세금** 국가가 필요에 의해 국민들에게 거두는 돈이나 물건 稅세금 세 金쇠 금   ② **관청** 나라의 일을 맡아서 하는 기관 官벼슬 관 廳관청 청   ③ **관리** 나라의 일을 맡아서 하는 사람 官벼슬 관 吏벼슬아치 리   ④ **육지** 섬에 대해 말할 때, 섬과 달리 대륙에 연결되어 있는 땅 陸뭍 육 地땅 지   ⑤ **징** 크고 넓적한 그릇 모양의 악기   ⑥ **제도** 일의 형식이나 절차 制억제할 제 度법도 도

1 김이수가 정조에게 말한 흑산도 사람들의 억울함은 무엇이었는지 써 보세요.

흑산도에는 ☐☐☐ 이(가) 나지 않는데도 세금으로 내야 하는 것

2 다음 중 이 이야기에 대한 설명으로 알맞은 것에 ○표, 아닌 것에 ×표를 해 보세요.

[1] 김이수는 흑산도 사람이다. ······································· [　　]

[2] 김이수가 서울로 갈 때, 흑산도 사람들은 아무 도움도 주지 않았다. ········· [　　]

[3] 정조는 흑산도 사람들의 억울함을 풀어 주었다. ························· [　　]

3 다음 중 김이수가 '입만 아프다'라고 한 까닭에 ○표를 해 보세요.

흑산도의 관리들은 억울함을 말해도 들어주질 않으니, **아무런 소용이 없다는** 뜻으로 한 말이다.	흑산도의 관리들은 질기고 맛없는 것만 잔뜩 주니, 그걸 **먹느라 입이 아프다는** 뜻이다.
[　　]	[　　]

4 [보기]에서 설명하는 제도가 무엇인지 본문에서 찾아 써 보세요.

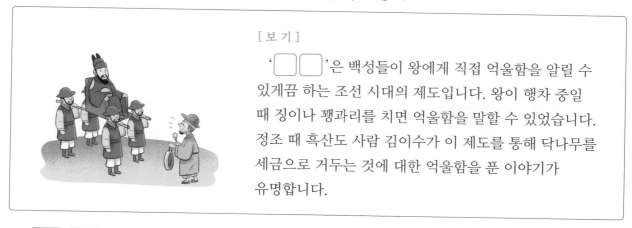

[보 기]

'☐☐'은 백성들이 왕에게 직접 억울함을 알릴 수 있게끔 하는 조선 시대의 제도입니다. 왕이 행차 중일 때 징이나 꽹과리를 치면 억울함을 말할 수 있었습니다. 정조 때 흑산도 사람 김이수가 이 제도를 통해 닥나무를 세금으로 거두는 것에 대한 억울함을 푼 이야기가 유명합니다.

→

다음 글을 읽고, 문제를 풀어 보세요.

> 조선 시대에 성종이라는 젊은 왕이 있었습니다. 성종은 어린 시절부터 지혜롭기로 유명했는데, 그 때문에 성종에게 억울함을 풀어 달라는 백성들이 많았습니다. 어느 날 한 사내가 찾아와 말했습니다.
>
> "임금님, 옛날에 한 점쟁이가 저희 아버지께 전 재산을 자신에게 주면 집안에 아주 좋은 일이 생길 것이라고 말했습니다. 아버지께서는 그 말을 철석같이 믿고 점쟁이에게 모든 재산을 주었습니다. 그런데 좋은 일이 생기기는커녕 이제 오늘 먹을 끼니를 걱정해야 할 지경이 되었습니다. 그래서 다시 점쟁이에게 재산을 돌려달라고 해도 도무지 듣질 않으니, ㉠입만 아플 뿐이라 이렇게 찾아뵙게 되었습니다."
>
> 그 말을 듣고 성종은 잠시 고민했습니다. 그리고는 물었습니다.
>
> "점쟁이는 무어라 하며 재산을 돌려주지 않는가?"
>
> "분명 좋은 일이 생겼으나 저희가 알아차리지 못할 뿐이라고 합니다."
>
> 그러자 성종이 판결했습니다.
>
> "좋은 일이 생긴다고 하여 전 재산을 주었으니, 재산은 다시 돌려받고 좋은 기운은 점쟁이가 도로 가져가라고 하라."
>
> 그렇게 해서 사내는 재산을 도로 되찾았고, 이와 같은 방법을 이용해 돈을 벌었던 점쟁이는 벌을 받게 되었습니다. 이에 백성들은 지혜로운 판결이라며 성종을 더욱 따르게 되었습니다.

5 다음은 백성들이 성종의 판결을 지혜롭다고 말한 까닭입니다. 빈칸을 채워 내용을 완성해 보세요.

점쟁이는 분명 ☐☐ 일이 생겼으니 재산을 돌려줄 수 없다며 시치미를 뗐는데,

☐☐을(를) 돌려받는 대신 그것을 도로 가져가라고 하면 할 말이 없을 것이기

때문이다.

6 밑줄 친 ㉠과 바꿔 쓸 수 있는 말을 골라 보세요. ···································· [   ]

① 어이가 없어

② 기쁜 마음으로

③ 아무런 소용이 없어

④ 심심하고 지루할 뿐이라

⑤ 도무지 화를 참을 수가 없어

05회 | 어법·어휘편

1
단계

다음의 낱말과 뜻이 알맞도록 선으로 이어 보세요.

[1] 세금 •

[2] 제도 •

[3] 관리 •

• ㉠ 나라의 일을 맡아서 하는 사람

• ㉡ 국가가 필요에 의해 국민들에게
거두는 돈이나 물건

• ㉢ 일의 형식이나 절차

2
단계

다음 밑줄 친 부분을 본문에 나온 낱말로 바꿔 써 보세요.

[1] 모두가 저마다의 **아픔**을 겪고 있다.

→ [ㄱ][ㅌ]

[2] 한양은 조선의 **수도**(이)다.

→ [ㅅ][ㅇ]

3
단계

[보기]를 읽고 무엇에 대해 설명하는 글인지 써 보세요.

[보 기]

이 악기는 놋쇠로 만든 둥근 쟁반 모양의
악기로, 왼손에 들거나 틀에 매달아 놓고 둥근
채로 칩니다. 조선 시대에 이것을 울린다는
것은 왕에게 억울함을 풀어 달라는 뜻이었다고
합니다.

→ [   ]

시간 끝난 시간 [   ]시[   ]분   채점 **독해** 6문제 중 [   ]개

1회분 푸는 데 걸린 시간 [   ]분   **어법·어휘** 6문제 중 [   ]개

'입'에서 유래한 표현

입은 음식을 먹을 때, 친구와 대화를 할 때, 숨을 쉴 때도 매우
중요한 역할을 하는 신체 기관입니다. 그래서 우리말 중에도
입에 대한 표현이 자주 등장합니다.

[입이 열 개라도 할 말이 없다]

말을 할 수 있는 입이 열 개나 된다고 한들 한 마디도 할 수 없을 만큼 '확실한 잘못이 드러나 변명을 할 수
없다'는 뜻입니다. 사자성어 중에도 '유구무언(有口無言)'이라는 말이 있습니다. 입이 있어도 말을 할 수 없을
만큼 죄송한 상황이라는 뜻입니다. 그런데 입이 열 개나 있어도 말할 수 없다면 이보다 더 부끄럽고 매우
죄송한 상황이겠지요?

예 우리 약속을 잊어버리다니 내가 **입이 열 개라도 할 말이 없구나.**
　　　　　　　　　└→ 큰 잘못을 저질러 매우 미안하구나.

[입을 닦다]

무엇인가를 먹다가 입 주변에 음식이 묻으면 손으로 입을 닦곤 합니다. 하지만 실제로 무엇인가 입 주변에
묻은 경우가 아니더라도 이 표현을 쓰기도 합니다. 이 표현은 '좋은 것을 독차지하고서는 모르는 척하다'라는
뜻으로도 쓰입니다.

예 다 같이 한 일을 자기 혼자 다 한 것처럼 생색내고 **입을 닦다니,** 정말 화가 나.
　　　　　　　　　　　　└→ 이익을 혼자 차지하고 모른 체하다니

[입이 원수다]

사람들은 입으로 좋은 말만 하지 않습니다. 나쁜 마음을 먹고 못된 말을 내뱉거나, 실수로 잘못된
말을 흘리기도 합니다. 이렇게 입으로 지은 잘못은 다른 사람에게 상처를 주기도 하고 말한 사람에게
되돌아오기도 합니다. 이처럼 '말로 누군가에게 상처를 주거나 잘못을 저질러서 수습할 수 없을 때' 입이
원수라고 말하기도 합니다.

예 승환이 앞에서 그 이야기를 꺼내는 게 아니었는데, 내 **입이 원수지.**
　　　　　　　　　　　　└→ 말실수를 했다.

2주차

회차	영역	학습 내용	학습계획일	맞은 문제수
06회	고사성어	**조삼모사(朝三暮四)** 같은 수의 사탕이 있다면, 지금 조금만 받고 나중에 많이 받는 것과 지금 많이 받고 나중에 조금 받는 것 중 어떤 것이 더 좋을까요? 사탕의 수는 같기에 결과는 똑같습니다. 이처럼 **결과가 같은지도 모르고 눈앞의 차이만을 아는** 상황을 보고 **조삼모사(朝三暮四)**라고 표현합니다.	월 일	독 해 6문제 중 □ 개 어법·어휘 5문제 중 □ 개
07회	속담	**말 한마디에 천 냥 빚도 갚는다** '말'은 사람을 감동시킬 수 있는 힘을 가지고 있습니다. 그만큼 말 한마디가 정말 중요한 역할을 합니다. **'말 한마디에 천 냥 빚도 갚는다'**라는 표현도 그러한 의미에서 나온 말입니다. 즉 **'말만 잘하면 어려운 일이나 불가능해 보이는 일도 해결할 수 있다'**는 것입니다.	월 일	독 해 6문제 중 □ 개 어법·어휘 3문제 중 □ 개
08회	관용어	**걸음마를 떼다** 아이가 처음으로 걷기 시작할 때 '걸음마를 떼었다'라는 말을 씁니다. 아이에게 걸음마를 떼는 것은 하나의 시작이듯, **'걸음마를 떼다'**는 **'어느 일이나 사업이 첫 시작을 하다'**는 뜻입니다.	월 일	독 해 6문제 중 □ 개 어법·어휘 6문제 중 □ 개
09회	고사성어	**유비무환(有備無患)** 시험지를 받기 직전에는 항상 모르는 문제가 나오지는 않을까, 밤새 외운 것을 잊어버리지는 않았을까 걱정됩니다. 하지만 평소에 공부를 열심히 했다면 걱정하지 않아도 됩니다. **'유비무환(有備無患)'**은 **'평소에 철저히 준비한다면 나중에 걱정할 일이 없다'**는 뜻입니다.	월 일	독 해 6문제 중 □ 개 어법·어휘 7문제 중 □ 개
10회	속담	**돌다리도 두들겨 보고 건너라** 돌다리는 무척 튼튼해서 무너질 일이 거의 없습니다. 그러나 돌다리가 무너지는 일이 아예 없는 것은 아닙니다. '돌다리도 두들겨 보고 건너라'라는 속담은 이처럼 **아무리 확실해 보일 때도 만약의 경우를 생각해 한 번 더 확인해 보라**는 뜻입니다.	월 일	독 해 5문제 중 □ 개 어법·어휘 6문제 중 □ 개

조삼모사(朝 三 暮 四)*
아침 조   셋 삼   저녁 모   넷 사

같은 수의 사탕이 있다면, 지금 조금만 받고 나중에 많이 받는 것과 지금 많이 받고 나중에 조금 받는 것 중 어떤 것이 더 좋을까요? 사탕의 수는 같기에 결과는 똑같습니다. 이처럼 '**결과가 같은지도 모르고 눈앞의 차이만을 아는**' 상황을 보고 '**조삼모사(朝三暮四)**'라고 표현합니다.

공부한 날 [ ] 월 [ ] 일   시작 시간 [ ] 시 [ ] 분

옛날 중국에 원숭이를 키우는 저공이라는 사람이 살고 있었습니다. 저공은 원숭이를 너무 좋아해서 수십 마리의 원숭이를 키우고 있었습니다. 저공은 자기가 먹을 음식까지도 원숭이들에게 나누어 주며 원숭이들을 보살폈고 원숭이들도 저공을 아주 좋아했습니다.

그런데 수십 마리의 원숭이들에게 밥을 주다 보니 저공은 점점 생활이 어려워지고 때마침 **흉년**①까지 들어 저공의 가족들도 먹을 것이 없을 만큼 무척 힘들어졌습니다. 하는 수 없이 저공은 원숭이들을 데리고 시장에 나갔지만 원숭이들의 묘기를 본 사람들도 쉽게 돈을 주지는 않았습니다. 그래서 저공은 원숭이들에게 줄 먹이를 줄이기로 하고 원숭이들에게 말했습니다.

"얘들아, 요즘 먹이 구하기가 어려워서 오늘부터는 도토리밖에 줄 수 없단다. 아침에는 3개, 저녁에는 4개를 주어야겠구나."

그러자 원숭이들은 **소란**②을 피우며 펄쩍펄쩍 뛰었습니다.

"너무 적어요! 적다고요!"

그러자 저공은 다시 말했습니다.

"㉠알겠다. 그럼 아침에 4개, 저녁에 3개를 주마."

그러자 원숭이들은 좋아하며 손뼉을 짝짝 쳤습니다. 저공은 만족해하는 원숭이들을 보며 생각했습니다.

'7개인 것은 똑같은데 이다지도 기뻐하다니. **조삼모사***라는 말이 딱 맞는구나! 원숭이들을 속이게 된 것은 미안하지만 원숭이들이 알아차리지 못해 다행이다.'

그날 이후 저공의 이야기는 사람들에게 널리 알려졌습니다. 이후로 **조삼모사***라는 말은 처음에는 차이가 있는 것처럼 보여도 결국에는 그 결과가 다르지 않아 차이가 없는 경우를 말하게 되었습니다.

-유래

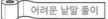

어려운 낱말 풀이   ① **흉년** 곡식 따위 산물이 잘되지 아니하여 주리게 된 해 凶흉할 흉 年해 년
           ② **소란** 시끄럽고 어수선함 騷떠들 소 亂어지러울 란

1 저공이 원숭이들의 먹이를 줄인 까닭이 <u>아닌</u> 것에 ○표를 해 보세요.

흉년이 들어서

[   ]

원숭이들이 너무 많아서

[   ]

원숭이들이
묘기를 잘 못해서

[   ]

2 다음은 원숭이들의 마음입니다. 빈칸에 들어갈 알맞은 말을 골라 보세요. ────── [   ]

아침에 3개, 저녁에 4개만 주는 건
너무 적다고 생각했는데,

아침에 4개, 저녁에 3개를 준다니 [   ] !

① 기뻐   ② 슬퍼   ③ 화나   ④ 배고파   ⑤ 똑같잖아

3 '조삼모사'와 어울리는 상황을 골라 보세요. ────────────────── [   ]

① 매일 아침과 저녁을 먹을 때
② 다른 사람에게 억울하게 속임수를 당할 때
③ 다른 사람에게 일정한 시간에 먹을 것을 줄 때
④ 다른 사람에게 어떤 것에 대하여 솔직히 말할 때
⑤ 결과는 같음에도 눈앞의 이익만 생각하여 어리석은 선택을 할 때

4 다음은 '조삼모사'의 한자와 뜻입니다. 서로 알맞게 이어 보세요.

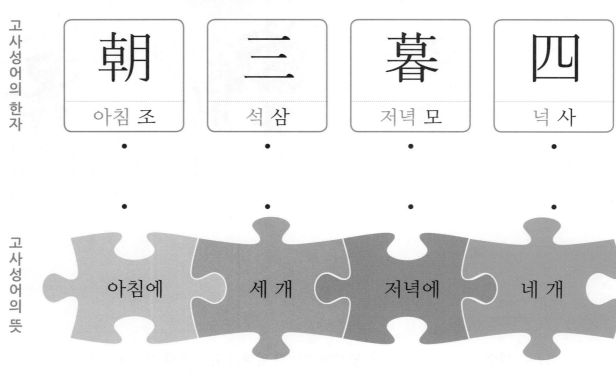

고사성어의 한자

朝	三	暮	四
아침 조	석 삼	저녁 모	넉 사

고사성어의 뜻

아침에   세 개   저녁에   네 개

5 '조삼모사'를 바르게 사용한 친구에 ○표를 해 보세요.

한 개를 사면 하나를 더 주는 거나, 두 개를 사면 절반 가격으로 할인해 주는 거나 결국 조삼모사야.

지언 [   ]

매일 30분씩 꾸준히 공부했더니 이번 시험에서 성적이 눈에 띄게 올랐어. 이거야말로 조삼모사야.

혁진 [   ]

6 밑줄 친 ㉠과 어울리는 또 다른 사자성어를 골라 보세요. ------------------------------- [   ]

① 와신상담(臥薪嘗膽): 목적을 달성하기 위해 어떤 위험도 감수함
② 감언이설(甘言利說): 상대방을 속이기 위해 하는 달콤한 말
③ 수어지교(水魚之交): 매우 친밀하여 떨어질 수 없는 사이
④ 지록위마(指鹿爲馬): 윗사람을 농락하여 권세를 휘두름
⑤ 오월동주(吳越同舟): 적대 관계에 있는 사람이 이해를 위해 뭉침

1단계 다음의 낱말과 뜻이 서로 알맞도록 선으로 이어 보세요.

[1] 흉년 •

[2] 묘기 •

[3] 소란 •

• ㉠ 시끄럽고 어수선함

• ㉡ 신기한 기술이나 재주

• ㉢ 여느 해보다 농사가 잘되지 않아 먹을 것이 없는 해

2단계 다음 중 밑줄 친 '피우다'의 쓰임이 어색한 문장에 ○표를 해 보세요.

[1] 고집 **피우지** 말고 어서 돌아가자. ───────────────── [   ]

[2] 고마움을 **피우는** 자는 존경을 받는다. ───────────────── [   ]

[3] 바깥에서 소란을 **피우면** 안 돼. ───────────────── [   ]

3단계 [보기]를 읽고, 밑줄 친 부분이 [보기]의 뜻으로 쓰인 낱말에 ○표를 해 보세요.

> [보 기] 　잔- : 어느 낱말 앞에 붙어, '가늘고 작은', '자질구레한'의 뜻을 더함

[1] **잔**고: 남은 돈 ───────────────────────────── [   ]

[2] **잔**가지: 가늘고 작은 가지 ──────────────────────── [   ]

[3] **잔**여물: 무언가가 완전히 사라지지 않고 남은 것 ──────────── [   ]

07회
말 한마디에 천 냥 빚도 갚는다*

'말'은 사람을 감동시킬 수 있는 힘을 가지고 있습니다. 그만큼 말 한마디가 정말 중요한 역할을 합니다. '말 한마디에 천 냥 빚도 갚는다'라는 표현도 그러한 의미에서 나온 말입니다. 즉, '말만 잘하면 어려운 일이나 불가능해 보이는 일도 해결할 수 있다'는 것입니다.

공부한 날 [ ]월 [ ]일 시작 시간 [ ]시 [ ]분

↑ 이승훈

　　이승훈은 심부름꾼부터 시작해 큰돈을 번 사업가가 된 성공한 사람이었습니다. 그러나 1894년에 일어난 청일전쟁(청나라와 일본의 전쟁)으로 이승훈의 공장과 가게가 모두 불타 버렸습니다. 당시에 이승훈은 사업을 벌이느라 **평양**①의 큰 부자인 오희순에게 큰 빚을 지고 있었습니다. 그런데 **빈털터리**②가 되어 버렸으니, 빚을 갚을 길이 막막해지고 말았습니다.

　　전쟁으로 재산을 잃은 사람들은 모두 빚을 갚지 않으려고 도망쳤지만, 이승훈은 그러지 않았습니다. 이승훈은 **빈손**③으로나마 오희순을 찾아갔습니다.

　　"죄송합니다. 전쟁이 터져 공장과 가게를 모두 잃어 빚을 갚을 수 없게 되었습니다. 하지만 조금만 더 시간을 주신다면 일을 해서 반드시 돈을 갚도록 하겠습니다."

　　오희순은 그 말을 듣고도 화내지 않았습니다. 오히려 이승훈을 크게 반기며 말했습니다.

　　"전쟁이 난 뒤에도 돈을 갚겠다고 찾아온 것은 자네가 처음일세! **말 한마디에 천 냥 빚도 갚는다***는 말이 있지 않나. 자네의 그 말이 자네의 빚을 모두 갚아 주었네. 지난 빚은 모두 없던 것으로 하지!"

　　이승훈은 그렇게 빚을 **탕감**④ 받아 다시 사업을 시작할 수 있었습니다. 그리고 곧 큰 성공을 거두게 되었습니다. 그렇게 사업이 **나날이**⑤ 커지던 어느 날, 이승훈은 **청년**⑥들의 교육에 관심을 가지게 되었습니다. 이웃 나라들이 모두 조선을 **탐내는**⑦ 이때 조선의 청년들을 교육시켜야 밝은 미래를 꿈꿀 수 있다고 생각한 것이었습니다.

　　결국 이승훈은 전 재산을 털어 독립운동가로 유명한 안창호와 함께 '오산학교'를 세우게 되었습니다. 그리고 '오산학교'는 수많은 독립운동가를 배출하게 되었고, 이승훈은 정직한 기업인이자 독립운동가로 역사에 이름을 남기게 되었습니다.

　　– 관련 교과: 초등 도덕 5, '1. 바르고 떳떳하게'

어려운 낱말 풀이 | ① **평양** 대동강 상류가 지나가는 오랜 역사의 도시, 지금은 북한의 수도 平평평할 평 壤흙 양　② **빈털터리** 재산을 다 잃고 가난해진 사람　③ **빈손** 아무것도 가진 것이 없는 상태　④ **탕감** 빚이나 세금 등 받아야 할 돈을 덜어 주거나 아예 없앰 蕩쓸어버릴 탕 減덜어낼 감　⑤ **나날이** 날이 갈수록, 매일매일　⑥ **청년** 한창 젊은 사람들 靑푸를 청 年해 년　⑦ **탐내는** 가지거나 차지하고 싶은 貪탐낼 탐 -

1 오희순이 이승훈을 반긴 까닭이 무엇인지 본문에서 찾아 빈칸을 채워 보세요.

1894년 ☐☐전쟁으로 재산을 잃은 사람들은 모두 ☐을(를) 갚지

않으려고 도망쳤는데, 이승훈만이 도망치지 않고 찾아왔기 때문이다.

2 다음은 이 이야기를 읽고 '이승훈'에 대해 정리한 것입니다. 알맞지 <u>않은</u> 부분을 골라 보세요.

⸺⸺⸺⸺⸺⸺⸺⸺⸺⸺⸺⸺⸺⸺⸺⸺⸺⸺⸺⸺⸺⸺⸺⸺⸺⸺⸺ [　　　]

> **이승훈**
> • 심부름꾼에서 시작해 큰돈을 번 사업가가 되었음 …… ①
> • 평양의 큰 부자인 오희순에게 빚을 지고 있었음 …… ②
> • 빈털터리가 되었으나 도망치지 않고 오희순에게 빚을 갚음 …… ③
> • 유명한 독립운동가인 안창호와 함께 '오산학교'를 세움 …… ④
> • 정직한 기업인이자 독립운동가로 역사에 이름을 남기게 되었음 …… ⑤

3 다음은 '말 한마디에 천 냥 빚도 갚는다'의 뜻을 짐작하는 과정입니다. 빈칸을 알맞게 채워 보세요.

내용	빈털터리가 된 이승훈이 찾아와 어떻게든 빚을 갚겠다고 하자 오희순은 '말 한마디에 천 냥 빚도 갚는다'라고 말했다.
정리	전쟁으로 재산을 잃은 사람들이 모두 빚을 갚지 않으려고 도망쳤다. 하지만 이승훈은 도망치지 않고 찾아와 빚을 어떻게든 갚겠다고 말했다. 그 말에 ☐☐☐은(는) 큰 감동을 받았을 것이다.
결론	'말 한마디에 천 냥 빚도 갚는다'라는 속담은 ☐ 한마디로 불가능하거나 힘든 일을 해낼 수 있을 만큼 ☐이(가) 중요하다는 뜻이겠구나.

[4~6] 다음 글을 읽고, 문제를 풀어 보세요.

먼 옛날 그리스에 유명한 학자 디오게네스가 살았습니다. 디오게네스는 권력에 @**아부**하는 것을 싫어해서 초라한 항아리에 들어가 살았습니다. 그러던 어느 날, 평소에 디오게네스를 질투하던 한 학자가 찾아왔습니다. 그는 왕에게 아부해서 큰돈을 번 사람이었습니다.

마침 디오게네스는 땅에 떨어진 콩을 주워 먹고 있었습니다. 그 모습을 보고 학자가 비웃으며 말했습니다.

"디오게네스, ㉠**말 한마디에 천 냥 빚도 갚는다**는 말도 모르나? 왕에게 아부할 줄만 알았다면, 콩을 주워 먹지 않아도 될 텐데! 참 불쌍하군."

그러자 디오게네스가 태연하게 말을 받았습니다.

"자네가 콩을 주워 먹을 줄만 알았다면 왕에게 아부하지 않아도 됐을 텐데, 참 불쌍하군."

그 말에 디오게네스를 비웃던 학자는 얼굴이 새빨개져 떠나고 말았습니다.

---

4 디오게네스를 찾아온 학자가 밑줄 친 ㉠처럼 말한 까닭을 올바르게 짐작한 친구에 ○표를 해 보세요.

학자는 디오게네스가 말을 함부로 하자 말의 중요함을 알라는 뜻으로 '말 한마디에 천 냥 빚도 갚는다'라고 충고한 거야.

학자는 왕에게 말만 잘하면 쉽게 가난에서 벗어날 수 있다는 뜻으로 '말 한마디에 천 냥 빚도 갚는다'라고 조언한 거야.

유호 [   ]   재구 [   ]

---

5 '@아부'의 뜻은 무엇일지 골라 보세요. ⋯⋯⋯⋯⋯⋯⋯⋯⋯⋯⋯⋯⋯⋯⋯⋯⋯⋯⋯⋯ [   ]

① 물고기를 잡으며 살아가는 사람
② 무언가의 옳고 그름을 따지는 것
③ 남에게 잘 보이기 위해 듣기 좋은 말을 하는 것

---

6 디오게네스와 그를 찾아온 학자가 중요하게 생각하는 삶은 각각 무엇인지 선으로 이어 보세요.

[1] 디오게네스 •

[2] 디오게네스를 찾아온 학자 •

• ㉠ 왕에게 아부를 하더라도 큰돈을 벌어 성공하는 삶

• ㉡ 콩을 주워 먹더라도 남에게 아부하지 않고 떳떳하게 사는 삶

1
단계

다음 중 뜻이 가장 <u>다른</u> 낱말에 ○표를 해 보세요.

| 빈털터리 | 빈손 | 큰손 |

[   ]   [   ]   [   ]

2
단계

다음 중 '탕감'이 올바르지 <u>않게</u> 쓰인 문장에 ○표를 해 보세요.

[1] 이승훈은 오희순에게 큰 빚을 **탕감** 받았다. ············ [   ]

[2] 정부는 오랜 기간 갚지 못한 빚을 **탕감**해 주기로 했다. ·········· [   ]

[3] 오늘 받아야 할 생일 선물을 친구들이 **탕감**해 주었다. ·········· [   ]

3
단계

다음 낱말과 뜻을 보고, 밑줄 친 부분에 쓰인 한자에 ○표를 해 보세요.

[1] <u>전</u> 세계: 세계 전체를 통틀어 부르는 말
[2] <u>전</u> 국민: 모든 국민
[3] <u>전</u> 재산: 모든 재산

| 戰 | 全 | 電 |
| 싸울 전 | 모두 전 | 번개 전 |

[   ]   [   ]   [   ]

시간 끝난 시간 [   ]시 [   ]분   채점 **독해** 6문제 중 [   ]개

1회분 푸는 데 걸린 시간 [   ]분   **어법·어휘** 3문제 중 [   ]개

관용어 둘 이상의 낱말이 오래전부터 함께 쓰이면서 본래의 뜻과 다른 뜻을 지니게 된 표현

걸음마를 떼다*

아이가 처음으로 걷기 시작할 때 '걸음마를 떼었다'라는 말을 씁니다. 아이에게 걸음마를 떼는 것은 하나의 시작이듯, **'걸음마를 떼다'**는 '어느 일이나 사업이 첫 시작을 하다'라는 뜻입니다.

공부한 날 ☐ 월 ☐ 일 시작 시간 ☐ 시 ☐ 분

먼 옛날부터 우주는 도저히 인간이 갈 수 없는 곳처럼 여겨졌습니다. 지금으로부터 약 50년 전, 한 사내가 달에 발자국을 남기기 전까지는 말입니다.

1961년, 미국은 '아폴로 계획'을 **선언**①했습니다. 그 내용은 인간을 달에 **착륙**②시키겠다는 것이었습니다. 모두가 불가능한 일이라고 생각했습니다. 실제로 처음 발사된 우주선 아폴로 1호에 탔던 3명의 우주 비행사는 영영 돌아오지 못하기도 했습니다. 그러나 1969년 7월 21일, 닐 암스트롱이 탄 아폴로 11호가 '고요의 바다'라고 불리는 달의 **표면**③에 착륙하는 데 성공했습니다. 그리고 닐 암스트롱이 달에 발자국을 남기면서, **인류**④는 최초로 달을 밟게 되었습니다. 인류는 비로소 우주 시대의 첫**걸음마를 떼게*** 된 것입니다.

"이것은 한 인간에게 있어 작은 발걸음이지만, 인류에게 있어서는 큰 **도약**⑤이다."

(That's one small step for a man, one giant leap for mankind.)

닐 암스트롱이 달에 첫 발자국을 남기며 한 말은 아직도 우주 시대의 시작을 알리는 말로 남아 있습니다. 그의 말처럼 아폴로 11호의 달 착륙은 작은 한 걸음일지도 모릅니다. 그러나 그때 처음으로 **걸음마를 뗀*** 인류의 우주 진출은 지금까지도 계속되고 있습니다.

우주는 인류에게 더 이상 낯선 공간이 아닙니다. 우주 정거장에는 우주 비행사들이 몇 개월씩이나 살아가고 있으며, **인공위성**⑥을 쏘아 보내고, **화성**⑦을 비롯한 **태양계**⑧의 **행성**⑨들까지 우주선이 도달하기도 했습니다. 심지어 최근에는 우주여행을 기획하는 사람들까지 있을 정도입니다.

이제 곧 달에 사람이 가는 것쯤은 아무렇지도 않은 시대가 올 것입니다. 인류는 앞으로도 닐 암스트롱이 내딛은 첫걸음을 기억할 것입니다. 그 한 걸음이 보여준 가능성이 바로 지금을 만들었기 때문입니다.

↑ 닐 암스트롱과 함께 달에 갔던 버즈가 달에 착륙한 모습

어려운 낱말 풀이

① **선언** 의견, 주장 따위를 널리 알림 宣베풀 선 言말씀 언 ② **착륙** 비행기 따위가 공중에서 땅으로 내려옴 着붙을 착 陸뭍 륙 ③ **표면** 사물의 가장 겉 부분 表겉 표 面낯 면 ④ **인류** 세상의 모든 사람 人사람 인 類무리 류 ⑤ **도약** 뛰어오름, 더 높은 단계로 발전함 跳뛸 도 躍뛸 약 ⑥ **인공위성** 지구 따위의 행성 주위를 돌도록 만든 장치 人사람 인 工장인 공 衛지킬 위 星별 성 ⑦ **화성** 태양에 네 번째로 가까운 행성. 지구와 가까움 火불 화 星별 성 ⑧ **태양계** 태양과 태양을 중심으로 움직이는 행성, 위성, 소행성 따위의 집합 太클 태 陽볕 양 系이을 계 ⑨ **행성** 해의 주위를 도는 별, 수성, 금성, 지구, 화성 등 行갈 행 星별 성

1 인류가 처음으로 달에 첫 발을 내딛은 것은 몇 년도에 일어난 일인지 찾아 써 보세요.

→ ☐☐☐☐ 년

2 인류 최초로 달에 발자국을 남긴 사람으로, 인류의 우주 진출에 '걸음마를 뗀' 사람의 이름은 무엇인지 찾아 써 보세요.

→ ☐☐☐☐☐

3 이 글에 나온 현재 우주 진출의 사례가 <u>아닌</u> 것에 ○표를 해 보세요.

우주 정거장에서 우주 비행사들이 몇 개월씩이나 머무름	화성까지 인간을 보내는 데 성공함	우주여행을 기획하는 사람들까지 나타남
[ ]	[ ]	[ ]

4 다음 중 '걸음마를 떼다'라는 표현이 어울리는 상황에 ○표를 해 보세요.

얼마 전에 분식집을 차린 이모부께 축하를 전했더니 "이제 **걸음마를 막 뗀** 건데, 뭘."이라며 너스레를 떠셨다.	오빠가 군대에 가고 어머니는 매일 오빠가 신경 쓰이시는 듯하다. 오늘도 뉴스를 보며 혼자 **걸음마를 떼신다.**
[ ]	[ ]

[5~6] 다음 글을 읽고, 문제를 풀어 보세요.

> 지구가 아닌 곳에서 인간이 살아갈 수 있을까요? 지구 외의 행성에서 인간이 살아가기 위해서는 해결해야 하는 문제가 많습니다. 우선 지구 외의 행성에는 산소가 부족합니다. 그리고 날씨도 너무 춥거나 더울 때가 많아 인간이 살아가기 힘듭니다. 게다가 중력도 지구와는 큰 차이를 보이기 때문에 인간의 몸이 그에 적응하는 데는 어려움이 있을 수밖에 없습니다.
>
> 그런데도 인간이 지구 외의 행성에서 살아가기 위한 도전은 계속되고 있습니다. 얼마 전에는 화성과 비슷한 환경에서 감자를 재배하는 데 성공하기도 했습니다. 화성은 건조할 뿐만 아니라 햇볕이 너무 강하고, 중력도 약해 식물이 자라기 힘듭니다. 그러나 여러 번의 도전 끝에 결국 화성과 비슷한 환경에서 감자를 재배하는 데 성공한 것입니다.
>
> 물론 인간이 지구 외의 행성에서 살아가기 위한 연구는 ㉠이제 막 걸음마를 떼었을 뿐입니다. 그러나 지금도 연구가 지속적으로 진행되고 있으며, 또 최근에 몇 가지 결과를 내기도 했습니다. 지구 외의 행성을 인간이 살아갈 수 있도록 바꾸는 것을 '테라포밍(Terraforming)'이라고 부르는데, 어쩌면 그리 머지않은 미래에 테라포밍이 성공하는 모습을 보게 될지도 모릅니다.

5 윗글에서 인간이 지구가 아닌 행성에서 살아가기 힘든 이유로 말하지 <u>않은</u> 것을 골라 보세요. --- [   ]

① 산소가 부족함

② 물이 아예 없음

③ 지구와 중력이 크게 다름

④ 너무 춥거나 더울 때가 많음

6 밑줄 친 ㉠과 바꿔 쓸 수 있는 표현에 ○표를 해 보세요.

'아직 시작 단계에 불과할 뿐입니다.'	'이제 마무리만 남겨두었을 뿐입니다.'
[ ]	[ ]

1단계 다음의 낱말과 뜻이 알맞도록 선으로 이어 보세요.

[1] 표면 •

[2] 착륙 •

[3] 인공위성 •

• ㉠ 지구 따위의 행성 주위를 돌도록 만든 장치

• ㉡ 사물의 가장 겉 부분

• ㉢ 비행기 따위가 공중에서 지상으로 내려옴

2단계 밑줄 친 말과 바꿔 쓸 수 있는 말을 골라 번호를 써 보세요.

[1] 이것은 작은 한 걸음이지만, 인류에게 있어 큰 **도약**이다. ──────────── [　　　]

① 발전

② 후퇴

[2] 1961년, 미국이 아폴로 계획을 **선언했다**. ──────────── [　　　]

① 밝혔다.

② 포기했다.

3단계 [보기]의 글을 읽고, 띄어쓰기가 올바르지 **않은** 문장에 ○표를 해 보세요.

> [보 기]
> '데'를 띄어쓰기해야 할 때가 있습니다. '데'의 뜻이 '곳', '일'이나 '것', 그리고 '경우'일 때는 앞의 낱말과 띄어쓰기해야 합니다.

[1] 그렇게 말했는 데, 결국 들어주지 않더라고. ──────────── [　　　]

[2] 인간을 달에 착륙시키는 데 성공했다. ──────────── [　　　]

[3] 오늘 운동회를 하는 데가 어디야? ──────────── [　　　]

시간 ⏰ 끝난 시간 [　]시[　]분

1회분 푸는 데 걸린 시간 [　]분

채점 📄⭐ 독해 6문제 중 [　]개

어법·어휘 6문제 중 [　]개

유비무환(有 備 無 患)*
있을 유　준비 비　없을 무　걱정 환

시험지를 받기 직전에는 항상 내가 모르는 문제가 나오지는 않을까, 밤새 외운 것을 잊어버리지는 않았을까 걱정됩니다. 하지만 평소에 공부를 열심히 했다면 걱정하지 않아도 됩니다. '유비무환(有備無患)'은 '평소에 철저히 준비한다면 나중에 걱정할 일이 없다'는 뜻입니다.

공부한 날 ☐ 월 ☐ 일 시작 시간 ☐ 시 ☐ 분

　　중국 진나라에 도공이라는 왕이 있었습니다. 도공의 신하인 위강은 정직한 사람이었습니다. 위강은 누구나 반드시 **원칙**①을 지켜야 한다고 생각했습니다. 도공은 위강의 **올곧은**② 모습을 믿고 그에게 자신의 군대를 이끌도록 하였습니다. 위강의 활약 덕분에 진나라는 점점 강해졌습니다. 도공은 위강을 불러 칭찬하였습니다.

　　"정말 고맙네. 모두 자네의 덕일세."

　　그러나 위강은 고개를 숙이며 말했습니다.

　　"아닙니다, **폐하**③. 그리고 저는 지금 폐하께서 이럴 때일수록 더욱 **신중하게**④ 위험에 대비하셔야 한다고 생각합니다."

　　"그게 무슨 말인가?"

　　"폐하, 저도 이런 경험이 있습니다. **재산**⑤을 쌓아 두는 창고 문이 고장 났을 때, 저는 설마 무슨 일이 있겠느냐 싶어 고치는 것을 계속 미루고 있었습니다. 한 번도 집에 도둑이 들었던 적이 없었기 때문입니다. 하지만 제 아내는 혹시 모를 일에 **대비**⑥해 문을 곧바로 고쳐야 한다고 했습니다. 저는 아내의 뜻에 따랐고, 얼마 후 놀랍게도 집에 도둑이 들었습니다. 다행히 문을 고쳐 둔 덕에 도둑맞은 것은 하나도 없었지요."

　　위강은 계속해서 이렇게 말했습니다.

　　"이처럼 **평안할**⑦ 때 오히려 **위태로움**⑧을 생각해야 합니다. 생각하면 준비해야 할 것이고, 준비하면 걱정할 일이 없을 것이라고 하였습니다. 즉 **유비무환***이지요. 지금처럼 평화로운 시절일수록 더욱 미리 준비하여 언젠가 닥칠지 모를 일에 대비해야 할 것입니다."

　　도공은 위강의 말을 듣고 크게 깨달았습니다. 도공은 **흉년**⑨을 대비하여 백성들을 위해 미리 곡식을 **보관**⑩해 두는 등 나라를 다스리는 데 더욱 힘썼다고 합니다. 이러한 '**유비무환***'의 정신으로부터 도움을 받아 도공은 훌륭한 왕이 되었습니다.

📄 어려운 낱말 풀이 | ① **원칙** 어떤 행동에서 지켜야 하는 기본적인 규칙 原근원 원 則법칙 칙 ② **올곧은** 마음이나 정신 상태가 바르고 곧은 ③ **폐하** 황제나 황후를 높여 이르는 말 陛섬돌 폐 下아래 하 ④ **신중하게** 조심스럽게 愼삼갈 신 重조심할 중 - ⑤ **재산** 돈, 건물, 땅 같은 값진 것 財재물 재 産낳을 산 ⑥ **대비** 앞일을 미리 헤어려 준비하는 것 對대할 대 備갖출 비 ⑦ **평안할** 걱정이나 탈이 없고 무사히 잘 있을 平평평할 평 安편안 안 - ⑧ **위태로움** 도무지 마음을 놓을 수 없을 만큼 위험함 危위태할 위 殆위태할 태 - ⑨ **흉년** 농사가 다른 해보다 잘되지 않은 해 凶흉할 흉 年해 년 ⑩ **보관** 물건을 간직하거나 돌보는 것 保지킬 보 管대롱 관

1 위강이 도공에게 충언을 한 까닭은 무엇이었는지 골라 보세요. ──────── [　　　]

① 도공이 충고를 부탁했기 때문에

② 나라가 위태로운 상황이었기 때문에

③ 위강의 태도가 갑자기 변했기 때문에

④ 실제로 위강이 한 일은 아무것도 없었기 때문에

⑤ 평화로운 때일수록 앞으로의 일을 준비해야 한다고 생각했기 때문에

2 다음은 도공이 위강의 말을 듣고 깨달은 교훈입니다. 알맞은 낱말을 골라 정리해 보세요.

> { 평화로운 / 위태로운 } 시절일수록 앞으로 다가올지 모르는 일을 미리 생각하고 { 준비 / 낭비 } 해
>
> 둔다면 걱정할 일이 없을 것입니다.

3 다음은 '유비무환'의 한자와 뜻입니다. 한자와 뜻을 알맞게 선으로 이어 보세요.

고사성어의 한자

有 있을 유　　備 준비 비　　無 없을 무　　患 걱정 환

고사성어의 뜻

준비가　　되어 있다면　　걱정할 것이　　없다

다음 포스터를 보고, 문제를 풀어 보세요.

예방 접종

□□□□이라는 말처럼,
무시무시한 독감 바이러스도
예방한다면 두렵지 않습니다.
사랑하는 당신을 위해 지금 함께하세요.

4 포스터의 빈칸에 들어갈 고사성어를 써 보세요.

→ □□□□

5 위 포스터에서 밑줄 친 '예방한다'의 의미로 알맞은 것을 골라 보세요. ---------------------------- [   ]

① 미리 헤아려서 짐작한다
② 일어나기 전에 미리 준비하여 막는다
③ 모조리 잡아 없앤다
④ 상대편의 공격을 막는다

6 다음 중 '유비무환'과 어울리는 상황에 ○표를 해 보세요.

갑자기 비가 오지만 걱정하지 않아도 돼. 오늘 아침에 날씨 뉴스를 미리 확인하고 우산을 가져왔거든. … [   ]

주말에 친구 생일 선물을 사려고 했는데, 깜박하고 일주일 치 용돈을 매점에서 다 써버렸지 뭐야. … [   ]

1단계 빈칸에 알맞은 낱말을 [보기]에서 찾아 채워 보세요.

[보 기]　　　　　　원칙　　　　　대비　　　　　보관

[1] 다가오는 태풍을 ☐☐ 해 안전하게 대피하는 방법을 알아 두었다.

[2] 할아버지는 무슨 일이 있어도 ☐☐ 을(를) 지키셨다.

[3] 음식은 냉장고에 ☐☐ 하더라도 상할 수 있으니 주의해야 한다.

2단계 밑줄 친 말과 바꿔 쓸 수 있는 말을 골라 번호를 써 보세요.

[1] 동생의 **올곧은** 마음은 본받을 만하다. ─────────────────── [　　]
　　　① 높이 오르는
　　　② 바르고 곧은

[2] 지혜로운 임금님 덕분에 **평안한** 날들을 보냈다. ──────────── [　　]
　　　① 평평하고 안전한
　　　② 걱정과 탈이 없는

3단계 [보기]의 낱말들의 모습이 어떻게 바뀌었는지 잘 살펴보고, 주어진 낱말을 다른 형태로 바꿔 보세요.

[보 기]　　　위태롭다 → 위태로움　　　이롭다 → 이로움　　　슬기롭다 → 슬기로움

[1] 괴롭다　→　☐☐☐

[2] 자유롭다　→　☐☐☐☐

시간 　끝난 시간 ☐시 ☐분
　　　　　1회분 푸는 데 걸린 시간 ☐분

채점 　독해 6문제 중 ☐개
　　　　어법·어휘 7문제 중 ☐개

돌다리도 두들겨 보고 건너라*

돌다리는 무척 튼튼해서 무너질 일이 거의 없습니다. 그러나 돌다리가 무너지는 일이 아예 없는 것은 아닙니다. '돌다리도 두들겨 보고 건너라'라는 속담은 이처럼 '아무리 확실해 보일 때도 만약의 경우를 생각해 한 번 더 확인해 보라'는 뜻입니다.

공부한 날 [　] 월 [　] 일   시작 시간 [　] 시 [　] 분

먼 옛날 그리스와 트로이라는 나라가 큰 전쟁을 벌였습니다. 그러나 전쟁은 10년이 지나도록 **결판**^①이 나지 않았습니다. 오랜 전쟁에 지치고 힘들었던 그리스 군대는 꾀를 하나 내었습니다. 거대한 **목마**^②를 만들어 그 안에 병사들을 숨겨 두고, 도망친 척을 하자는 것이었습니다.

그리스 군대가 거대한 목마를 두고 사라지자, 트로이 사람들은 그것이 항복의 표시인 줄 알고 크게 기뻐했습니다. 그리고 전쟁에서 승리한 것을 기념하기 위해 성안으로 목마를 끌고 들어오려고 했습니다. 그런데 그때, 카산드라라는 공주가 나서 말했습니다.

"그 목마를 들이면 안 돼요. 그러면 트로이는 패배하게 될 거예요."

그러나 다른 사람들은 그 말을 믿지 않았습니다. 카산드라는 미래를 보는 놀라운 지혜를 가지고 있었지만, 신의 **저주**^③를 받아 아무도 그 말을 믿지 않게 되었기 때문이었습니다. 카산드라의 말을 진지하게 들어주는 것은 **신중하기로**^④ 유명한 라오콘이라는 사람뿐이었습니다.

"**일리**^⑤가 없는 말은 아닙니다. **돌다리도 두들겨 보고 건너라***는 말이 있지 않습니까? 마지막까지 주의를 기울여 목마 안을 확인해 보는 것이 좋을 것 같습니다."

그러나 오랜 전쟁에 지쳤던 사람들은 카산드라와 라오콘의 말을 듣지 않으려 했습니다. 심지어 그날 밤 라오콘이 **신전**^⑥에서 뱀에 물려 죽자, 트로이 사람들은 곧바로 목마를 성안에 들였습니다.

그리고 잔치를 벌인 그날 밤, 모두가 술에 취한 사이 목마 안의 그리스 병사들이 나와 트로이를 **쑥대밭으로 만들었습니다.**^⑦ 마지막 순간의 **방심**^⑧으로 트로이는 결국 패배하고 말았습니다.

– 그리스 로마 신화

🧻 **어려운 낱말 풀이**

① **결판** 옳고 그름, 이기고 지는 것 따위가 결정됨 決결단할 결 判판단할 판
② **목마** 나무로 만든 말 木나무 목 馬말 마   ③ **저주** 남에게 재앙 등이 닥치도록 함 詛저주할 저 呪빌 주
④ **신중하기로** 일을 함부로 판단하지 않고 주의 깊기로 愼삼갈 신 重무거울 중 -
⑤ **일리** 옳은 부분이 있어 받아들일 수 있을 만한 점 —한 일 理다스릴 리
⑥ **신전** 신을 모시는 곳 神귀신 신 殿큰 집 전
⑦ **쑥대밭으로 만들었습니다** 엉망진창으로 못 쓰게 만들었습니다
⑧ **방심** 마음을 다잡지 못하고 긴장을 풀어버림 放놓을 방 心마음 심

1 이 이야기에 대한 설명으로 옳은 것을 골라 보세요. ------------------------------------- [   ]

① 트로이는 결국 전쟁에서 패배했다.

② 그리스와 트로이는 사이가 좋았다.

③ 라오콘은 카산드라의 말을 비웃었다.

④ 카산드라의 말을 진지하게 들어주는 사람은 아무도 없었다.

⑤ 트로이 사람들은 모두 목마를 성안에 들이는 것에 반대했다.

2 그리스 군대가 남겨놓은 거대한 목마를 보고 트로이 사람들이 추측한 것과 그것의 진짜 정체는 달랐습니다. 이야기의 내용에 알맞게 빈칸을 채워 보세요.

트로이의 추측	그리스 군대가 [ ][ ] 의 표시로 남겨두고 간 것
목마의 진짜 정체	트로이 성안으로 들어가기 위해 [ ][ ][ ] 의 병사들이 숨어 있는 곳

3 라오콘이 '돌다리도 두들겨 보고 건너라'라는 말을 한 까닭에 ○표를 해 보세요.

트로이의 승리를 기념하기 위해 목마 안에서 잔치를 벌이자는 말이다.	카산드라의 거짓말을 들통 내어 망신을 주기 위해 목마를 확인해 보자는 말이다.	혹시 모르니 마지막까지 주의를 기울여 목마를 확인해 보자는 뜻으로 한 말이다.
[ ]	[ ]	[ ]

[4~5] 다음 글을 읽고, 문제를 풀어 보세요.

1986년 1월 어느 때보다 추운 겨울, 미국은 우주 왕복선 '챌린저호'의 발사를 앞두고 있었습니다. 챌린저호를 발사하기로 한 시기가 마침 '핼리 혜성'이라는 꼬리별이 지구를 지나갈 때라 사람들의 기대는 더욱 컸습니다. '핼리 혜성'은 76년에 한 번밖에 오지 않는다는 것을 듣고 우주에 대한 관심이 높아졌기 때문입니다.

그런데 발사를 눈앞에 둔 어느 날, 한 기술자가 고무로 만든 고리 하나가 이상하다는 보고를 하였습니다. 'O링'이라고 불리는 고무 고리는 우주선의 각 부분을 이어주는 역할을 했는데, 추운 날씨에 고무가 딱딱해져 금이 갔을 수도 있다는 것이었습니다. 그러나 미국 항공우주국(NASA)은 사소한 문제라 생각하여 ㉠**기술자가 계속 발사를 늦추라고 경고**해도 듣지 않았습니다.

챌린저호가 발사되던 날, 기술자의 말대로 고무 고리에 금이 가 있었고, 연료가 새어 나와 로켓에서 뿜어진 불꽃과 만나고 말았습니다. 그렇게 챌린저호는 발사된 지 1분 만에 폭발해 우주 비행사 7명의 생명을 앗아가고 말았습니다.

4 윗글을 읽고 챌린저호의 폭발 사고에 대해 정리한 것입니다. 빈칸을 알맞게 채워 보세요.

원인	• 'O링'이라고 불리는 ☐☐ (으)로 만든 고리 하나가 이상함. • ☐☐ 을(를) 늦추라는 기술자의 경고를 무시함.
결과	• 발사 직후, 금이 간 O링에서 ☐☐ 이(가) 새어 나와 로켓에서 뿜어진 불꽃과 만나 폭발이 일어남. • 발사된 지 1분 만에 폭발하여 우주 비행사 7명의 생명을 앗아감.

5 밑줄 친 ㉠과 같은 상황에서 기술자가 어떻게 말했을지 알맞은 내용을 골라 보세요.

'돌다리도 두들겨 보고 건너라'라는 말이 있듯이, 아무리 사소한 문제라도 조심해야 합니다. 위험하니 발사를 늦춰 주십시오.

[   ]

'돌다리도 두들겨 보고 건너라'라는 말이 있습니다. 챌린저호를 제 시간에 늦지 않게 발사하겠다고 확실히 약속해 주십시오.

[   ]

1 단계

다음의 낱말과 뜻이 알맞도록 선으로 이어 보세요.

[1]   결판   •

[2]   저주   •

[3]   방심   •

• ㉠ 남에게 재앙 등이 닥치기를 바람

• ㉡ 옳고 그름, 이기고 지는 것 따위가 결정됨

• ㉢ 마음을 다잡지 못하고 긴장을 풀어버림

2 단계

밑줄 친 말과 바꿔 쓸 수 있는 말을 골라 번호를 써 보세요.

[1]   **사소한** 문제가 있어 출발이 지연되고 있습니다. ────────── [   ]
　　① 큰
　　② 작은

[2]   라오콘은 **신중하기로** 유명하다. ────────── [   ]
　　　　① 주의 깊기로
　　　　② 오만하기로

3 단계

[보기]의 글을 읽고, 아래의 빈칸에 들어갈 낱말을 써 보세요.

[보 기]

'쑥'은 어디서나 흔히 볼 수 있는 풀입니다. 생명력이 유달리 강해 순식간에 퍼져 나가고, 폐허와 같은 거친 땅에서도 잘 자라나기 때문입니다.

그런데 생명력이 너무 강한 나머지, 쑥의 줄기 즉 쑥대가 잔뜩 자라난 땅에는 다른 식물들이 살기 어렵다고 합니다. 그래서 '⬜⬜⬜으로 만들다' 라는 말이 생겨나게 되었습니다.

→ ⬜⬜⬜

시간 끝난 시간 [   ] 시 [   ] 분

1회분 푸는 데 걸린 시간 [   ] 분

채점 독해 5문제 중 [   ] 개

어법·어휘 6문제 중 [   ] 개

잊다(기억) / 잃다(물건)

수호는 엄마와 장을 보고 집으로 가는 중이었습니다.

엄마: 수호야, 장바구니에 생선이 있는지 봐 줄래?

수호: 생선은 없어요. 엄마.

엄마: 내가 깜빡하고 생선 사는 걸 { ① 잃어 ② 잊어 }

버렸구나. 네가 대신 사다 줄래? 남은 돈은 너 과자
사 먹으렴.

'잃다'와 '잊다'는 비슷한 말처럼 보이지만 그 뜻은 전혀 다릅니다. '잃다'는 '가지고 있던 물건이 없어지다'라는 뜻이고, '잊다'는 '알았던 것을 기억하지 못하다'라는 뜻입니다. 다시 말해 '잃다'는 가졌던 물건이 자신도 모르게 없어졌다는 것이고, '잊다'는 알고 있던 것이 생각나지 않는다는 것입니다. 예를 들어 잃다는 '열쇠를 잃다', '가방을 잃다' 등으로 쓸 수 있고, 잊다는 '영화의 제목을 잊다', '약속을 잊다' 등으로 쓸 수 있습니다.

{
잃다: 가지고 있던 물건이 없어지다.
'열쇠를 잃다', '가방을 잃다' 등.

잊다: 알았던 것을 기억하지 못하다.
'영화의 제목을 잊다', '약속을 잊다' 등.
}

✎ **바르게 고쳐 보세요.**   정답: 005쪽

엄마: 내가 깜빡하고 생선 사는 걸 잃어버렸구나. 네가 대신 사다줄래? 남은 돈은 너 과자
사먹으렴.

→ **엄마:** 내가 깜빡하고 생선 사는 걸 [ ][ ] 버렸구나. 네가 대신 사다 줄래?
남은 돈은 너 과자 사 먹으렴.

3주차

한 주간의 계획을 먼저 세워 보세요. 매일 학습을 마친 후 맞힌 문제의 개수를 쓰세요!

회차	영역	학습내용	학습계획일	맞은 문제수
11회	관용어	**입에 달고 다니다** 사람들은 어떤 말을 버릇처럼 반복할 때가 있습니다. 그 모습은 마치 그 말이 입에 붙어 다니는 것처럼 느껴지기도 합니다. 이처럼 '**입에 달고 다니다**'는 '**어느 말을 버릇처럼 반복할 때**' 쓰는 말입니다.	월 일	독해 6문제 중 [ ]개 어법·어휘 8문제 중 [ ]개
12회	사자성어	**유구무언(有口無言)** 자신이 실수나 잘못을 한 것이 너무 확실하여 도무지 아무 말도 할 수 없는 상황이 있었을 것입니다. 이처럼 '**입은 있으나 아무 말도 못 하는 모습**'을 '**유구무언(有口無言)**'이라고 말합니다.	월 일	독해 6문제 중 [ ]개 어법·어휘 6문제 중 [ ]개
13회	속담	**꿩 대신 닭** 꿩은 닭과 비슷하게 생겼고, 맛도 비슷합니다. 그래서 꿩 고기가 귀하던 시절에는 대신 닭을 쓸 때가 많았습니다. '**꿩 대신 닭**'이라는 속담은 이처럼 '**무언가가 없을 때 비슷한 것으로 대신하는 것**'을 말합니다.	월 일	독해 5문제 중 [ ]개 어법·어휘 8문제 중 [ ]개
14회	관용어	**무릎을 치다** 어떤 고민이 있을 때 그 고민을 해결할 수 있는 기발한 방법이 떠오르면 자신도 모르게 손뼉을 치거나 손바닥으로 무언가를 치게 됩니다. 그럴 때 '**무릎을 치다**'라는 표현을 사용합니다. 즉 '**놀랍거나 기쁜 일이 있을 때나 좋은 생각이 떠올랐을 때 감탄하다**'는 말입니다.	월 일	어법·어휘 5문제 중 [ ]개 어법·어휘 6문제 중 [ ]개
15회	고사성어	**소탐대실(小貪大失)** 자신이 가지고 있는 것이 꽤 큰데도 만족하지 못하고 작은 것을 탐하다 보면 모든 것을 잃을 수도 있습니다. 그럴 때 '**소탐대실(小貪大失)**'이라는 표현을 씁니다. 말 그대로 '**작은 것을 탐내다 큰 것을 잃음**'을 의미합니다.	월 일	독해 6문제 중 [ ]개 어법·어휘 5문제 중 [ ]개

관용어 · 둘 이상의 낱말이 오래전부터 함께 쓰이면서 본래의 뜻과 다른 뜻을 지니게 된 표현

입에 달고 다니다*

사람들은 어떤 말을 버릇처럼 반복할 때가 있습니다. 그 모습은 마치 그 말이 입에 붙어 다니는 것처럼 느껴지기도 합니다. 이처럼 '입에 달고 다니다'는 '어느 말을 버릇처럼 반복할 때' 쓰는 말입니다.

공부한 날 [   ]월 [   ]일 시작 시간 [   ]시 [   ]분

먼 옛날 그리스에 '미다스'라는 왕이 살았습니다. 그는 황금을 좋아하는 욕심쟁이였습니다. 그래서 늘 '손에 닿는 것마다 모두 황금으로 변했으면' 같은 말을 **입에 달고 다녔습니다***.

어느 날, 미다스 왕은 술의 신 디오니소스를 **길러 준**① 스승을 만나게 되었습니다. 미다스 왕은 그를 잘 **대접**②하여 디오니소스에게 **소원**③을 빌 기회를 얻게 되었습니다. 미다스 왕은 늘 **입에 달고 다니던*** 말을 소원으로 빌었습니다.

"제 손에 닿는 것마다 모두 황금으로 변하게 해 주십시오!"

디오니소스는 그 소원을 이루어 주었습니다. 미다스는 떨리는 마음으로 돌아와 **조약돌**④을 집어 들었습니다. [(가)] 조약돌이 황금으로 변하였고, 나무에 손을 대니 나무가 황금이 되었습니다. 미다스는 **뛸 듯이 기뻐**⑤ 당장 잔치를 벌였습니다.

[(나)] 미다스는 곧 깜짝 놀라고 말았습니다. 빵을 먹으려고 했는데, 빵이 황금이 돼서 씹을 수 없었던 것이었습니다. 물을 마시려고 해도 잔과 함께 황금이 되어 버려 물조차 마실 수 없었습니다. 심지어 사랑하는 딸마저 안아 줄 수 없게 되었음을 알게 된 미다스는 **그제야**⑥ 크게 후회했습니다.

"디오니소스 님, 제가 어리석었습니다. 부디 제 손을 원래대로 돌려주십시오."

"그렇다면 팍톨로스 강으로 가서 네 손을 씻어라. 그리하면 될 것이다."

미다스 왕은 당장 팍톨로스 강으로 가 손을 씻었습니다. 그러자 미다스 왕의 손은 원래대로 돌아갔고, 미다스 왕은 욕심을 버리고 살아가게 되었습니다.

미다스 왕이 손을 씻을 때 스친 물방울들은 금이 되어 아직도 강물에 조금씩 섞여 떠내려오고 있다고 합니다.

– 그리스 로마 신화

어려운 낱말 풀이 | ① **길러 준** 보살피고 키워 준 ② **대접** 예의를 차려 대함 待기다릴 대 接사귈 접 ③ **소원** 이루어졌으면 하고 바라는 것 所바 소 願원할 원 ④ **조약돌** 작고 동글동글한 돌 ⑤ **뛸 듯이 기뻐** 무척 기뻐 ⑥ **그제야** 그때가 되어서야

1 이 이야기에서 미다스 왕이 후회한 까닭으로 알맞은 것에 ○표, 틀린 것에 ×표를 해 보세요.

[1] 조약돌이 황금이 됨 ·· [   ]

[2] 나무가 황금이 됨 ·· [   ]

[3] 빵이 황금이 되어 먹을 수 없음 ·· [   ]

[4] 물이 황금이 되어 마실 수 없음 ·· [   ]

[5] 사랑하는 딸을 가까이할 수 없음 ·· [   ]

해설편 006쪽

2 이 이야기의 빈칸 (가), (나)에 들어갈 이어주는 말을 골라 보세요. ·············· [   ]

	(가)	(나)
①	그러나	하지만
②	하지만	따라서
③	그러자	그러므로
④	그러자	그러나
⑤	게다가	한편

3 미다스 왕이 '입에 달고 다니던' 말은 무엇이었는지 본문에서 찾아 빈칸을 채워 보세요.

→ " ☐ 에 닿는 것마다 오두 ☐☐ (으)로 변했으면."

4 다음 대화의 밑줄 친 표현은 이 이야기에서 나온 것입니다. 이 표현의 뜻을 알맞게 짐작한 것에 ○표를 해 보세요.

> 도현: 그거 알아? 뉴스에서 봤는데 어느 발명가가 만든 부품이 크게 인기를 끌고 있대. 벌써 전 세계에서 주문이 밀려온다고 하더라고.
> 수지: 어? 그 과학자가 지난번에 만든 것도 그러지 않았어?
> 도현: 진짜? 그 정도면 정말 <u>미다스의 손</u>이네.

미다스의 손에 닿는 것마다 모두 황금이 되었던 것처럼, 하는 일마다 크게 성공하여 많은 이익을 얻은 사람을 부르는 말.

[   ]

미다스가 손을 강물에 씻은 것처럼, 손을 잘 씻고 더러운 것을 유달리 참지 못하는 사람을 부르는 말.

[   ]

[5~6] 다음 글을 읽고, 문제를 풀어 보세요.

먼 옛날 헨젤과 그레텔이라는 남매가 살고 있었습니다. 헨젤과 그레텔은 과자를 좋아했지만, 집이 가난해서 과자를 먹을 수 없었습니다. 그래서 매일 '과자를 배가 터지게 먹어봤으면 좋겠다'라는 말을 ㉠**입에 달고 다녔습니다.**

그러던 어느 날, 헨젤과 그레텔은 심부름 때문에 어두컴컴한 숲으로 가게 되었습니다. 둘은 빵 조각을 떼어 길가에 놓으며 돌아가는 길을 잃지 않으려고 했지만, 새들이 빵을 모두 먹어 버려 결국 길을 잃고 말았습니다.

그런데 바로 그때, 남매의 눈에 과자로 만든 집이 들어왔습니다. 길을 헤매느라 배가 고팠던 남매는 과자로 만든 집을 정신없이 뜯어 먹었습니다. 그러나 과자로 만든 집은 마녀의 집이었고, 마녀는 남매를 붙잡아 감옥에 가두었습니다.

"자, 앞으로 이 과자들을 ㉡**입에 달고 다니며** 먹도록 해라. 그래야 너희가 살이 찔 테고, 그때가 되면 내가 너희를 잡아먹을 테니."

마녀의 말에 남매는 두려움에 떨었습니다. 그러나 둘은 침착하게 꾀를 내어 감옥 안에 있던 뼈다귀를 주워 매일 아침 내밀었습니다. 눈이 나쁜 마녀는 그 뼈다귀를 만지고 헨젤과 그레텔이 살이 찌지 않았다고 생각하게 되었습니다.

– 그림 형제, 「헨젤과 그레텔」 중

5 위 이야기에 대한 설명으로 옳지 <u>않은</u> 것을 골라 보세요. ---------------------------------- [　　　]

① 헨젤과 그레텔은 남매이다.
② 헨젤과 그레텔은 과자로 만든 집을 뜯어먹었다.
③ 마녀는 헨젤과 그레텔이 살이 찌기를 기다리고 있다.
④ 마녀는 눈이 나빠 뼈다귀와 헨젤과 그레텔을 구분하지 못한다.
⑤ 헨젤과 그레텔은 빵 조각을 길가에 뿌려두어 돌아가는 길을 찾아냈다.

6 '입에 달고 다니다'는 두 가지 뜻을 가지고 있습니다. ㉠과 ㉡은 각각 어떤 뜻으로 쓰였는지 기호를 써 보세요.

입에 달고 다니다
1. 어느 말을 버릇처럼 반복하다. -- ☐
2. 음식 따위를 떼어놓지 않고 늘 먹으며 지내다. ------------------------------------ ☐

1 단계

다음의 아이들은 형제, 자매, 남매 중 하나의 관계를 맺고 있습니다. 각각 어느 관계를 맺고 있는지 빈칸을 채워 보세요.

[1] 13살 남자아이 현수와 11살 여자아이 소현이 ┄┄┄┄┄┄ ☐☐

[2] 12살 여자아이 소민이와 11살 여자아이 소정이 ┄┄┄┄┄ ☐☐

[3] 13살 남자아이 상록이와 11살 남자아이 명중이 ┄┄┄┄┄ ☐☐

3주 11 회

해설편 006쪽

2 단계

문장이 완성될 수 있도록 알맞은 낱말끼리 선으로 이어 보세요.

[1] 소원을 •   • ㉠ 가두다

[2] 감옥에 •   • ㉡ 벌이다

[3] 잔치를 •   • ㉢ 빌다

3 단계

밑줄 친 말과 바꿔 쓸 수 있는 말을 골라 번호를 써 보세요.

[1] 부모님께는 늘 감사한 마음뿐이다. ┄┄┄┄┄┄┄┄┄┄┄ [   ]
　　　① 언제나
　　　② 가끔씩

[2] 미다스 왕은 뛸 듯이 기뻤습니다. ┄┄┄┄┄┄┄┄┄┄┄ [   ]
　　　① 조금
　　　② 무척

시간 끝난 시간 ☐시 ☐분
1회분 푸는 데 걸린 시간 ☐분

채점 독해 6문제 중 ☐개
어법·어휘 8문제 중 ☐개

12회

유구무언(有 口 無 言)*
있을 유 입 구 없을 무 말씀 언

자신이 실수나 잘못을 한 것이 너무 확실하여 도무지 아무 말도 할 수 없는 상황이 있었을 것입니다. 이처럼 '입은 있으나 아무 말도 못 하는 모습'을 '유구무언(有口無言)'이라고 말합니다.

공부한 날 [　]월 [　]일 시작 시간 [　]시 [　]분

먼 옛날에 서당에 다니는 두 아이가 있었습니다. 둘은 어린 시절부터 단짝 친구였는데, 둘 다 **총명하고**^① 서로 **죽이 잘 맞기로**^② 유명했습니다.

어느 날, 둘은 서당에서 훈장님이 깜빡 졸고 계시는 모습을 보게 되었습니다.

"훈장님?"

"어, 흠흠. 미안하구나, 잠시 공자님을 뵙고 오느라……. 졸았던 것은 아니란다."

훈장님은 제자의 앞에서 졸았던 것이 부끄러웠습니다. 그래서 얼떨결에 아무렇게나 둘러대고 말았습니다.

그런데 잠시 후, 이번에는 두 아이가 꾸벅꾸벅 졸기 시작했습니다. 훈장님은 아이들을 **나무랐습니다.**^③

"어허, 서당에서 졸면 안 되지. 얼른 일어나거라!"

훈장님의 호통에 두 아이는 그제야 정신을 퍼뜩 차리고 말했습니다.

"훈장님, 저희는 졸았던 것이 아닙니다."

"졸았던 것이 아니면?"

"저희도 잠깐 공자님을 뵈러 갔던 것뿐입니다."

그 말에 훈장님은 할 말이 없어 끄응, 하고 소리만 낼 수밖에 없었습니다.

"입이 있어도 할 말은 없으니, 그야말로 **유구무언**[*]이로구나. 내가 졌다! 앞으로는 우리 모두 서당에서는 졸지 않는 것으로 하자."

이처럼 재치가 넘쳤던 두 아이는 그 후로도 우정을 이어가며 열심히 공부했다고 합니다.

[어려운 낱말 풀이] ① **총명하고** 똑똑하고 재주가 많고 聰귀 밝을 총 明밝을 명 -
② **죽이 잘 맞기로** 서로 생각이나 행동이 잘 맞기로
③ **나무랐습니다** 잘못을 꾸짖어 말했습니다

1 다음 중 이 이야기에 대한 설명으로 옳지 <u>않은</u> 것을 골라 보세요. ─────── [   ]

① 두 아이는 총명하기로 유명했다.
② 먼 옛날 서당에서 일어난 일이다.
③ 훈장님과 두 아이는 모두 서당에서 졸았다.
④ 등장인물은 훈장님, 공자님, 그리고 두 아이다.
⑤ 훈장님과 두 아이는 모두 공자님을 만났다고 말했다.

2 이 이야기에 등장하는 두 아이에 대한 설명으로 알맞은 것에 <u>모두</u> ○표를 해 보세요. (답 3개)

[1] 서당에 함께 다녔다. ───────────────────────── [   ]

[2] 어린 시절부터 매우 친하여 늘 함께 어울리는 사이였다. ───── [   ]

[3] 둘 다 똑똑하고 재주가 많았다. ────────────────── [   ]

[4] 서로 생각이나 행동이 달라서 다툴 때가 많았다. ───────── [   ]

3 이 이야기에 등장하는 낱말과 그 뜻을 선으로 바르게 이어 보세요.

[1] 서당 •

[2] 훈장님 •

[3] 제자 •

[4] 호통 •

• ㉠ 몹시 화가 나서 크게 소리 지르거나 꾸짖는 소리

• ㉡ 서당에서 글을 가르치는 사람을 높여 부르는 말

• ㉢ 옛날에 아이들에게 한문이나 글을 가르치던 곳

• ㉣ 스승으로부터 가르침을 받는 사람

4 다음은 '유구무언'의 한자입니다. 한자의 뜻을 보고 빈칸을 채워 뜻풀이를 완성해 보세요.

有		口		無		言	
뜻	음	뜻	음	뜻	음	뜻	음
있을	유	입	구	없을	무	말	언

'유구무언'은 '☐은(는) 있으나 할 ☐이(가) 없다'라는 뜻입니다. 잘못이

분명하여 도무지 둘러댈 말이 없을 때 쓰이는 말입니다.

5 다음은 훈장님이 아이들에게 '유구무언'이라고 말한 까닭을 정리한 것입니다. 빈칸을 채워 완성해 보세요.

"공자님을 뵙고 왔다"라는 말은 훈장님이 졸았을 때 둘러대느라 한 말이기 때문입니다.

다시 말해 ☐☐님이 먼저 거짓말을 한 셈이니, 아이들에게 거짓말하지 말라고

혼을 낼 수도 없는 상황이라 할 ☐이(가) 없었던 것입니다.

6 다음 중 '유구무언'을 바르게 쓴 사람에 ○표를 해 보세요.

"곰이 나타나자 나만 살겠다고 친구를 두고 도망쳤으니 정말 <u>유구무언</u>이구만." ---------------------------- [   ]

"아무리 훌륭한 그림을 그렸어도 <u>유구무언</u>이 너무 심하면 사람들이 좋아하지 않는 법이야." ---------------------------- [   ]

"모든 일이 다 <u>유구무언</u>이기 때문에 만약을 위해서 용돈을 다 쓰지 말고 좀 남겨둬야 해." ---------------------------- [   ]

1 단계   다음 문장에 어울리는 흉내 내는 말을 [보기]의 글자를 사용하여 채워 보세요.

[보 기] | 꾸 | 뜩 | 벅 | 벅 | 퍼 | 꾸 |

[1]   나를 깨우는 짝꿍의 목소리에 [ ][ ] 정신을 차렸다.

[2]   오늘따라 피곤해서 [ ][ ][ ][ ] 졸았다.

2 단계   다음 낱말들과 비슷한 뜻을 가진 말을 선으로 이어 보세요.

[1]   총명하다   •   • ㉠   똑똑하다

[2]   둘러대다   •   • ㉡   얼른

[3]   어서   •   • ㉢   변명하다

3 단계   다음 문장의 빈칸에 들어갈 수 있는 말에 <u>모두</u> ○표를 해 보세요. (답 2개)

[   ]이(가) 잘 맞다.
서로 생각이나 행동이 잘 맞는다.

| 죽 | | 머리 | | 밥 | | 호흡 |

시간   끝난 시간 [ ]시 [ ]분   채점   독해 6문제 중   [ ]개
     1회분 푸는 데 걸린 시간 [ ]분   어법·어휘 6문제 중   [ ]개

13회 꿩 대신 닭*

꿩은 닭과 비슷하게 생겼고, 맛도 비슷합니다. 그래서 꿩고기가 귀하던 시절에는 대신 닭을 쓸 때가 많았습니다. '꿩 대신 닭'이라는 속담은 이처럼 '무언가가 없을 때 비슷한 것으로 대신하는 것'을 말합니다.

공부한 날 ☐ 월 ☐ 일   시작 시간 ☐ 시 ☐ 분

설날은 '**민족**^①의 대**명절**^②'이라고 불릴 만큼 중요한 날입니다. 옛날에는 **음력**^③으로 날짜를 셌기 때문에 음력 1월 1일인 설날이 새해 첫날이었기 때문입니다. 그리고 설날이라고 하면 꼭 빠지지 않는 음식이 있는데, 바로 '떡국'입니다. 떡국을 먹어야 한 살을 더 먹는다고 할 만큼 설날과 떡국은 떼려야 뗄 수 없는 관계입니다.

그러나 설날이라고 해서 모두가 똑같은 떡국을 먹는 것은 아닙니다. 사실 '떡국'이라는 이름은 같지만, 지역마다 떡국을 만드는 방식에는 차이가 있습니다.

우선 강원도 지방에서는 떡국에 만두를 넣어 먹습니다. 북부 지방에서는 떡 대신 만두만 넣어서 만둣국을 끓이는데, 강원도는 북부와 남부 사이에 위치했기 때문에 떡과 만두를 둘 다 넣게 되었다고 합니다. 또, 콩이 잘 자라는 전라북도에서는 두부를 납작하게 썰어 부드럽고 깔끔한 맛의 두부 떡국을 만들어 먹습니다. 그리고 굴이 많이 나오는 경상남도에서는 떡국에 굴을 넣어 시원한 국물 맛을 내기도 합니다.

그리고 또, 떡국에 쓰이는 고기도 차이가 있습니다. 옛날에는 떡국에 꿩고기를 썼다고 합니다. 그렇지만 꿩고기가 너무 귀해 구할 수가 없으니 맛과 **식감**^④이 비슷한 닭고기를 대신 쓰게 되었다고 합니다. 그야말로 '**꿩 대신 닭**[*]'이었던 셈입니다. 그래서 전라도에서는 아직도 닭고기를 간장에 절여 올려 먹기도 합니다.

이처럼 우리가 설날에 먹는 떡국은 그 지역에 따라 맛과 모습이 **제각각**^⑤입니다. 그럼에도 공통점이 있다면, 떡국을 먹으며 새해에는 모두가 건강하고 행복하기를 바라는 마음일 것입니다. 그렇기에 우리는 아직 설날을 민족의 대명절 중 하나라고 부르며 지내고 있습니다.

– 관련 교과: 사회 3-2(2014 개정) '2-2. 달라지는 생활 모습–달라진 의식주'

↑ 강원도의 떡만둣국

↑ 경상남도의 굴 떡국

어려운 낱말 풀이   ① **민족** 오랫동안 같이 살아와서 말, 역사, 문화, 풍습 등이 같은 사람들의 무리 民백성 민 族겨레 족   ② **명절** 해마다 기념하고 즐기는 특정한 날 名이름 명 節마디 절   ③ **음력** 달이 차고 기우는 것을 기준으로 하는 날짜 陰응달 음 曆책력 력   ④ **식감** 음식을 먹을 때 입 안에서 느껴지는 감각 食먹을 식 感느낄 감   ⑤ **제각각** 모두 저마다 다름 - 各각각 각 各각각 각

1 설날이 옛날부터 '민족의 대명절'이라 불리며 중요하게 여겨진 까닭을 써 보세요.

옛날에는 [ ][ ](으)로 날짜를 셌는데, 그러면 설날이 [ ][ ] 첫날이었기

때문입니다.

2 다음은 이 글을 읽고 각 지역의 떡국을 정리한 것입니다. 빈칸을 알맞게 채워 보세요.

강원도	떡국에 만두를 넣어 먹음. [ ][ ] 지방에서는 떡 대신에 만두로 만둣국을 해 먹는데, 강원도는 남부와 그 사이에 있어서 떡과 만두를 함께 넣어 먹음.
전라북도	[ ]이(가) 잘 자라는 전라북도에서는 두부를 납작하게 썰어 부드럽고 깔끔한 맛의 두부 떡국을 만들어 먹음.
경상남도	경상남도에서는 [ ]이(가) 많이 나와 그것으로 떡국의 국물을 냄. 맛이 시원하다는 특징이 있음.

3 다음은 '꿩 대신 닭'의 뜻을 짐작하는 과정입니다. 빈칸을 채워 보세요.

내용	옛날에는 [ ][ ]에 꿩고기를 넣었는데, 꿩고기가 귀해 구하기 힘들어 닭을 대신 쓰기도 했다는 데에서 '꿩 대신 닭'이라는 말을 썼다.
추측	닭고기는 꿩고기와 [ ][ ]와(과) [ ]이(가) 비슷하다. 그렇기 때문에 떡국에 구할 수 없는 꿩고기 대신 닭고기가 쓰이게 되었을 것이다.
결론	'꿩 대신 닭'이라는 속담은 무언가를 구할 수 [ ][ ] 때 [ ][ ]한 것으로 대신하는 것을 말하는 거구나.

> 부산, 울산을 비롯한 경상남도 지방에서는 '밀면'이라는 음식을 자주 먹습니다. 밀면은 경상남도 지방에서 많은 사랑을 받는 음식이지만, 역사는 그렇게 오래되지 않았습니다. 밀면은 한국 전쟁 때 탄생했습니다.
>
> 한국 전쟁 당시, 많은 피난민이 전쟁을 피해 부산으로 내려왔습니다. 그중에서는 북쪽에서 온 사람들도 있었습니다. 북쪽에서는 메밀로 면을 만들어 시원한 국물에 말아 먹는데, 메밀은 북쪽에서 나는 식물이라 부산에서는 구하기가 힘들었습니다. 그래서 당시에 흔했던 밀가루로 만든 면을 넣어 냉면을 만들어 먹었습니다. 그 후 남쪽 지방에 사는 사람들의 입맛에 따라 매운 양념이 들어간 지금의 '밀면'이 탄생하게 되었습니다.
>
> 비록 전쟁 중에 어쩌다 만들어진 음식이지만, '밀면'은 메밀로 만드는 냉면과 달리 저렴한 가격과 개성적인 맛으로 아직도 많은 사랑을 받으며 부산의 대표적인 음식이 되었습니다.

4 윗글을 읽고, '밀면'의 탄생 과정에 '꿩 대신 닭'을 적용한다면, '꿩'과 '닭'은 각각 무엇인지 찾아서 써 보세요.

[1] 꿩: ☐☐

[2] 닭: ☐☐☐

5 다음은 윗글을 보고 밀면의 탄생 과정을 정리한 것입니다. 빈칸을 알맞게 채워 보세요.

1	☐☐☐☐ 때, 북쪽에서 피난민들이 부산으로 내려옴.
2	북쪽에서는 ☐☐로 면을 만들어 먹지만, 남쪽 지방에서 그것을 구하기는 힘들었음.
3	피난민들이 당시 흔했던 ☐☐☐로 면을 만들어 먹음.
4	남쪽 지방 사람들의 입맛에 따라 ☐☐ 양념이 들어가기 시작하며 지금의 '밀면'이 됨.

1 단계

다음 낱말과 뜻이 알맞도록 선으로 이어 보세요.

[1] 민족 •

• ㉠ 오랫동안 같이 살아서 말, 역사, 문화, 풍습 등이 같은 사람들의 무리

[2] 명절 •

• ㉡ 달이 차고 기우는 것을 기준으로 하는 날짜

[3] 음력 •

• ㉢ 해마다 기념하고 즐기는 특정한 날

2 단계

자연스러운 문장이 되도록 빈칸에 어울리는 말을 골라 보세요.

[1] 떡국은 지방마다 만드는 방식과 재료가 [   ]이다. ─────────── [   ]

① 한 가지 　　　　　　　　② 제각각

[2] 닭고기와 꿩고기는 맛과 [   ]이 비슷하다. ─────────── [   ]

① 식감 　　　　　　　　② 미각

3 단계

다음은 한반도를 대략 세 부분으로 나눈 것입니다. 북부, 중부, 남부는 각각 어디를 가리키는지 써 보세요.

북

[   ][부]

[   ][부]

[   ][부]

남

3주 13회

해설편 007쪽

시간

끝난 시간 [   ]시[   ]분

1회분 푸는 데 걸린 시간 [   ]분

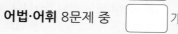
채점 　독해 5문제 중 [   ]개

어법·어휘 8문제 중 [   ]개

14회 무릎을 치다*

어떤 고민이 있을 때 그 고민을 해결할 수 있는 기발한 방법이 떠오르면 자신도 모르게 손뼉을 치거나 손바닥으로 무언가를 치게 됩니다. 그럴 때 '무릎을 치다'라는 표현을 사용합니다. 즉, '놀랍거나 기쁜 일이 있을 때나 좋은 생각이 떠올랐을 때 감탄하다'라는 말입니다.

공부한 날 [ ]월 [ ]일 시작 시간 [ ]시 [ ]분

사과가 맛있기로 **유명한**① 어느 마을에서 있었던 일입니다. 어느 날 그 마을에 큰 태풍이 불었습니다. 주렁주렁 **탐스럽게**② 달린 사과들이 태풍의 거센 바람에 땅으로 떨어졌습니다. 떨어진 사과들은 깨지고 멍이 들어 도저히 내다 팔 수가 없었습니다. 마을의 농부들의 걱정은 **이만저만이 아니었습니다.**③

그때 한 농부가 좋은 생각을 냈습니다.

"떨어지지 않은 사과들을 팔면 돼요."

사람들은 그 농부의 말을 이해할 수 없었습니다.

"하지만 떨어지지 않은 사과는 너무 딱딱하고 맛이 없어 아무도 사지 않을 거야."

"떨어지지 않은 사과에 '합격 사과'라는 이름을 붙여서 파는 거예요. 태풍에도 떨어지지 않은 행운의 사과를 판다고 **광고**④하면 사람들이 오히려 비싼 값에 사 줄지 몰라요."

"그거 좋은 생각이로군!"

농부의 말에 다른 농부들은 **무릎을 쳤습니다.***

마을의 농부들은 이 사과에 '합격 사과'라는 이름을 붙여서 **평소**⑤보다 훨씬 비싼 값에 팔았습니다. 가격은 비쌌지만, 사람들은 거센 태풍에도 떨어지지 않은 행운의 사과라는 이야기에 '합격 사과'를 너도나도 샀다고 합니다.

어려운 낱말 풀이 ┃ ① **유명한** 이름이 널리 알려져 있는 有있을 유 名이름 명- ② **탐스럽게** 겉으로 보기에 알차고 먹음직스럽게 貪탐낼 탐- ③ **이만저만이 아니었습니다** 보통 일이 아니었습니다 ④ **광고** 물건을 팔기 위해 어떤 사실을 널리 알리는 일 廣넓을 광 報알릴 고 ⑤ **평소** 보통 때 푸평평할 평 素본디 소

1 한 농부가 '합격 사과'라는 이름을 붙여 비싸게 팔자고 했을 때, 다른 농부들은 어떤 반응을 보였는지 골라 보세요. ────────────────────────────────────── [   ]

① 좋은 생각이라면서 무릎을 쳤다.
② 소용이 없을 것이라며 반대를 했다.
③ 말도 안 되는 이야기라며 고개를 저었다.
④ 좋은 생각이지만 때가 늦었다며 아쉬워했다.
⑤ 그런 얕은수로는 지금의 어려움을 이겨낼 수 없다며 화를 냈다.

2 이 이야기의 내용으로 미루어 '무릎을 치다'라는 표현의 뜻을 짐작한 것입니다. 빈칸을 채워 완성해 보세요.

놀랍거나 기쁜 일이 생겼을 때, 또는 [ ] [ ] [ ] [ ] 이(가) 떠올랐거나 그것을

누군가한테서 들었을 때 마음속 깊이 감탄했다는 뜻입니다.

3 다음 중 '무릎을 치다'를 알맞게 사용한 상황에 ○표를 해 보세요.

"왜 남의 발을 밟아?"
정현이는 자기 발을 밟은 친구의 **무릎을 쳤습니다.** ────────────── [   ]

"나이스 패스!"
축구 중계를 보던 민호는 우리나라 선수의 훌륭한
패스에 **무릎을 쳤습니다.** ────────────── [   ]

"잘못했습니다."
선생님에게 꾸중을 들은 하영이는 같은 잘못을
다시는 하지 않겠다며 **무릎을 쳤습니다.** ────────────── [   ]

[4~5] 다음 만화를 보고, 문제를 풀어 보세요.

4 소년이 더는 강 건너편에 있는 집을 부러워하지 않게 된 까닭이 무엇인지 빈칸을 채워 답을 완성해 보세요.

소년의 집도 강 건너편에서 보면 다른 집과 똑같이 ☐☐☐(으)로 빛나고

있는 집이라는 사실을 깨닫게 되었기 때문입니다.

5 소년이 무릎을 쳤을 부분은 언제인지 그림의 숫자를 찾아 써 보세요.

→ ☐ 번

1 단계

밑줄 친 낱말의 알맞은 뜻을 골라 번호를 써 보세요.

[1] 나의 이모는 **유명한** 양궁 선수입니다. ⋯⋯⋯⋯⋯⋯⋯⋯⋯⋯⋯⋯⋯⋯⋯ [　　　]
　　　① 이름이 널리 알려진
　　　② 사람들이 잘 모르는

[2] 오늘 시험은 **평소**보다 더 쉬웠던 것 같습니다. ⋯⋯⋯⋯⋯⋯⋯⋯⋯⋯⋯⋯ [　　　]
　　　① 평평한 곳
　　　② 보통 때

2 단계

다음 문장이 자연스럽도록 빈칸에 알맞은 낱말을 [보기]에서 찾아 써 보세요.

[보 기]	탐스럽게	너도나도	이만저만

[1] 불우 이웃에게 ☐☐☐☐ 도움의 손길을 보냈다.

[2] 사과나무에 사과들이 ☐☐☐☐ 열렸다.

[3] 수학 문제가 ☐☐☐☐ 어렵지 않다.

3 단계

오른쪽 글은 '물건의 특징이나 효과를 많은
사람들에게 널리 알리기 위한' 것입니다. 이러한
글을 무엇이라고 하는지 써 보세요.

➔ ☐☐

태풍에도 떨어지지 않은 **행운의 사과**

합격사과

합격 사과 드시고 시험에 꼭 붙으세요!

시간 🕐　끝난 시간 ☐시 ☐분
1회분 푸는 데 걸린 시간 ☐분

채점 📑　독해 5문제 중 ☐개
어법·어휘 6문제 중 ☐개

15회
소탐대실(小 貪 大 失)*
작을 소 탐할 탐 큰 대 잃을 실

자신이 가지고 있는 것이 꽤 큰데도 만족하지 못하고 작은 것을 탐하다 보면 모든 것을 잃을 수도 있습니다. 그럴 때 '소탐대실(小貪大失)'이라는 표현을 씁니다. 말 그대로 '작은 것을 탐내다 큰 것을 잃음'을 의미합니다.

공부한 날 ☐ 월 ☐ 일 시작 시간 ☐ 시 ☐ 분

옛날 중국의 진나라 왕은 넓은 땅을 가지고 있는 촉나라를 가지고 싶었습니다. 하지만 촉나라로 가는 길은 매우 **험한**① 산길이어서 쳐들어가기가 쉽지 않았습니다. 이때, 지혜로운 신하가 한 가지 꾀를 냈습니다.

"촉나라 왕은 아주 욕심이 많다고 합니다. 이 점을 이용해서 촉나라를 **정벌**②하는 것이 어떻겠습니까?"

"어떻게 이용할 수 있겠소?"

"황금으로 큰 황소를 만든 다음, 온 나라에 폐하께서 황금 똥을 누는 금소를 가지고 있다는 소문을 내는 겁니다. 촉나라 왕이 그 소문을 들으면 반드시 우리나라로 찾아올 것입니다."

진나라 왕은 지혜로운 신하의 말대로 큰 황소를 만들고는 황금 똥을 누는 금소라고 소문을 냈습니다.

그러자 과연 촉나라의 왕은 진나라로 신하를 보냈습니다. 진나라의 왕은 촉나라에서 온 신하를 반갑게 맞으며 말했습니다.

"어서 오시오. 무슨 일로 진나라에 오셨소?"

"저희 왕께서 황금 똥을 눈다는 금소의 소문을 듣고 그 소문을 확인하고자 저를 보냈습니다. 금소가 정말 있습니까?"

진나라 왕은 촉나라 신하에게 가짜 금소를 보여주면서 말했습니다.

"촉나라 왕이 원한다면 이 금소를 주고 싶소. 하지만 촉나라로 가는 길이 무척 험해 금소를 보내기가 힘들 것 같소."

촉나라의 신하는 촉나라의 왕에게 진나라 왕의 말을 전했습니다. 이 말을 들은 촉나라의 왕은 금소를 가져오기 위해 진나라와 촉나라 사이에 큰길을 만들었습니다. 촉나라로 쳐들어갈 기회를 엿보던 진나라 왕은 큰길이 생기자마자 촉나라로 쳐들어갔습니다. 결국 촉나라는 진나라에 나라를 빼앗기고 말았습니다.

"작은 것에 눈이 멀어 큰 것을 잃게 되다니 결국 **소탐대실***이로구나."

촉나라 왕은 나라를 빼앗긴 후 후회했지만 이미 때는 너무 늦은 다음이었습니다.

어려운 낱말 풀이 ① **험한** 땅의 형세가 발을 디디기 어려울 만큼 사납고 가파른 險험할 험 -
② **정벌** 적 또는 죄 있는 무리를 무력으로써 침 征칠 정 伐칠 벌

1 진나라가 촉나라를 쳐들어가지 못했던 까닭을 골라 보세요. -------------------------------- [   ]

① 진나라가 금소를 가지고 있었기 때문에

② 촉나라에 꾀를 잘 내는 신하가 있었기 때문에

③ 촉나라의 신하가 오기로 했기 때문에

④ 촉나라로 가는 길이 험했기 때문에

⑤ 금소를 촉나라에 빼앗기기 싫었기 때문에

3주 15회

해설편 0 0 8 쪽

2 다음은 진나라와 촉나라 사이에 있었던 일들을 정리한 것입니다. 일어난 순서에 맞게 기호를 써 보세요.

> ㉮ 황금 똥을 누는 금소에 대한 소문을 냈다.
>
> ㉯ 진나라와 촉나라 사이에 큰길을 만들었다.
>
> ㉰ 진나라가 촉나라를 빼앗았다.
>
> ㉱ 촉나라 신하가 진나라에 왔다.

[   ] – [   ] – [   ] – [   ]

3 다음 중 '소탐대실'과 어울리는 상황을 골라 보세요. -------------------------------- [   ]

① 욕심을 부리지 않는 상황일 때

② 다른 사람에게 양보할 때

③ 다른 사람에게 가진 것을 모두 줄 때

④ 큰 것을 탐하다가 작은 것을 잃었을 때

⑤ 작은 것을 탐하다가 큰 것을 잃었을 때

4 진나라와 촉나라에 큰길이 필요한 까닭이 각각 달랐습니다. 이야기 내용에 알맞게 선으로 이어 보세요.

[1] 진나라 왕 •

• ㉠ 금소를 가져오게 하기 위해

[2] 촉나라 왕 •

• ㉡ 길을 통해 쳐들어가 나라를 빼앗기 위해

다음 글을 읽고, 문제를 풀어 보세요.

> 우리 속담에는 '빈대 잡으려다 초가삼간 태운다'라는 말이 있습니다. 빈대에게 한번 물리면 너무 가렵고, 빈대의 수도 수백 마리나 돼서 일일이 잡기가 힘들었습니다. 그래서 살충제가 없었던 옛날에는 연기를 피워 빈대를 잡곤 했습니다. 하지만 연기로도 빈대를 모두 잡기는 힘들었습니다. 사람들은 빈대에 물린 가려움으로 화가 나 연기로 빈대를 잡으려고 했지만, 때로는 불똥이 튀어 집을 몽땅 태우게 되는 일도 많았습니다.
>
> 이처럼 '빈대 잡으려다 초가삼간 태운다'라는 말은 자기가 입을 큰 손해를 생각 못하는 어리석은 상황을 나타낼 때 쓰입니다. 작은 것을 탐하다가 큰 손실을 본다는 '소탐대실'이라는 사자성어와 비슷한 의미라고 할 수 있습니다.

5 '빈대 잡으려다 초가삼간 태우다'와 '소탐대실'이 공통으로 쓰이는 상황을 골라 보세요. ·· [   ]

① 연기가 너무 많이 나는 상황에서
② 빈대가 너무 많은 상황에서
③ 자신의 손해를 생각 못하는 어리석은 상황에서
④ 자신만 이득을 보는 이기적인 상황에서
⑤ 자신의 것을 다른 사람에게 **뺏기는** 상황에서

6 다음의 대화를 보고, 빈칸에 들어갈 알맞은 말을 골라 보세요. ─────── [   ]

> **홍수:** 빈대 때문에 가려워서 살 수가 없네!
> **민수:** 연기라도 피워서 빈대를 쫓아내는 게 어떻겠나?
> **홍수:** 벌써 그 방법은 여러 번 썼는데도 소용이 없어. 이 집을 몽땅 태워서라도 빈대를 다 잡고야 말겠어.
> **민수:** 이 사람아, 참으시게. 조그만 빈대 하나 잡으려다 집을 몽땅 태운다면 [   ] 사람이라는 소리를 듣게 될 거야.

① 현명한   ② 어리석은   ③ 똑똑한   ④ 조용한   ⑤ 친절한

1단계

[보기]를 보고 빈칸에 알맞은 낱말을 채워 보세요.

| [보 기] | 정벌 | 기회 | 소문 |

[1] 그 ☐☐ 이(가) 진짜였구나?

[2] 다른 나라를 ☐☐ 하지 말고 서로 사이좋게 지냅시다.

[3] 이런 ☐☐ 은(는) 많지 않으니 잘 생각해 보세요.

2단계

다음 중 '엿보다'의 쓰임이 <u>어색한</u> 문장에 ○표를 해 보세요.

[1] 사자는 여우를 잡아먹을 기회를 **엿보았다**. ⸻⸻⸻ [　　]

[2] 민철이는 친구의 답을 **엿보다가** 그만 들키고 말았다. ⸻⸻ [　　]

[3] 눈을 감고 머릿속으로 즐거운 소풍날을 **엿보며** 상상했다. ⸻⸻ [　　]

3단계

다음 중 낱말들의 관계가 아래와 <u>다른</u> 낱말 짝을 골라 보세요. ⸻⸻ [　　]

| 넓다 | — | 좁다 |

① 입다 – 벗다
② 크다 – 작다
③ 가깝다 – 멀다
④ 맛있다 – 재미있다
⑤ 움직이다 – 멈추다

시간
끝난 시간 ☐ 시 ☐ 분
1회분 푸는 데 걸린 시간 ☐ 분

채점
독해 6문제 중 ☐ 개
어법·어휘 5문제 중 ☐ 개

그리스 로마 신화에서 나온 표현

고대 그리스와 로마 문명에서 시작된 신화 속 이야기는 지금도 우리 곁에서 흔히 만날 수 있습니다. 자주 쓰지만 실제로는 어떤 이야기인지 잘 알지 못했던 그리스 로마 신화 속 표현들을 알아보도록 합시다.

[판도라의 상자]

제우스는 판도라에게 어떤 상자를 선물하고 절대 열어 보지 말라고 경고했습니다. 그러나 호기심을 참지 못한 판도라는 결국 상자를 열고 말았습니다. 그러자 상자 안에 봉인되어 있던 모든 죄악과 재앙이 세상으로 쏟아져 나오고 말았습니다. 이처럼 판도라의 상자는 '**열어서는 안 되는 것**'을 비유적으로 이르는 말입니다. 하지만 모든 나쁜 것들이 빠져나간 상자 밑바닥에는 희망이 남아 있었다고 합니다. 세상에는 나쁜 일들이 많이 일어나지만, 그럼에도 늘 희망은 남아있기 때문입니다.

📷 그 과학자는 죽은 사람을 살리는 연구를 계속한 끝에 **판도라의 상자를 열고** 말았다.
            └→ 해서는 안 되는 금기를 범하고

[큐피트의 화살]

사랑의 신 큐피트는 날개를 단 장난꾸러기 소년의 모습을 한 채 항상 활을 들고 다닙니다. 큐피트가 가지고 있는 화살은 금과 납 두 종류인데, 금화살을 맞으면 처음 만난 사람을 사랑하게 되고 납화살을 맞으면 처음 만난 사람을 매우 싫어하게 됩니다. 그 중 흔히 큐피트의 화살이라고 하면 누군가를 사랑에 빠뜨리는 금화살을 말합니다. 이렇게 '**처음 만난 사람에게 마법처럼 사랑에 빠졌을 때**'를 가리켜 큐피트의 화살에 맞았다고 표현합니다.

📷 민지는 영수를 보고 **큐피트의 화살에 맞은 것처럼** 사랑에 빠졌다.
    └→ 처음 만난 사람에게 한눈에

[사이렌]

사이렌은 흔히 '**위험을 알려주는 경보 장치**'를 말하지만, 실제로 사이렌은 그리스 신화 속 괴물의 이름입니다. 몸의 절반은 사람이고 나머지 절반은 새인 이 괴물은 섬에 모여앉아 아름다운 노랫소리로 지나가는 선원들을 유혹하여 바다에 빠뜨렸습니다. 사이렌이 내는 소리가 신화 속 선원들에게 위험 그 자체였다는 점에서 착안해, 일정한 소리로 위험을 경고하는 장치에 이러한 이름을 붙였다고 합니다.

⬆ 율리시스와 세이렌(1891년, 존 윌리엄스 워터하우스 그림, 빅토리아 국립 미술관 소장)

📷 **사이렌**이 울리자 아파트 주민들은 모두 건물 밖으로 나와 안전하게 대피하였다.
  └→ 위험을 알리는 경보 장치

4주차

한 주간의 계획을 먼저 세워 보세요. 매일 학습을 마친 후 맞힌 문제의 개수를 쓰세요!

회차	영역	학습 내용	학습계획일	맞은 문제수
16회	속담	**꿈보다 해몽이 좋다** 해몽이란 꿈에서 일어난 일에 대해 좋고 나쁨을 풀이하는 것입니다. 같은 꿈도 어떻게 해몽하느냐에 따라 더 좋게 들리는 경우가 있습니다. '**꿈보다 해몽이 좋다**'라는 말은 '**어떤 일에 대해 일부러 좋게 풀이하다**'라는 의미를 나타냅니다.	월 일	독해 6문제 중 ☐ 개 어법·어휘 9문제 중 ☐ 개
17회	관용어	**뜸을 들이다** 밥을 지은 뒤 밥이 좀 더 맛있어지도록 기다리는 것을 '뜸을 들인다'라고 합니다. '**뜸을 들이다**'는 이처럼 '**어떤 일이나 계획이 잘 이루어지도록 시간을 두고 기다리는 것**'을 말합니다. 한편으로는 '**말이나 일 따위의 진행이 지나치게 느릴 때**'도 이 말을 씁니다.	월 일	독해 5문제 중 ☐ 개 어법·어휘 5문제 중 ☐ 개
18회	고사성어	**사면초가(四面楚歌)** 도저히 해결할 길이 보이지 않는 문제가 생겨 막막한 경우가 있습니다. 그런 상황을 '**사면초가(四面楚歌)**'라고 말합니다. 이 사자성어는 '사방에서 들리는 초나라의 노래'라는 뜻으로 '**아무에게도 도움을 받을 수 없는 어려운 상황**'을 의미합니다.	월 일	독해 6문제 중 ☐ 개 어법·어휘 6문제 중 ☐ 개
19회	속담	**새 발의 피** 무언가가 다른 것에 비해 훨씬 적을 때가 있습니다. 그럴 때 '**새 발의 피**'라는 표현을 씁니다. 말 그대로 '새의 발에서 나오는 아주 적은 양의 피'라는 의미로, '**아주 하찮은 일이나 매우 적은 양**'을 나타내는 말입니다.	월 일	독해 6문제 중 ☐ 개 어법·어휘 5문제 중 ☐ 개
20회	관용어	**게 눈 감추듯** 게들은 겁이 많아서 조금만 위험하다 싶으면 잽싸게 눈을 감추고 숨어 버립니다. 그래서 '**음식을 허겁지겁 빨리 먹어 치우는 모습**'을 보며 마치 게가 눈을 감추고 숨어 버리듯이 음식이 사라진다고 하여 '**게 눈 감추듯**'이라고 표현합니다.	월 일	독해 6문제 중 ☐ 개 어법·어휘 6문제 중 ☐ 개

16회 꿈보다 해몽이 좋다*

해몽이란 꿈에서 일어난 일에 대해 좋고 나쁨을 풀이하는 것입니다. 같은 꿈도 어떻게 해몽하느냐에 따라 더 좋게 들리는 경우가 있습니다. '꿈보다 해몽이 좋다'라는 말은 '어떤 일에 대해 일부러 좋게 풀이하다'라는 의미를 나타냅니다.

공부한 날 ☐ 월 ☐ 일 시작 시간 ☐ 시 ☐ 분

옛날, 동해에 700년을 산 멸치가 있었습니다.

멸치는 어느 날, 이상한 꿈을 꾸었습니다. 꿈에서 멸치는 구름을 타고 하늘에 올랐습니다. 그리고 몸이 더웠다 추웠다 하더니 멸치의 몸 위로 눈이 펑펑 쏟아졌습니다. 멸치는 꿈이 너무 **생생해** 이웃에 사는 동생인 가자미에게 서해에 살고 있는 망둥어 선생을 모셔 와 달라고 했습니다. 망둥어 선생은 1000년을 넘게 살아 지혜롭고, **해몽**을 잘한다는 소문이 자자했기 때문입니다.

가자미는 서둘러 서해로 달려가 망둥어 선생을 모시고 왔습니다. 멸치는 망둥어를 웃으며 반긴 뒤 **진수성찬**이 가득 담긴 상을 내왔습니다. 멸치의 집에는 이미 망둥어 선생을 뵙기 위해 새우, 꼴뚜기, 병어와 함께 많은 물고기들이 모여 있었습니다. 멸치는 망둥어에게 자신이 꾼 꿈을 얘기했습니다. 내용을 다 들은 망둥어가 말했습니다.

"해몽을 해 보니 아주 좋은 꿈이군. 그 꿈은 당신이 용이 되어 **승천**하는 꿈이라네."

"용? 내가 용이 된다는 말이오?"

"들어 보시게. 구름은 용을 모시고 다니는 것이네. 몸이 더웠다가 추웠다가 하더니 눈이 오는 것은 용이 날씨를 다루기 때문에 용이 된 자네가 눈이 오도록 만든 것이네. 이건 반드시 당신이 용이 되어 이 바다를 다스릴 것이라는 **예지몽**이네."

"허허, 선생, **덕담**이 과하시오. 이거 원, **꿈보다 해몽이 좋습니다***!"

망둥어의 해몽을 들은 멸치가 몹시 기뻐했습니다. 그때, 옆에서 망둥어의 말을 가만히 듣고 있던 가자미가 말했습니다.

"에이, 제가 보기에 그 꿈은 멸치 형님께서 어부에게 잡히는 꿈입니다. 하늘에 오르는 것은 어부가 형님을 낚아 올리는 것이고, 몸이 더웠다 추웠다 하는 것은 **석쇠**에 올라간 형님이 불에 구워지며 부채질을 당하는 것입니다. 눈이 오는 것은 형님 몸 위에 소금이 뿌려지는 것이고요. 결국 형님이 인간들의 밥상 위에 올라갈 것이라는 예지몽이네요!"

"너는 내가 인간들 밥상 위에 올라갔으면 좋겠느냐!"

화가 난 멸치가 소리치며 가자미의 얼굴을 때렸습니다. 그 힘이 어찌나 셌던지 가자미의 두 눈이 한쪽으로 몰려 버렸습니다. 꼴뚜기는 멸치와 눈이 마주치면 자신도 맞을까 봐 눈이 마주치지 않도록 두 눈을 몸통 아래에 옮겨 달았습니다. 새우는 그 꼴을 보고 온몸을 웅크린 채 배를 잡으며 웃다가 허리가 구부러지고 말았습니다. 병어도 새우를 따라 웃었지만, 멸치의 화난 **눈초리**에 입을 오므리고 웃다가 그만 입이 작아져 버렸습니다.

🧻 어려운 낱말 풀이 | ① **생생해** 눈앞에 있는 것처럼 또렷해 ② **해몽** 꿈에 일어난 일에 대해 좋고 나쁨을 풀이함 解풀 해 夢꿈 몽 ③ **진수성찬** 맛 좋은 음식을 푸짐하게 차린 것 珍진귀할 진 羞음식 수 盛담을 성 饌반찬 찬 ④ **승천** 하늘로 올라 가는 것 昇오를 승 天하늘 천 ⑤ **예지몽** 현실에서 무슨 일이 일어날지 미리 보여 주는 꿈 豫미리 예 知알 지 夢꿈 몽 ⑥ **덕담** 남이 잘되기를 바라면서 해 주는 말 德덕 덕 談말씀 담 ⑦ **석쇠** 고기나 생선을 불에 대고 구울 때 쓰는 물건 ⑧ **눈초리** 눈에 나타나는 표정

1 이 이야기에 대한 내용으로 옳지 <u>않은</u> 것을 골라 보세요. ────────────── [   ]

① 멸치는 꿈 때문에 망둥어 선생을 모셔 오기로 했다.

② 멸치는 동해, 망둥어는 서해에 살고 있었다.

③ 망둥어는 멸치의 꿈이 용이 되어 승천하는 꿈이라고 했다.

④ 가자미는 멸치가 용이 될 거라는 망둥어의 해몽이 옳다고 맞장구쳤다.

⑤ 꼴뚜기는 멸치와 눈이 마주치지 않도록 두 눈을 몸통 아래에 옮겨 달았다.

2 이 이야기를 참고하여 각 물고기의 이름과 사진을 알맞게 선으로 이어 보세요.

[1] 가자미 •

[2] 꼴뚜기 •

[3] 새우 •

[4] 병어 •

• ①

• ②

• ③

• ④

3 이 이야기에 속담 '꿈보다 해몽이 좋다'를 적용한다면, '꿈'과 '해몽'은 각각 무엇을 가리키는지 빈칸을 채워 보세요.

꿈 보다 해몽 이 좋다

멸치가 [ ][ ]을 타고 하늘에 올라 추웠다 더웠다 하더니 [ ] 위로 눈이 펑펑 쏟아지는 [ ]

멸치가 [ ]이 되어 이 [ ][ ]를 다스릴 것이라는 [ ][ ][ ]

4 멸치가 꿈을 꾼 후 가자미에게 망둥어 선생을 모셔 와 달라고 부탁한 이유가 무엇인지 빈칸을 채워 보세요.

망둥어는 1000년을 살아 [ ][ ]롭고 해몽을 잘한다는 [ ][ ]이 자자해서

망둥어에게 자신의 꿈 [ ][ ]을 부탁하려고

5 다음은 멸치의 꿈과 망둥어와 가자미의 해몽이 적힌 발판입니다. 지시사항에 맞게 움직였을 때 만나게 되는 등장인물에 ○표를 해 보세요.

지시사항	이동한 칸 내용	이동 방법	방향
	① 멸치의 꿈이면	밑으로 1칸 움직인다.	↓
	② 가자미의 해몽이면	오른쪽으로 1칸 움직인다.	→
	③ 망둥어의 해몽이면	왼쪽으로 1칸 움직인다.	←

멸치	멸치가 용이 되어 날씨를 다룬다.	**시 작** 구름을 타고 하늘에 올랐다. **?**	멸치의 몸 위로 눈이 펑펑 쏟아졌다.	망둥어
꼴뚜기	몸이 더웠다 추웠다 했다.	멸치가 구름을 타고 하늘로 승천한다.	석쇠에 올라간 멸치가 부채질 당한다.	병어
새우	용이 된 멸치가 눈을 내리게 만든다.	멸치의 몸 위로 소금이 뿌려진다.	어부가 멸치를 낚아 올린다.	가자미

6 다음 두 사람의 대화를 읽고, 밑줄 친 문장의 뜻으로 알맞은 것을 골라 보세요. ·············· [   ]

> 희원 너무 이상한 꿈을 꿨어. 집에 가는 길에 몹시 큰 돼지들이 내 앞을 가로막아서 한 발짝도 못 가고 깼지 뭐야.
>
> 현성 그거 엄청 좋은 꿈이잖아! 예전에 비슷한 꿈을 꾸고 복권에 당첨된 사람이 있다고 들었어. 큰 행운이 너에게 오려는 것 아닐까?
>
> 희원 에이, 그런 걸 믿니? 말도 안 되는 이야기잖아.
>
> 현성 ㉠'꿈보다 해몽이 좋다'라는 말도 있잖아. 이상한 꿈도 좋게 생각하면 기분도 좋고, 정말 좋은 일이 생길 수도 있어!

① 아무리 사실을 말해도 믿지 않는다.

② 다른 사람의 일에 이래라저래라 간섭한다.

③ 어떤 일을 오랫동안 해서 잘하는 사람도 가끔 실수할 때가 있다.

④ 하찮거나 마음에 들지 않는 일도 마음먹기에 따라 좋게 풀이할 수 있다.

⑤ 능력이 되지 않는 일이나 분수에 넘치는 일을 무리해서 하면 오히려 해를 입는다.

1 단계

[보기]를 보고 빈칸에 알맞은 낱말을 채워 보세요.

[보 기]	해몽	승천	덕담

[1] 오늘 꾼 꿈이 신기해 ☐☐ 을 찾아보았다.

[2] 설날에는 아버지께서 항상 ☐☐ 을 해 주셨다.

[3] 선녀가 ☐☐ 하려면 날개옷이 필요하다고 전해진다.

4주 16회

해설편 008쪽

2 단계

다음 중 '진수성찬'이라는 낱말이 알맞게 쓰인 곳에 ○표, 아닌 곳에 ×표를 해 보세요.

[1] 차린 음식이 너무 초라해 어떻게 **진수성찬**으로 상을 차리냐며 짜증을 부렸다. [   ]

[2] 나는 오늘 뷔페에 가서 온갖 **진수성찬**을 맛보았다. ------------------ [   ]

[3] 어머니의 생신을 맞아 아버지가 식탁 가득 **진수성찬**을 차리셨다. ------------- [   ]

3 단계

빈칸에 들어갈 알맞은 한자를 [보기]에서 찾아서 써 보세요. (낱말의 뜻풀이 중 밑줄 친 부분을 참고하세요.)

[보 기]	夢 꿈 몽	談 이야기 담	昇 오를 승

[1]

惡 악할 악	

: 무섭거나 기분 나쁜 **꿈**.

[2]

美 아름다울 미	

: 감동을 일으키는 아름다운 행실에 대한 **이야기**.

[3]

	進 나아갈 진

: 직장에서 지금보다 더 높은 곳으로 **오름**.

시간

끝난 시간 ☐ 시 ☐ 분

1회분 푸는 데 걸린 시간 ☐ 분

채점 독해 6문제 중 ☐ 개

어법·어휘 9문제 중 ☐ 개

17회 뜸을 들이다*

밥을 지은 뒤 밥이 좀 더 맛있어지도록 기다리는 것을 '뜸을 들인다'라고 합니다. '뜸을 들이다'는 이처럼 '어떤 일이나 계획이 잘 이루어지도록 시간을 두고 기다리는 것'을 말합니다. 한편으로는 '말이나 일 따위의 진행이 지나치게 느릴 때'도 이 말을 씁니다.

공부한 날 [　]월 [　]일 시작 시간 [　]시 [　]분

'**뜸을 들이다**'라는 말이 있습니다. **뜸을 들인다**는 말은 일이나 **계획**①이 잘 이루어지도록 시간을 두고 기다린다는 말입니다. 이 말은 밥을 짓는 과정에서 따온 말인데, 밥을 짓는 과정을 살펴보면 그 말뜻을 조금 더 잘 이해할 수 있습니다.

밥을 짓기 위해서는 먼저 쌀을 씻어야 합니다. 너무 세게 씻으면 고소한 맛이 떨어질 수 있기 때문에 **주의**②해야 합니다. 맛있는 밥을 만들기 위해서는 쌀을 씻은 물이 투명해질 때까지 씻는 편이 좋지만, 그만큼 **영양분**③이 손실되므로 **서너**④ 번 정도만 씻어도 충분합니다.

다음으로는 물을 조절하고, 밥을 끓여야 합니다. 물의 양은 쌀 위에 손을 얹었을 때 손등이 잠기는 정도로 하는 것이 좋습니다. 냄비로 밥을 할 때는 밥물이 끓어 넘치기 직전까지 강한 불에 두고, 끓는 물이 가라앉을 때까지 중간 불, 그 후 밥이 모두 익을 때까지 약 10분 정도 약한 불에 두면 됩니다. 전기밥솥을 쓴다면 간단하게 **취사**⑤ 버튼을 누르면 됩니다.

마지막 과정은 뜸 들이기입니다. 뚜껑을 닫아 **열기**⑥가 빠져나가지 않게 한 뒤 10분 이상을 기다립니다. 뜸 들이기가 중요한 이유는 남은 밥물이 밥알에 스며들어야 밥 특유의 고소한 맛과 **고슬고슬한**⑦ 식감을 살릴 수 있기 때문입니다. 만약 그사이를 참지 못하고 뚜껑을 연다면, 맛있는 밥을 위해 노력한 지금까지의 시간이 모두 헛고생이 되어 버립니다.

이처럼 뜸 들이기는 단지 기다리는 것뿐이지만, 밥을 짓는 과정 중에서 가장 중요한 일입니다. 때때로 일에서 가장 중요한 부분은 여유를 가지고 시간을 두는 것일 수도 있습니다. 마치 밥 짓기에서 뜸을 들이는 것이 제일 중요하듯이 말입니다.

어려운 낱말 풀이

① 계획 앞으로 할 일을 어떻게 할 것인지 미리 정하여 둔 것 **計**꾀 계 **劃**그을 획
② 주의 마음에 새겨두고 조심함 **注**흐를 주 **意**뜻 의
③ 영양분 살아가는 데 도움을 주는 성분들 **營**경영할 영 **養**기를 양 **分**나눌 분
④ 서너 셋에서 넷 정도   ⑤ 취사 끼니로 먹을 음식 따위를 만드는 일 **炊**불 땔 취 **事**일 사
⑥ 열기 뜨거운 기운 **熱**더울 열 **氣**기운 기
⑦ 고슬고슬한 밥 따위가 물기가 적어 뻑뻑하지도 않고 물기가 많아 질척질척하지도 않아 딱 알맞은

1 '밥 짓는 과정'을 이 글에서 설명한 순서에 맞게 번호를 써 보세요.

물을 조절한다.	뜸을 들인다.	쌀을 씻는다.	밥을 끓인다. 전기밥솥은 '취사' 버튼을 누른다.
[　　　]	[　　　]	[　　　]	[　　　]

2 다음 중 밥 짓는 과정에 대한 설명으로 옳지 <u>않은</u> 것을 골라 보세요. ---------- [　　　]

① 쌀을 씻을 때는 아주 세게 씻는 편이 좋다.

② 뜸을 들일 때는 10분 이상의 시간을 들이는 편이 좋다.

③ 전기밥솥으로 밥을 지을 때는 '취사 버튼'만 누르면 된다.

④ 냄비로 밥을 지을 때는 강한 불, 중간 불, 약한 불 순서로 끓인다.

⑤ 물을 조절할 때는 쌀 위에 손을 얹었을 때 손등이 잠기는 정도가 좋다.

3 다음은 이 글의 내용을 바탕으로 '뜸을 들이다'의 뜻을 짐작하는 과정입니다. 빈칸을 채워 보세요.

내용	밥을 짓는 과정에서 **'뜸을 들이다'**는 밥을 다 짓고 나서 □□을(를) 덮은 채로 몇 분 정도 기다리는 일이다. 그러면 밥이 더 맛있어지기 때문이다.
추측	밥을 지을 때 □을(를) 들이는 것은 단지 기다리는 것뿐이지만 밥이 잘되기 위해서는 필요한 일이다. **'뜸을 들이다'**도 비슷한 뜻일 것이다.
결론	**'뜸을 들이다'**라는 말은 어떤 일이나 계획이 □ 이루어지도록 시간을 두고 □□□는 것을 말하는 거구나.

[4~5] 다음 글을 읽고, 문제를 풀어 보세요.

> 어느 날 바다를 다스리는 용왕이 큰 병에 걸렸습니다. 수많은 의사가 다녀갔지만 용왕을 치료하진 못했습니다. 결국 용왕은 바다에서 가장 뛰어난 의사인 문어를 불렀습니다. 문어는 한참을 용왕의 몸을 살피다가, 이내 어두운 얼굴로 고개를 숙였습니다.
> "어떻게 하면 나을 수 있겠나?"
> "저, 그것이……."
> "⊙뜸 들이지 말고 말해 보게! 나을 수는 있는 건가?"
> 애가 닳은 용왕의 호통에 문어는 하는 수 없이 입을 열었습니다.
> "치료약이 있긴 합니다. 근데 그것이 토끼의 간이라……."
> 그 말을 듣고 용왕은 한숨을 푹 내쉬었습니다.
> – 고전 소설 「별주부전」 중

4 토끼의 간이 치료약이라는 말을 듣고 용왕이 한숨을 내쉰 까닭을 올바르게 짐작한 것에 ○표를 해 보세요.

바다에 사는 물고기들이 육지에 사는 토끼의 간을 구해 오기는 힘들어서	호통을 쳐야 대답을 내놓는 문어의 모습이 한심해서
[ ]	[ ]

5 다음은 '뜸을 들이다'가 갖고 있는 두 가지 의미입니다. 밑줄 친 ⊙은 어떤 뜻으로 쓰였는지 골라 ○표를 해 보세요.

뜸을 들이다

[1] 어떤 일이나 계획이 잘 이루어지도록 기다리다. ---------------------- [   ]
[2] 말이나 일 따위를 지나치게 느리게 진행하다. ---------------------- [   ]

17회 어법·어휘편

1단계

서로 같은 뜻이 되도록 선으로 이어 보세요.

[1] 한두 번 •

[2] 서너 번 •

[3] 대여섯 번 •

• ㉠ 다섯 번이나 여섯 번 정도

• ㉡ 한 번이나 두 번 정도

• ㉢ 세 번이나 네 번 정도

2단계

다음 중 '영양분'이 될 수 있는 것에 <u>모두</u> ○표를 해 보세요. (답 2개)

비타민	**일산화탄소**	**탄수화물**
몸에서 일어나는 다양한 일을 도와주는 성분으로, 우리 몸에 꼭 필요하다.	폐에서 헤모글로빈과 결합해 산소 공급을 방해하는 무서운 물질이다.	몸에서 힘을 낼 때 필요한 대표적인 성분 중 하나로, 밥이나 빵 등에 풍부하다.
[ ]	[ ]	[ ]

3단계

[보기]를 보고, 물기가 많은 순서대로 나열한 것을 골라 보세요. ──────── [   ]

> [보 기]
> • **되다**: 밥 따위에 물기가 적어 빡빡하다.
> • **고슬고슬하다**: 밥 따위가 되지도 않고 질지도 않아 딱 알맞다.
> • **질다**: 밥 따위에 물기가 많아 질척질척하다.

① 된밥 → 고슬고슬한 밥 → 진밥

② 진밥 → 된밥 → 고슬고슬한 밥

③ 진밥 → 고슬고슬한 밥 → 된밥

시간
끝난 시간 [   ]시 [   ]분
1회분 푸는 데 걸린 시간 [   ]분

채점
독해 5문제 중 [   ]개
어법·어휘 5문제 중 [   ]개

18회

사면초가(四 面 楚 歌)*

넉 사　면 면　초나라 초　노래 가

도저히 해결할 길이 보이지 않는 문제가 생겨 막막한 경우가 있습니다. 그런 상황을 '사면초가(四面楚歌)'라고 말합니다. 이 고사성어는 '사방에서 들리는 초나라의 노래'라는 뜻으로 '아무에게도 도움을 받을 수 없는 어려운 상황'을 의미합니다.

공부한 날 ☐ 월 ☐ 일　시작 시간 ☐ 시 ☐ 분

　　옛날 **초나라**의 왕 항우는 이웃 나라와 전쟁을 벌이던 도중 **공세**에 밀려 도망치게 되었습니다. 거세게 저항해 보기도 했지만, 이미 적군들에게 많은 병사가 쓰러진 뒤여서 **전세**를 뒤집기란 무척 어려웠습니다. 그렇게 쫓기며 도망 다니기를 여러 번, 수만 명의 병사가 끝에는 약 팔백 명밖에 남질 않았고 항우와 남은 병사들은 좌절감에 휩싸여 있었습니다. 또, 긴 전쟁으로 인해 지친 병사들은 고향에 있는 가족들을 더 이상 볼 수 없을지도 모른다는 생각에 **사기**가 크게 떨어진 상태이기도 했습니다.

　　그러던 어느 날 밤, **칠흑**같이 어두워 아무것도 보이지 않는 사방에서 초나라의 노랫소리가 들려오기 시작했습니다. 바로 이웃 나라에서 초나라 병사들의 좌절한 마음 상태를 이용해 사기를 떨어뜨리고자 펼친 작전이었습니다. 항우는 사방에서 들려오는 노랫소리에 **탄식**했습니다.

　　"우리를 둘러싼 적군들에게서 고향의 노래가 들리다니, 항복한 초나라의 병사들이 저렇게 많단 말인가!"

　　동시에 초나라 병사들은 고향의 노래가 들려오자 슬퍼하며 훌쩍였습니다.

　　"살아서 고향 땅을 다시 밟을 수 있을까? 우리 가족들이 무사해야 할 텐데!"

　　그렇게 노랫소리는 며칠간 계속되었고 사기가 떨어질 대로 떨어져 있던 초나라의 병사들은 도저히 싸울 수 없는 상태가 되었습니다. 결국 **사면초가**에 빠진 병사들은 대다수가 전투를 포기하거나 이웃 나라에 항복해 버렸고 항우와 초나라는 전쟁에서 패배해 역사 속으로 사라지고 말았습니다.

어려운 낱말 풀이

① **초나라** 옛 중국에서 진나라가 멸망한 후 세워진 나라 楚초나라 초 -
② **공세** 공격하는 태세 혹은 그런 세력 攻칠 공 勢기세 세
③ **전세** 전쟁의 형세 戰싸울 전 勢기세 세
④ **사기** 자신감으로 가득 찬 기세 士선비 사 氣기운 기
⑤ **칠흑** 무척 어두운 검은색 漆옻 칠 黑검을 흑
⑥ **탄식** 한숨을 쉬며 한탄함 歎읊을 탄 息숨 쉴 식

1 초나라의 노랫소리는 결국 어떤 결과를 가져왔는지 골라 보세요. ----------- [   ]

① 초나라 병사들을 웃음 짓게 했다.

② 초나라 병사들의 마음을 더욱 약하게 만들었다.

③ 초나라 병사들의 사기를 올려주었다.

④ 노랫소리가 들리는 틈을 타 항우가 도망가도록 했다.

⑤ 전쟁을 끝내고 화해하도록 이끌었다.

2 이 이야기를 연극으로 만들기 위해 회의를 하고 있습니다. 알맞지 <u>않은</u> 의견을 말한 친구를 골라 보세요. ----------- [   ]

① 연주: 항우와 병사들이 힘겹게 도망치는 장면은 꼭 넣어야 해.

② 윤정: 맞아, 그렇게 지친 병사들이 고향을 떠올리며 말하는 대사도 필요해.

③ 상철: 병사들이 잠에서 깨어난 아침에 초나라의 노랫소리가 들려야 해.

④ 진오: 그 노랫소리를 들은 항우가 슬프게 탄식하는 장면이 이어져야 할 거야.

⑤ 성진: 결국엔 초나라 병사들이 항복하는 모습으로 패배했음을 보여 주어야겠지.

3 다음은 '사면초가'의 한자입니다. 한자의 뜻을 보고 '사면초가'의 의미에 맞는 그림을 골라 보세요.

----------- [   ]

四		面		楚		歌	
뜻	음	뜻	음	뜻	음	뜻	음
넉	사	앞	면	초나라	초	노래	가

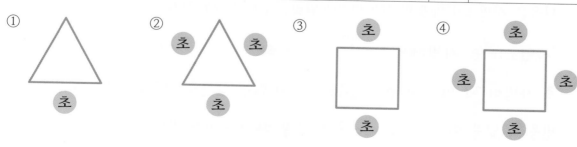

[4~6] 다음 글을 읽고, 문제를 풀어 보세요.

> 우리에게 남한산성은 친숙한 장소입니다. 남한산성은 경기도 광주시, 성남시, 하남시에 걸쳐 있는 역사 유적지입니다. 남한산성은 많은 사람이 등산을 하기도 하고, 자연 경치를 즐기며 여러 문화 행사에 참여하는 등 즐길 거리가 많은 곳으로 알려져 있습니다. 남한산성은 아름다운 경치 이면에 과거의 슬픈 역사를 간직하고 있습니다.
>
> 때는 1636년, 청나라 군대가 압록강을 건너 조선에 쳐들어왔습니다. 당시 조선은 청나라의 갑작스러운 공격에 당황하여 곧바로 대처하지 못했습니다. 조선의 성들은 하나둘씩 파괴되었고 조선의 왕이었던 인조는 청나라 군대와 맞서 싸우기 위해 남한산성으로 들어가게 되었습니다. 최후의 방법으로 남한산성에 들어가 청나라 군대를 상대로 계속 저항했던 것입니다.
>
> 하지만 청나라 군대는 남한산성을 ㉠**포위해서** 고립시켜 버렸습니다. 시간이 지나면서 식량도 점점 바닥났고 인조는 더 이상 이 사태를 ㉡**해결할 방법이 없다**는 것을 깨달았습니다. 그리하여 인조는 남한산성에서 나와 청나라 왕 앞에서 무릎을 꿇는 굴욕을 겪고 말았습니다.

4 윗글에서 밑줄 친 ㉠과 ㉡에 어울리는 고사성어를 써 보세요.

→ ☐ ☐ ☐ ☐

5 윗글의 제목으로 가장 적절한 것을 골라 보세요. ---------------------------- [   ]

① 남한산성을 즐기는 방법　　　　　② 남한산성의 위치와 찾아가는 방법
③ 남한산성이라는 이름의 뜻　　　　④ 남한산성에 인조가 고립된 이유
⑤ 남한산성의 슬픈 역사 이야기

6 다음은 '사면초가'의 뜻입니다. 빈칸에 알맞은 낱말을 채워 보세요.

'사면초가'는 '사방에서 ☐ ☐ ☐ 의 ☐ ☐ 이(가) 들린다'라는 뜻입니다.

즉 사방이 꽉 막혀 어떤 탈출구도 보이지 않는 상황을 말하여, 주로 누구의 도움도

받을 수 없을 만큼 힘들고 어려운 상황일 때 사용하는 말입니다.

1 단계

다음 낱말과 뜻이 알맞도록 선으로 이어 보세요.

[1] 사기 •

[2] 칠흑 •

[3] 탄식 •

• ㉠ 한숨을 쉬며 한탄함

• ㉡ 무척 어두운 검은색

• ㉢ 자신감으로 가득 찬 기세

해
설
편
0
0
9
쪽

2 단계

밑줄 친 부분과 바꿔 쓸 수 있는 말을 골라 번호를 써 보세요.

[1] **며칠간**의 노력 끝에 드디어 발명품을 완성했다. ──────── [　　　]
　　① 며칠 동안
　　② 며칠 이상

[2] 나는 **더 이상** 돈을 낭비하지 않으리라 다짐했다. ──────── [　　　]
　　　① 더는
　　　② 더욱

3 단계

다음의 빈칸에 공통으로 들어갈 낱말을 써 보세요.

• **먹**[　][　] : 먹을 만한 것들

• **일**[　][　] : 일할 만한 것들

• **이야깃**[　][　] : 이야기할 만한 것들

→ [　][　]

시간 　끝난 시간 [　]시 [　]분
　　1회분 푸는 데 걸린 시간 [　]분

채점 　**독해** 6문제 중 [　]개
　　　어법·어휘 6문제 중 [　]개

속담 — 옛날부터 전해오는 지혜를 간단하고 깔끔하게 표현한 짧은 글

새 발의 피*

무언가가 다른 것에 비해 훨씬 적을 때가 있습니다. 그럴 때 '새 발의 피'라는 표현을 씁니다. 말 그대로 '새의 발에서 나오는 아주 적은 양의 피'라는 의미로, '아주 하찮은 일이나 매우 적은 양'을 나타내는 말입니다.

공부한 날 [ ]월 [ ]일 시작 시간 [ ]시 [ ]분

한 아이가 있었습니다. 아이는 과자와 아이스크림이 먹고 싶었습니다. 그래서 용돈을 받으려고 엄마에게 편지를 썼습니다.

동생이랑 놀아준 것	1,000원
스스로 방 청소한 것	1,000원
아빠 구두를 닦았던 것	1,000원
심부름한 것	1,000원
전부	4,000원

편지를 다 쓴 아이는 '내가 이렇게 부모님을 위해 많은 일을 했구나' 생각하면서 **뿌듯해하였습니다.**[①] 그리고 편지를 엄마의 화장대 위에 올려 두었습니다.

다음 날 아침, 아이는 **머리맡**[②]에 있는 종이를 발견했습니다. 눈을 비비고 나서 보니 그것은 천 원짜리 지폐 네 장과 엄마가 쓴 편지였습니다.

> 열 달 동안 너를 배 속에 품은 것 공짜
> 기년 동안 먹여 주고 입혀 주고 재워 준 것 공짜
> 네가 아팠을 때 밤길을 달려 응급실[③]에 데리고 간 것도 공짜
> 엄마는 너를 정말정말 사랑한단다.

엄마의 편지를 읽은 아이는 자신이 부모님을 위해 했던 일들이 부모님이 자신을 위해 했던 일들에 비하면 **새 발의 피***였음을 깨닫게 되었습니다. 그리고 그날부터 즐거운 마음으로 부모님을 더 잘 도와드리게 되었습니다.

어려운 낱말 풀이 :
① 뿌듯해하였습니다 마음이 기쁘고 흐뭇한 느낌으로 가득했습니다
② 머리맡 누운 사람의 머리 위쪽이나 언저리
③ 응급실 병원에서 위급한 환자를 임시로 치료하는 곳 應응할 응 急급할 급 室방 실

1 다음 중 이 이야기에 대한 설명으로 옳지 <u>않은</u> 것을 골라 보세요. -------------------- [　　　]

① 아이는 장난감을 사기 위해 용돈이 필요했다.
② 아이는 용돈을 받기 위해 편지를 썼다.
③ 아이가 받으려 한 용돈은 4,000원이었다.
④ 엄마는 아이에게 편지를 썼다.
⑤ 엄마는 아이에게 용돈을 주었다.

2 아이의 생각이 처음과 마지막에 어떻게 변화했는지 선으로 이어 보세요.

| 편지를 썼을 때 | → | 엄마의 편지를 읽은 후 |

내가 엄마 아빠를 위해 이렇게 많은 일들을 했으니 용돈을 받는 게 당연해.

•

• ㉠ 부모님께서 날 키우느라 이렇게 힘든 일들을 겪으셨구나. 지금보다 열심히 도와드려야지.

• ㉡ 부모님이 시키신 일에 비하면 내가 받은 용돈이 적은걸? 조금 더 달라고 말해야겠어.

3 다음 문장의 밑줄 친 부분의 의미로 올바른 것을 골라 보세요. -------------------- [　　　]

> 아이가 엄마의 편지를 읽고 생각이 바뀌었던 이유는, 부모님에 비하면 자신이 했던 일들은 **새 발의 피**였다는 것을 알게 되었기 때문입니다.

① 뒤늦게 후회하는 것
② 지나치게 무리하는 것
③ 끊임없이 노력하는 것
④ 해결할 방법이 없는 것
⑤ 아주 하찮은 것

[4~6] 다음 글을 읽고, 문제를 풀어 보세요.

> 오래전 고려 시대에는 아주 재밌는 풍습이 있었습니다. 겨울이 되어 첫눈이 ㉠**펄펄** 내리는 날, 눈을 정성스레 포장해 귀한 물건이라고 속여 누군가에게 선물하는 것이었습니다. 눈을 담은 상자를 건네줄 때면 으레 허풍을 떨어서 대단한 물건인 듯 부풀렸습니다.
>
> "아무렴! 이 선물에 비하면 금덩이는 ㉡**아주 작은 것이라네**. 세상에서 가장 귀한 물건이라고. 자네니까 주는 걸세."
>
> 장난에 속아서 '눈 선물'을 받게 된다면, 선물을 보낸 사람에게 식사를 대접해야 했습니다. 하지만 이 선물이 가짜라는 것을 미리 눈치채고 받지 않는다면, 반대로 선물을 보낸 사람이 식사를 대접해야 했습니다. 때문에 장난을 치는 사람이나 당하는 사람이나 즐거워했던 재밌는 풍습이었습니다.

4 ㉠'**펄펄**'처럼 모양을 흉내 내는 말이 사용된 문장을 골라 보세요. ················· [　　　]

① 옆집 강아지가 나를 보고 '**멍멍**' 소리를 내며 짖는다.

② 빗물이 떨어지자 공장이 '**텅텅**' 큰 소리로 울리기 시작했다.

③ 엄마가 따라 준 물에는 얼음이 '**동동**' 예쁜 모양으로 떠 있었다.

5 밑줄 친 ㉡과 바꿔 쓸 수 있는 표현을 써 보세요.

→ ☐☐☐☐ (이)라네.

6 윗글을 올바르게 이해한 친구에 ○표를 해 보세요.

선물을 주는 사람은 받는 사람이 눈치채지 못하도록 속여야 음식을 대접받을 수 있었겠구나.

장난을 당한 사람이 무조건 음식을 대접해야 했다니 재밌지만 짓궂은 장난이네.

정원 [　　　]　　　신웅 [　　　]

1단계 다음 중 '머리맡'은 어디인지 골라 보세요. ──────────────────── [   ]

2단계 다음 낱말의 뜻풀이를 보고, 끝말잇기를 완성해 보세요.

[1] 지나치게 과장하여 믿을 수 없는 말   예) ☐☐을 떨다.

[2] 옛날부터 한 사회에 내려오는 생활 습관   예) 첫눈이 오는 날 눈덩이를 선물하는 ☐☐

면 허 → [1] ☐☐ → [2] ☐☐ → 습 관

3단계 [보기]의 낱말 설명을 보고, 자연스러운 문장이 되도록 알맞은 말을 골라 보세요.

[보 기]
• **으레**: 두말할 것 없이 당연히
• **지레**: 어떤 일이 일어나거나 어떤 때가 되기 전에 미리

[1] 경서는 시합에 나가기도 전에 { 지레 / 으레 } 겁을 먹었다.

[2] 경욱이는 학교를 마치면 { 지레 / 으레 } 분식집에 들러 간식을 먹는다.

20회 게 눈 감추듯*

게들은 겁이 많아서 조금만 위험하다 싶으면 잽싸게 눈을 감추고 숨어 버립니다. 그래서 '음식을 허겁지겁 빨리 먹어 치우는 모습'을 보며 마치 게가 눈을 감추고 숨어 버리듯이 음식이 사라진다고 하여 '게 눈 감추듯'이라고 표현합니다.

공부한 날 [ ]월 [ ]일   시작 시간 [ ]시 [ ]분

옛날 그리스의 어느 숲에 아주 오래된 참나무 한 그루가 있었습니다. 사람들은 이 나무에 **풍요**①의 여신인 데메테르의 **축복**②을 받은 요정들이 살고 있다고 **여겼습니다.**③

어느 날, 에리시크톤이라는 사람이 그 숲을 지나가다가 그 참나무를 보았습니다.

"이 참나무에 풍요의 여신에게서 축복을 받은 요정들이 살고 있다고? 정말 말도 안 되는 소리야. 나는 그런 소문 따위 안 믿어."

"어르신, 신의 축복을 받은 나무 앞에서 그런 말씀을 하시면 안 됩니다."

"뭐라고? 신은 없어. 내가 보여 주지. 일꾼들아, 당장 이 나무를 잘라라."

"신은 나뭇잎 한 장에도 **머무신다고**④ 했습니다. 신의 축복이 담긴 이 참나무를 베지 마십시오."

일꾼들은 망설였습니다.

"너희들이 못하겠다면 내가 직접 하지!"

화가 난 에리시크톤은 일꾼의 도끼를 **빼앗았습니다.** 그리고 그 도끼로 참나무를 힘껏 찍었습니다. 움푹 파인 도끼 자국에서 피가 흘러나왔습니다. 참나무에서 요정들의 목소리가 들렸습니다.

"나는 데메테르 여신의 축복을 받은 요정이다. 당장 나무 베는 것을 멈춰라! 그러지 않으면 너는 **천벌**⑤을 받게 될 것이다!"

에리시크톤은 요정의 **경고**⑥를 무시하고 도끼로 계속 나무를 찍었고, 결국 참나무는 쓰러졌습니다. 수많은 요정이 쓰러진 참나무에 깔려 버렸습니다. 다행히 나무에 깔리지 않은 요정들은 곧장 데메테르에게 날아갔습니다.

"데메테르님, 참나무를 베어 버린 에리시크톤에게 벌을 내려 주세요!"

데메테르 여신은 참나무가 쓰러졌다는 소식에 크게 슬퍼했습니다. 데메테르 여신은 곧바로 리모스를 에리시크톤에게 보냈습니다. 리모스는 에리시크톤이 잠든 사이에 배 속으로 들어갔습니다.

리모스는 **굶주림**⑦의 신이었습니다. 리모스는 에리시크톤을 배고프게 만들었습니다. 에리시크톤은 배가 고파서 잠에서 깼습니다. 잠자리에서 일어나자마자 에리시크톤은 눈에 보이는 음식을 **순식간**⑧에 먹어 치우기 시작했습니다. 그런데 아무리 음식을 먹어도 에리시크톤은 계속 배가 고파, 쉬지 않고 음식을 입에 가져갔습니다. 가지고 있는 음식들을 모조리 그 자리에서 **게 눈 감추듯*** 먹어 버렸습니다. 더 이상 먹을 것이 없자 에리시크톤은 가진 재산을 모두 털어 음식을 사 먹었습니다. 그럼에도 에리시크톤의 배고픔은 채워지지 않았습니다.

에리시크톤은 결국 모든 것을 잃은 채, 평생 먹을 것을 찾아 떠도는 신세가 되었습니다.

– 그리스 로마 신화

1 숲에 있는 참나무를 본 사람들의 반응입니다. 알맞은 것끼리 선으로 이어 보세요.

[1] 에리시크톤 •

• ㉠ 이 참나무에 풍요의 여신에게서 축복을 받은 요정들이 살고 있다고? 정말 말도 안 되는 소리야.

[2] 일꾼들 •

• ㉡ 신은 나뭇잎 한 장에도 머무신다고 했습니다. 신의 축복이 담긴 이 참나무를 베지 마십시오.

2 다음은 이야기를 사건이 일어난 순서대로 정리한 것입니다. 빈칸을 알맞게 채워 보세요.

1	에리시크톤이 □□ 의 여신 데메테르의 축복이 깃든 참나무를 벰
2	참나무에 살고 있던 □□ 들은 데메테르에게 가서 이 사실을 알림
3	화가 난 데메테르가 굶주림의 신 □□□ 을(를) 에리시크톤에게 보냄
4	에리시크톤은 평생 배고픔이 채워지지 않은 채 떠도는 신세가 됨

3 이 이야기의 내용으로 미루어 볼 때, '게 눈 감추듯'의 뜻으로 알맞은 것을 골라 보세요. - [   ]

① 자신의 꾀에 자신이 넘어간다.
② 음식을 허겁지겁 빨리 먹어 치우다.
③ 어려운 형편 속에서도 열심히 공부하다.
④ 바람 앞의 등불처럼 위급한 상황에 처하다.
⑤ 물건을 보면 그것을 가지고 싶은 욕심이 생긴다.

어려운 낱말 풀이 | ① 풍요 흠뻑 많아서 넉넉함 豐풍년 풍 饒넉넉할 요 ② 축복 행복을 빎. 또는 그 행복 祝빌 축 福복 복 ③ 여겼습니다 마음속으로 그러하다고 인정하거나 생각했습니다 ④ 머무신다고 도중에 멈추거나 일시적으로 어떤 곳에 묵으신다고 ⑤ 천벌 벼락을 맞아 죽는 일 天하늘 천 伐칠 벌 ⑥ 경고 조심하거나 삼가도록 미리 주의를 줌. 또는 그 주의 警깨우칠 경 告고할 고 ⑦ 굶주림 먹을 것이 없어 배를 곯는 것 ⑧ 순식간 눈을 한 번 깜짝하거나 숨을 한 번 쉴 만한 아주 짧은 동안 瞬깜짝일 순 息쉴 식 間사이 간

[4~6] 다음 광고를 보고, 문제를 풀어 보세요.

후루룩 칼국수

남녀노소 모두가 좋아하는
후루룩 칼국수!
한입 먹으면
㉠ 게 눈 감추듯 사라지게 만드는 맛!
지금 바로 칼국수 한 그릇 드시러 오세요!

4 '㉠ 게 눈 감추듯 사라지게 만드는 맛'의 의미를 골라 보세요. ·· [   ]

① 칼국수에는 다양한 영양소가 들어 있다는 뜻이다.
② 칼국수에서 게 맛이 날 정도로 푹 익혔다는 뜻이다.
③ 칼국수는 한 사람당 한 그릇밖에 팔지 않는다는 뜻이다.
④ 칼국수가 게 눈 감추듯 빨리 먹게 될 정도로 맛있다는 뜻이다.
⑤ 칼국수를 조금밖에 준비하지 않아서 빨리 와야 한다는 뜻이다.

5 위와 같은 글을 '광고'라고 합니다. 알맞은 낱말을 골라 '광고를 하는 까닭'을 정리해 보세요.

→ 상품의 { 장점 / 단점 } 을 { 소비자 / 판매자 } 에게 알려서, 그 상품을 많이 팔기 위해서입니다.

6 위 광고의 내용을 올바르게 이해한 친구에 ○표를 해 보세요.

'게 눈 감추듯'
사라지게 하는 맛이라니
나도 먹어보고 싶어.

'게 눈 감추듯'
먹으라고 했으니까
최대한 빨리 먹어야겠네.

주원 [   ]   현철 [   ]

1단계 자연스러운 문장이 되도록 빈칸에 알맞은 낱말을 [보기]에서 찾아 써 보세요.

[보 기]   풍요   축복   경고

[1] 선생님께 친구와 싸우지 말라는 ☐☐ 을(를) 받게 되었다.

[2] 가을은 먹을 것이 넘쳐나는 ☐☐ 로운 계절이다.

[3] 이 젊은 부부의 앞길을 ☐☐ 해 주십시오.

2단계 밑줄 친 부분과 바꿔 쓸 수 있는 말을 골라 번호를 써 보세요.

[1] 어느새 처마 밑에는 까치 가족이 **머무르고** 있었다. ﹍﹍﹍﹍﹍﹍﹍﹍ [   ]
　　　① 살고
　　　② 떠나고

[2] 나는 어떻게 할까 **망설였다**. ﹍﹍﹍﹍﹍﹍﹍﹍﹍﹍﹍﹍ [   ]
　　　① 움직였다.
　　　② 머뭇거렸다.

3단계 다음은 '남녀노소'의 한자입니다. 한자의 뜻을 잘 보고 뜻풀이를 채워 완성해 보세요.

남녀노소의 한자	男	女	老	少
	남자 남	여자 녀	늙은이 노	젊은이 소

'**남녀노소**'는 ☐☐ 와 ☐☐ , ☐☐☐ 와 ☐☐☐ 라는

말입니다. 즉, '**모든 사람**'이라는 뜻입니다.

시간
끝난 시간 ☐ 시 ☐ 분
1회분 푸는 데 걸린 시간 ☐ 분

채점
독해 6문제 중 ☐ 개
어법·어휘 6문제 중 ☐ 개

똥과 관련된 표현

똥은 더러운 것으로 느껴지기도 하지만, 살아있는 모든 생물은 자연스럽게 배설 활동을 하면서 살아가기 때문에 우리와 매우 친숙한 낱말입니다. 그래서 우리말 표현 속에서도 '똥'이 자주 등장합니다.

[똥 누러 갈 적 마음 다르고 올 적 마음 다르다]

화장실이 매우 급할 때는 "아무리 더러워도 좋으니 화장실만 있었으면 좋겠어!"라고 생각하게 됩니다. 하지만 아무 곳이나 들어가서 볼일을 보고 난 뒤 마음이 편해지고 나면, 더 이상 화장실이 반갑지 않으면서 더럽게 느껴지기까지 합니다. 이처럼 '자기 일이 급할 때는 매우 찾다가 일이 무사히 끝나고 나면 모른 체하고 지날 때'를 가리켜 이렇게 말합니다.

예 동생이 인형을 무척 가지고 싶어 해서 사주었더니, 정작 받고 나니까 인형이 별로 예쁘지 않다고 말했어. 정말 **똥 누러 갈 적 마음 다르고 올 적 마음 다르다**는 말이 맞구나.
↳ 원할 때는 간절하게 찾다가 그것을 얻고 나니 태도가 달라진다

[똥 묻은 개가 겨 묻은 개 나무란다]

곡식을 먹기 좋게 벗겨낸 뒤 남은 껍질을 가리켜 '겨'라고 합니다. 겨는 주로 동물의 먹이나 비료로 쓰이곤 합니다. 겨를 뿌려 놓은 곳을 뒹굴고 난 개의 털에는 겨가 잔뜩 묻어 매우 지저분할 것입니다. 하지만 아무리 겨가 묻었다고 해도 똥밭을 구른 개보다 더러울 리가 없는데, 똥 묻은 개가 겨 묻은 개에게 더럽다고 말하는 모습은 마치 '자신의 큰 단점은 보지 못하고 다른 사람의 작은 단점을 보고 나무라는 것'과 같습니다.

예 저 사람은 길거리에 쓰레기를 버리고 다니면서 정작 길에 버려진 쓰레기를 줍지 않은 아이에게 화를 내다니,
똥 묻은 개가 겨 묻은 개 나무라는 것 같구나.
↳ 자신의 큰 잘못은 모르고 남의 작은 잘못을 지적하는

[똥이 무서워서 피하냐 더러워서 피하지]

길거리에 똥이 버려져 있다면 사람들은 그 근처를 밟으려고도 하지 않을 것입니다. 그러나 그건 똥이 무서워서가 아니라 더럽기 때문입니다. 이처럼 '나쁜 사람을 피하는 것은 그 사람이 무서워서가 아니라 상대할 가치가 없기 때문'이라는 뜻입니다.

예 그 아이는 원래 말끝마다 욕을 하니까 그냥 무시해. **똥이 무서워서 피하니? 더러워서 피하지.**
↳ 상대할 가치가 없는 사람이다.

5주차

회차	영역	학습 내용	학습계획일	맞은 문제수
21회	사자성어	**허송세월(虛送歲月)** '허송세월(虛送歲月)'은 '빌 허', '보낼 송', 그리고 흘러가는 시간을 뜻하는 '세월'이 합쳐져 만들어진 사자성어입니다. 즉, '**아무것도 하지 않고 헛되이 보내는 세월**'을 뜻합니다.	월 / 일	독해 6문제 중 ☐ 개 어법·어휘 5문제 중 ☐ 개
22회	속담	**구더기 무서워서 장 못 담그랴** 간장, 된장, 고추장 등은 장독대에 넣고 오랜 시간 숙성시켜야 깊은 맛을 냅니다. 운이 안 좋으면 때때로 장에 구더기가 꼬일 때도 있지만, 그렇다고 장을 담그지 않을 수는 없습니다. '**구더기 무서워 장 못 담그랴**'는 이처럼 '**다소 방해되는 것이 있더라도 해야 할 일은 해야 한다**'는 뜻입니다.	월 / 일	독해 5문제 중 ☐ 개 어법·어휘 6문제 중 ☐ 개
23회	관용어	**가슴이 미어지다** 아주 슬픈 일이 생기게 되면 감정을 조절하기 힘들 정도로 마음이 아프게 됩니다. 이처럼 '**마음이 슬픔이나 고통으로 가득 차 견디기 힘든 모습**'을 '가슴이 미어지다'라고 표현합니다.	월 / 일	독해 6문제 중 ☐ 개 어법·어휘 6문제 중 ☐ 개
24회	사자성어	**전화위복(轉禍爲福)** 나쁜 일을 '화'라고 하고, 좋은 일을 '복'이라고 합니다. '**전화위복(轉禍爲福)**'은 '화가 복이 된다'라는 뜻으로, '**나쁜 일이 도리어 좋은 일이 되었을 때**' 쓰는 말입니다.	월 / 일	독해 5문제 중 ☐ 개 어법·어휘 5문제 중 ☐ 개
25회	속담	**백 번 듣는 것이 한 번 보는 것만 못하다** 다른 사람의 말을 여러 번 듣는 것보다 한 번 보는 것이 더 제대로 알 수 있을 것입니다. 스스로 경험하는 것을 중요하게 생각할 때 '**백 번 듣는 것이 한 번 보는 것만 못하다**'라는 표현을 씁니다. 이 속담은 백 번 듣는 것보다 한 번 보는 것이 낫다는 내용으로 '**직접 경험해야 확실히 알 수 있다**'는 것을 뜻합니다.	월 / 일	독해 5문제 중 ☐ 개 어법·어휘 5문제 중 ☐ 개

허송세월(虛 送 歲 月)*
빌 허　보낼 송　세월 세　달 월

'허송세월(虛送歲月)'은 '빌 허', '보낼 송', 그리고 흘러가는 시간을 뜻하는 '세월'이 합쳐져 만들어진 사자성어입니다. 즉, '아무것도 하지 않고 헛되이 보내는 세월'을 뜻합니다.

공부한 날 [　]월 [　]일　시작 시간 [　]시 [　]분

　　먼 옛날, 중국에 '**강태공**^①'이라는 사람이 살았습니다. 그는 무척 지혜롭고 **성품**^②이 **올곧았습니다**.^③ 많은 사람이 그가 훌륭한 사람임을 알았지만 그는 **관직**^④에 나서지 않았습니다. 대신 책을 읽고 낚시를 하며 세월을 보냈습니다. 그렇게 그는 계속 가난해져 갔고, 주변 사람들은 그를 떠났습니다.

　　어느 날, 한 젊은이가 길을 가다 낚시를 하는 강태공을 보았습니다. 강태공의 **사연**^⑤을 알고 있던 젊은이는 강태공에게 물었습니다.

　　"어째서 당신 같이 훌륭한 분이 관직에도 나서지 않고, 낚시나 하며 계십니까? 왜 아무것도 하지 않고 헛되이 세월을 보내는 것입니까?"

　　젊은이의 물음에 강태공은 조용히 미소를 지으며 말했습니다.

　　"저는 단순히 **허송세월***하고 있는 것이 아닙니다. 제 능력을 마음껏 펼칠 수 있는 때를 기다리고 있는 것이지요."

　　그렇게 강태공은 **무려**^⑥ 72세가 될 때까지 때를 기다렸습니다. 72세의 노인이 되어서도 강태공은 낚시를 하고 책을 읽으며 지냈습니다. 그러던 어느 날, **주나라**^⑦의 문왕이 강태공을 찾아왔습니다. 문왕은 한눈에 강태공의 능력을 알아보았습니다.

　　"당신은 저의 조상님 때부터 **간절히**^⑧ 찾아오던 인물입니다. 저와 함께 갑시다."

　　강태공도 문왕을 보자 자신의 능력을 펼칠 때가 왔다는 것을 알았습니다. 강태공은 곧바로 문왕의 신하가 되었습니다. 이후 강태공은 뛰어난 **계책**^⑨으로 주나라를 다스리는 데 큰 도움을 주었습니다. 지금까지도 강태공은 많은 사람에게 **존경**^⑩받고 있습니다.

어려운 낱말 풀이 | ① **강태공** 주나라의 정치가로 본명은 강상. 왕이 바라왔던 인물이라는 뜻에서 '태공망'이라고도 불림 ② **성품** 사람의 성질이나 됨됨이 性성품 성 品물건 품　③ **올곧았습니다** 마음이나 정신이 바르고 곧았습니다 ④ **관직** 나랏일을 하는 자리 官벼슬 관 職벼슬 직　⑤ **사연** 일의 앞뒤 사정과 까닭 事일 사 緣인연 연 ⑥ **무려** 수나 양이 생각보다 훨씬 많다는 것을 힘주어 이르는 말 無없을 무 慮생각할 려　⑦ **주나라** 기원전 1046년에서 기원전 256년까지 중국을 지배하던 왕조 周두루 주 -　⑧ **간절히** 어떤 일을 바라는 마음이 몹시 강하게 懇정성 간 切끊을 절　⑨ **계책** 어떤 일을 이루려고 짜내는 꾀 計꾀 계 策채찍 책　⑩ **존경** 어떤 사람을 우러르고 받드는 것 尊높을 존 敬공경할 경

1 이 이야기의 등장인물 중 가장 중심이 되는 인물에 ○표를 해 보세요.

주나라 문왕	강태공	젊은이
[ ]	[ ]	[ ]

2 다음 중 이 이야기의 내용으로 알맞지 <u>않은</u> 것을 골라 보세요. ---------------------------------- [   ]

① 사람들은 강태공이 세월을 헛되이 보낸다고 여겼다.
② 강태공은 낚시를 하며 세월을 보냈다.
③ 강태공은 70살이 넘도록 관직에 나서지 않았다.
④ 주나라 문왕은 처음 본 강태공의 능력을 의심했다.
⑤ 강태공은 뛰어난 능력으로 주나라를 다스리는 데 도움을 주었다.

3 강태공과 젊은이는 강태공이 보낸 세월에 대해 다르게 생각하였습니다. [보기]의 낱말을 사용하여 내용을 완성해 보세요.

[보 기]	능력	세월	관직

젊은이 ········ '강태공님은 좋은 능력을 갖추고도 왜 □□ 에 나서지 않고 허송 □□ 하시는 걸까?'

강태공 ········ '남들은 내가 허송세월을 보낸다 생각할 수 있겠지만, 나는 내 □□ 을 마음껏 펼칠 때를 기다리고 있는 거야.'

4 다음 중 '허송세월'을 바르게 사용한 친구에 ○표를 해 보세요.

정용: 언제나 공부에 힘쓰며 **허송세월**을 하지 않도록 노력해야 해.

지솔: 이 도시가 있던 자리는 원래 아무것도 없는 **허송세월**이었어.

강인: 열심히 공부하며 **허송세월**하다 보면 분명 기회가 찾아올 거야.

[   ]   [   ]   [   ]

다음 글을 읽고, 문제를 풀어 보세요.

> 옛날 우리나라에서는 죄를 지은 **관리**들을 **지방**의 **오지**나 섬으로 유배를 보내기도
> 했습니다. 유배를 가면 행동에 **제한**을 받았습니다. 외출이 제한되거나 심하면 말하는 것조차
> 제한받기도 했습니다. 그래서 유배를 간 관리들은 아무 일도 하지 않고 유배가 끝나기를
> 기다리며 대부분 **허송세월**을 해야만 했습니다.
>
> 그런데 유배를 가서도 허송세월하지 않고 훌륭한 일들을 한 사람들도 있습니다.
> **대표적**으로는 정약용이 있습니다. 정약용은 유배지에서도 늘 나라와 백성들을 걱정했습니다.
> 정약용은 이런 마음을 담아 관리들이 지켜야 할 것들을 담은 '목민심서'를 비롯해 많은 책을
> 펴내었습니다.
>
> 또한 조선 시대 **문학**의 **대표작** 중 하나인 '사미인곡'과 '속미인곡'도 유배지에서 탄생했습니다.
> 정철은 유배지에서 임금을 그리워하는 마음을 담아 이와 같은 시들을 남겼습니다.

5 다음 중 윗글의 내용으로 알맞지 **않은** 것을 골라 보세요. ─────────────── [   ]

① 정약용과 정철은 유배를 간 적이 있다.
② 유배는 지방의 오지나 섬 등으로 죄지은 사람을 보내는 벌이다.
③ '목민심서', '사미인곡', '속미인곡'은 유배지에서 쓴 글이다.
④ 유배를 가면 심하게는 말하는 것을 제한받기도 했다.
⑤ 한번 유배를 가면 절대로 돌아올 수 없었다.

6 다음은 정약용과 정철의 가상 대화입니다. 윗글의 내용과 맞지 **않는** 것을 골라 보세요. ·· [   ]

> 정약용: 저는 유배지에서도 나라와 백성들에 대한 걱정을 멈출 수 없었습니다. ··· ①
> 정　철: 저도 유배를 갔지만 임금님에 대한 그리운 마음이 없어지지 않더군요. ··· ②
> 정약용: 그래서 저는 나무 키우는 방법을 담은 '목민심서'라는 책을 썼습니다. ··· ③
> 정　철: 훌륭하시군요. 저도 그리움을 담아 몇 편의 시를 쓰기도 했습니다. ··· ④
> 정약용: 우리는 유배지에서 허송세월하지 않았군요. ··· ⑤

🎗 어려운 낱말 풀이 　① **관리** 나랏일을 맡아 보는 사람 官벼슬 관 吏벼슬아치 리　② **지방** 서울 밖의 지역 地땅 지 方모 방　③ **오지**
도시에서 멀리 떨어진 외진 곳 奧속 오 地땅 지　④ **제한** 한도를 정하는 것, 또는 그 한도 制마를 제 限한계 한
⑤ **대표적** 어느 하나가 전체를 잘 나타내는 것 代대신할 대 表겉 표 的과녁 적　⑥ **문학** 생각이나 느낌을 글로
나타내는 예술. 시, 소설, 수필, 희곡, 평론 등이 있음 文글월 문 學배울 학　⑦ **대표작** 한 작가나 한 시대를
대표할 만한 뛰어난 작품 代대신할 대 表겉 표 作지을 작

1 단계 [보기]를 보고 빈칸에 알맞은 낱말을 채워 보세요.

[보 기]　　　　　성품　　　관직　　　계책

[1] 우리 학교 교장 선생님은 □□ 이 온화하고 부드러우시다.

[2] 당장의 문제를 해결할 □□ 이 필요하다.

[3] 그는 아주 어릴 때 장원급제를 하여 □□ 에 나섰다.

5
주
21
회

해
설
편
0
1
1
쪽

2 단계 다음 한자 뜻을 보고, '허'의 뜻이 나머지와 다른 것을 골라 보세요. ────── [　　　]

虛
비다 허

① 허공: 텅 빈 하늘
② 허무: 아무것도 없이 텅 빔
③ 허약: 몸의 기운이 없고 약함
④ 허기: 배가 비어 몹시 배가 고픈 느낌
⑤ 허락: 요구하는 것이나 부탁하는 것을 들어줌

3 단계 다음 중 낱말들의 관계가 아래와 다른 짝을 골라 보세요. ────── [　　　]

탄생　　　　—　　　　사망

① 상승 – 하강
② 문학 – 소설
③ 건설 – 파괴
④ 공격 – 방어
⑤ 아이 – 어른

시간
끝난 시간 □시 □분
1회분 푸는 데 걸린 시간 □분

채점
독해 6문제 중 □개
어법·어휘 5문제 중 □개

22회 구더기 무서워 장 못 담그랴*

옛날부터 전해오는 지혜를 간단하고 깔끔하게 표현한 짧은 글

간장, 된장, 고추장 등은 장독대에 넣고 오랜 시간 숙성시켜야 깊은 맛을 냅니다. 운이 안 좋으면 때때로 장에 구더기가 꼬일 때도 있지만, 그렇다고 장을 담그지 않을 수는 없습니다. '구더기 무서워 장 못 담그랴'는 이처럼 '다소 방해되는 것이 있더라도 해야 할 일은 해야 한다'는 뜻입니다.

공부한 날 [ ]월 [ ]일   시작 시간 [ ]시 [ ]분

세종대왕이 한글을 만들 때의 일이었습니다. 조선의 **신하**①들 중에는 한글을 만드는 것에 불만을 가진 사람들도 많았습니다. 그들은 자신들과 같은 높은 벼슬에 있는 사람만이 나랏일에 대해 알아야 한다고 생각했습니다. 백성들이 글자를 알게 되면 나랏일을 조금씩 알게 되고 똑똑해져서 백성들을 다스리기가 어려워지리라 생각했습니다. 이에 한글을 만드는 것을 반대하는 신하들은 세종대왕에게 말했습니다.

"한글을 만드는 것은 조선에 큰 해를 끼치고 말 것입니다. 부디 한글을 만드시겠다는 말씀을 거두어 주십시오."

"그래, 한글을 만들면 조선에 무슨 해를 끼친단 말인가?"

세종대왕이 묻자 기다렸다는 듯 신하들이 대답했습니다.

"우선 한글은 그저 쉽기만 한 글자라 깊은 뜻이 없습니다. 그러므로 한글을 쓰는 것은 곧 우리의 수준을 떨어트리는 일이 될 것입니다. 또한 새로운 글자를 만드는 것은 곧 새로운 **풍습**②을 만드는 것과 같습니다. 만약 한글을 만든다고 해도, 이처럼 중요한 일은 몇 대에 걸쳐 천천히 해야 함이 **마땅합니다**③."

그러자 세종대왕이 말했습니다.

↑ 세종대왕이 한글을 만든 까닭을 밝히고 있는 훈민정음 언해본, 문화재청 소장

"한글을 만드는 것은 백성들을 **혼란스럽게**④ 하려는 것이 아니라, 그들의 삶을 편안히 하기 위함이다. 한자를 쓰면 이를 아는 사람과 모르는 사람이 같은 것을 두고도 서로 다르게 말한다. 그러면 말이 통하지 않아 불편하다. 또한 글을 모르는 백성들은 수준이 높고 낮음을 떠나 배움의 기회조차 얻지 못하고, 억울한 일이 생겨도 **관청**⑤에 **하소연**⑥조차 할 수 없다. 이것이 옳은 일이란 말인가? 이처럼 한글에는 백성들의 삶이 걸려 있다. 그에 비하자면 그대들이 말한 문제들은 사소할 따름이니, 그것이 두려워 한글을 만들지 않는다면 **구더기 무서워 장 못 담그는** 일이 될 것이다."

세종대왕은 그렇게 말하며 한글을 만드는 일에 박차를 가했습니다. 결국 한글이 만들어진 후, 세종대왕의 뜻처럼 백성들은 글자를 알게 되었고, 다른 나라의 글자를 빌리지 않고도 우리말을 그대로 글자로 옮겨 적을 수 있게 되었습니다.

– 우리나라 역사 이야기

어려운 낱말 풀이 ① **신하** 임금의 명령을 따르며 섬기고 돕는 벼슬의 종류 臣신하 신 下아래 하 ② **풍습** 어느 사회에 전해지는 관습 따위 風바람 풍 習익힐 습 ③ **마땅합니다** 당연하고 옳습니다 ④ **혼란스럽게** 뒤죽박죽이 되어 어지럽고 질서가 없게 混섞을 혼 亂어지러울 란 ⑤ **관청** 나라의 일을 맡아보던 곳 官벼슬 관 廳관청 청 ⑥ **하소연** 억울 하거나 잘못된 일을 남에게 말함

1 다음은 신하들의 주장과 세종대왕의 주장을 정리한 표입니다. 빈칸을 알맞게 채워 보세요.

신하들의 주장	세종대왕의 주장
1. 한글은 깊은 뜻이 없는 글자라 우리의 ☐☐ 을 떨어트릴 것이다.	1. ☐☐ 를 쓰면 서로 말이 통하지 않아 불편하다.
2. 새로운 글자를 만드는 것은 새로운 ☐☐ 을 만드는 일이므로, 천천히 진행해야 한다.	2. 글자를 모르는 백성들은 배움의 기회조차 가지지 못한다.
	3. 백성들은 글자를 모르니 억울한 일을 ☐☐ 에 하소연하지 못한다.

2 [보기]는 신하들과 세종대왕 중 어느 쪽과 같은 의견인지 ○표를 해 보세요.

[보 기] 한글을 쓰면 우리의 수준이 낮아질 것이라 하는데, 이는 사실이 아니다. 오히려 글자를 모르던 백성들에게 훌륭한 글과 책을 읽게 할 수 있으니, 나라 전체로 볼 때 도리어 우리의 수준을 높이는 일이 될 것이다.

신하들   세종대왕

[   ]   [   ]

3 세종대왕이 "구더기 무서워 장 못 담그는 일"이라고 했을 때, '구더기'와 '장 담그는 것'은 각각 무엇을 말하는 것인지 빈칸을 채워 보세요.

구더기	한글을 만드는 데 ☐☐ 하는 신하들이 든 이유들
장 담그는 것	☐☐ 을 만드는 일

[4~5] 다음은 세종대왕이 한글을 만든 까닭이 담긴 「훈민정음 해례본」의 원문과, 이것을 쉽게 풀어쓴 글입니다. 내용을 읽고 문제를 풀어 보세요.

나랏말ᄊᆞ미 듕귁에 달아 문ᄍᆞᆼ와로 서르 ᄉᆞᄆᆞᆺ디 아니ᄒᆞᆯᄊᆡ

이런 젼ᄎᆞ로 어린 ᄇᆡᆨ셩이 니르고져 홇배이셔도

ᄆᆞᄎᆞᆷ내 제ᄠᅳ들 시러펴디 몯ᄒᆞᇙ노미 하니라.

내 이ᄅᆞᆯ 윙ᄒᆞ야 어엿비너겨 새로 스믈여듧ᄍᆞᆼ를 밍ᄀᆞ노니

사ᄅᆞᆷ마다 ᄒᆡᅇᅧ 수비니겨 날로 ᄡᅮ메 뼌한킈ᄒᆞ고져 홇ᄯᆞᄅᆞ미니라.

– 「훈민정음 해례본」 서문

[우리말 풀이]

우리나라의 말이 중국과 달라서 글자와 말이 서로 맞지 않으니

이런 이유로 어리석은 백성들은 말하고자 하는 바가 있어도

결국 제 생각을 말하지 못하는 사람이 많구나.

내 이것을 가엾게 여겨 새로 스물여덟 글자를 만드니

사람들로 하여금 쉽게 익혀 이것을 날마다 사용하여 편하게 하고자 함이니라.

4 윗글을 통해 알 수 있는 내용으로 알맞은 것을 골라 보세요. ------------------------------ [　　　　]

① 새로 만든 글자는 총 24자이다.

② 중국과 우리말에는 별 차이가 없었다.

③ 훈민정음은 익히고 사용하기 쉬운 글자이다.

④ 한글이 만들어진 후 글을 모르는 사람이 없어졌다.

⑤ 한글은 양반들의 생활을 편하게 하기 위해 만들어졌다.

5 윗글을 읽고 느낀 점을 알맞게 말하지 <u>않은</u> 친구에 ○표를 해 보세요.

신혜: 우리말과 다른 한자를 고집하면서, 어리석은 백성이라고 말하고 있는 걸 보면 양반을 위해 한글을 창제했음을 알 수 있어.

상현: 세종대왕은 마음대로 읽고 쓰지 못하는 백성들을 위해 고민했구나. 곧바로 행동으로 옮겨 한글을 만든 것도 본받을 점이야.

[　　　　]　　　　　　　　　　　　　　[　　　　]

1단계

다음의 낱말과 뜻이 알맞도록 선으로 이어 보세요.

[1] 풍습 •

[2] 관청 •

[3] 하소연 •

• ㉠ 어느 사회에 전해지는 관습 따위

• ㉡ 억울하거나 잘못된 일을 남에게 말함

• ㉢ 나라의 일을 맡아보던 곳

해설편 011쪽

2단계

밑줄 친 말과 바꿔 쓸 수 있는 말을 골라 번호를 써 보세요.

[1] 말이 자꾸 바뀌니 **혼란스럽다**. ──────────────── [   ]
　　　　① 어지럽고 어떻게 해야 할지 모르겠다.
　　　　② 마음속으로 결심이 섰다.

[2] 받은 은혜는 갚는 것이 **마땅하다**. ──────────── [   ]
　　　　① 당연하다.
　　　　② 이상하다.

3단계

밑줄 친 낱말 가운데 나머지와 그 의미가 <u>다른</u> 문장에 ○표를 해 보세요.

[1] 에이브러햄 링컨은 **뜻**을 꺾지 않았습니다. ──────────── [   ]

[2] 이 낱말의 **뜻**은 무엇인가? ─────────────────── [   ]

[3] 백성을 생각하여 한글을 만든 세종대왕의 **뜻**을 본받자. ──── [   ]

시간 　**끝난 시간** [   ]시 [   ]분
　　　1회분 푸는 데 걸린 시간 [   ]분

채점 　**독해** 5문제 중 [   ]개
　　　어법·어휘 6문제 중 [   ]개

23회 가슴이 미어지다*

아주 슬픈 일이 생기게 되면 감정을 조절하기 힘들 정도로 마음이 아프게 됩니다. 이처럼 '마음이 슬픔이나 고통으로 가득 차 견디기 힘든 모습'을 '가슴이 미어지다'라고 표현합니다.

공부한 날 ☐월 ☐일 시작 시간 ☐시 ☐분

그날 아침, 나는 늦잠을 자느라 학교에 지각하고 말았다. 교실에 들어가는 순간까지도 하멜 선생님의 꾸중이 너무 두려웠다. 교실 안으로 들어가니 평소와는 달리 정말 조용했다. 선생님은 수업을 준비하고 계셨다. 그런데 나를 꾸중하리라 생각했던 선생님은 나를 보시더니 웃으면서 말씀하셨다.

"귀여운 녀석. 어서 네 자리로 가거라, 프란츠."

나는 자리에 앉으며 꾸중을 듣지 않았다는 사실에 기분이 좋아 미소를 지었다. 선생님은 우리를 보며 말씀하셨다.

"얘들아, 오늘 나와 함께 너희들은 어쩌면 마지막이 될지도 모르는 프랑스어 수업을 하게 되었단다. 이제 내일부터 너희들은 독일어를 공부해야 해. 학교에서는 이제 독일어 외에 다른 **언어**^①는 공부할 수 없어."

선생님의 말씀이 끝나자 나의 미소는 사라졌다. 나는 그제야 **면사무소**^② 앞 **게시판**^③에 걸려 있던 것이 무엇인지 알 수 있었다. 그것은 마지막 프랑스어 수업을 알리는 **공지문**^④이었던 것이다.

선생님은 슬픈 표정을 애써 감추시고 밝게 웃으며 분필을 잡으셨다. 그리고 칠판에 커다랗게 무언가를 쓰기 시작하셨다.

프랑스 만세!

선생님은 우리에게 말씀하셨다.

"얘들아 칠판의 이 말을 다 함께 읽어 보도록 하자."

"프랑스 만세!"

우리는 입을 모아 큰 소리로 외쳤다. 교실 뒤에 앉아 있던 마을 어른들도 우리와 함께 외쳤다. 그냥 칠판에 적힌 대로 읽었을 뿐인데 우리나라에서 더 이상 우리나라 말을 마음대로 배울 수 없다고 생각하니 너무나도 ㉠**가슴이 미어졌다.***

– 알퐁스 도데, 「마지막 수업」 중

어려운 낱말 풀이

① **언어** 말과 글자 言말씀 언 語말씀 어
② **면사무소** 동네의 여러 일을 처리하는 곳 面낯 면 事일 사 務일 무 所바 소
③ **게시판** 전달 사항을 알리는 곳 揭들 게 示보일 시 板판 판
④ **공지문** 여러 사람에게 알리는 글 公공 공 知알 지 文글 문

1 이 이야기의 배경이 되는 나라는 어디인지 골라 ○표를 해 보세요.

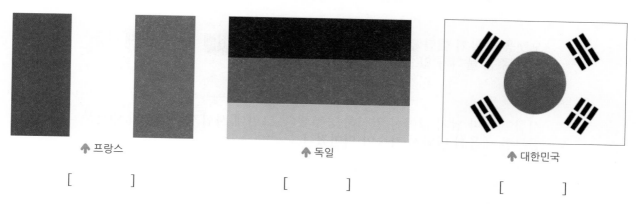

↑ 프랑스

[   ]

↑ 독일

[   ]

↑ 대한민국

[   ]

2 이야기에서 '나'의 마음은 어떻게 바뀌었는지 골라 보세요. ──────────── [   ]

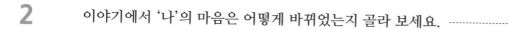

학교에 지각을 해서 선생님의 꾸중이 _____.	예상과 달리 선생님이 꾸짖지 않아 _____.	더 이상 프랑스어를 배울 수 없어서 _____.

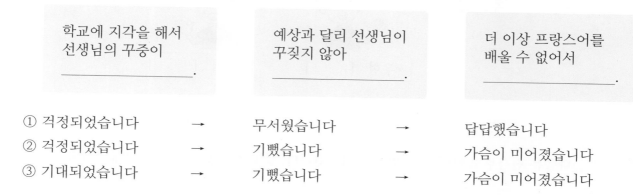

① 걱정되었습니다   →   무서웠습니다   →   답답했습니다
② 걱정되었습니다   →   기뻤습니다   →   가슴이 미어졌습니다
③ 기대되었습니다   →   기뻤습니다   →   가슴이 미어졌습니다

3 '나'가 밑줄 친 ㉠과 같이 생각한 까닭을 골라 보세요. ──────────── [   ]

① 선생님께 꾸중을 들은 것이 슬퍼서
② 곧 전학을 가야 하는 것이 아쉬워서
③ 앞으로 프랑스어를 배울 수 없다는 것이 안타까워서
④ 칠판에 쓰여 있는 글씨가 무슨 의미인지 도저히 알 수 없어서
⑤ 면사무소에서 보았던 게시문이 도저히 무슨 내용인지 알 수 없어서

4 다음 중 '가슴이 미어지다'를 올바르게 사용한 상황에 〇표를 해 보세요.

> 오랫동안 함께 했던 강아지 폴리가 세상을 떠났다. 집에 돌아왔을 때 나를 반겨 주는 폴리가 없으니 **가슴이 미어졌다**. … [   ]

> 시험이 얼마 남지 않아서 열심히 공부했다. 그런데 시험지를 받으니 대부분 공부한 내용이 나와서 **가슴이 미어졌다**. … [   ]

5 이 이야기의 주인공과 말하는 이에 대해 제대로 이해한 친구에 〇표를 해 보세요.

이야기의 주인공이자 말하는 이인 '나'가 자신에게 벌어지는 일들을 이야기해 주고 있어.

이야기의 말하는 이인 '나'가 주인공인 하멜 선생님의 생김새를 계속 관찰하며 이야기해 주고 있어.

우형 [   ]   우석 [   ]

6 다음은 면사무소 앞에 걸려 있던 공지문입니다. 알맞은 낱말을 골라 완성해 보세요.

> ### 마지막 수업 공지
>
> 프랑스가 독일과의 전쟁에서 패배했습니다. 우리 지역은 이제 곧 조국 프랑스의 품을 떠나 독일의 지배를 받게 되었습니다.
>
> 이에 따라 독일은 내일부터 우리 지역에서 { 프랑스어 / 독일어 } 외 다른 어떤 말도 쓰지 못하게 했습니다.
>
> 따라서 { 프랑스어 / 독일어 } 수업은 오늘이 마지막 수업이 될 예정입니다.
>
> 마지막으로 { 모국어 / 외국어 } 를 소리 내어 외치고 싶은 사람들의 참여를 기다립니다.
>
> – 프랑스어 교사, 하멜

1
단계

다음의 낱말과 뜻이 알맞도록 선으로 이어 보세요.

[1] 언어　　·

[2] 지각　　·

[3] 게시판　·

· ㉠ 전달 사항을 알리는 곳

· ㉡ 말과 글자

· ㉢ 약속에 늦음

2
단계

밑줄 친 말과 바꿔 쓸 수 있는 표현을 골라 번호를 써 보세요.

[1] 교실 안으로 들어가니 **평소와는** 달리 정말 조용했다. ------------------------------- [　　]
　　　　　　① 걱정한 것과는
　　　　　　② 보통 때와는

[2] **마음대로** 배울 수 없다고 생각하니 --- [　　]
　　① 자유롭게
　　② 허락 받고

3
단계

'미소'는 소리 없이 웃는 웃음입니다. 다음 중 '미소'와 어울리지 <u>않는</u> 표현을 골라 보세요.
-- [　　]

① 방긋

② 빙그레

③ 꺄르르

24회 전화위복(轉 禍 爲 福)*
바꿀 전　화 화　될 위　복 복

나쁜 일을 '화'라고 하고, 좋은 일을 '복'이라고 합니다. **전화위복(轉禍爲福)**은 '화가 복이 된다'라는 뜻으로, '**나쁜 일이 도리어 좋은 일이 되었을 때**' 쓰는 말입니다.

공부한 날 [　]월 [　]일　시작 시간 [　]시 [　]분

　알렉산더 플레밍(1881~1955)은 영국의 의사이자 과학자였습니다. 그는 가난한 농부의 가정에서 태어났지만, 포기하지 않고 공부하여 의사가 되었습니다. 플레밍은 특히 **세균**①에 관심이 많았습니다. 그는 연구실에서 여러 세균을 연구하며 세균을 **효과적**②으로 **퇴치**③할 방법을 찾고 있었습니다.

　그러던 어느 날, 플레밍이 여름휴가를 다녀왔을 때의 일입니다. 며칠 동안 연구실을 비워 두었던 플레밍은 깜짝 놀랐습니다. 그가 연구하고 있던 세균을 담은 접시에 푸른곰팡이가 잔뜩 피어 있었던 것이었습니다. 연구실을 제대로 관리하지 못한 탓이었습니다. 곰팡이가 핀 이상 연구를 계속 진행할 수는 없었습니다. 플레밍은 크게 낙담하였습니다.

　그런데 곰팡이가 핀 세균 접시를 살피던 플레밍은 이상한 점을 하나 깨달았습니다. 푸른곰팡이 주변에 있던 세균이 모두 죽어 있었던 것이었습니다. 의문을 느낀 플레밍은 푸른곰팡이를 가지고 연구를 시작했고, 얼마 가지 않아 푸른곰팡이의 **특정**④ **성분**⑤이 세균을 죽이는 효과를 가지고 있다는 사실을 알게 되었습니다. 플레밍은 푸른곰팡이의 이름을 따 그 성분을 '페니실린'이라 이름 붙였습니다.

　'페니실린'은 세균을 죽이면서도 **인체**⑥에는 아무런 해를 끼치지 않는 놀라운 물질이었습니다. 페니실린이 없던 시절에는 작은 상처만으로도 세균 **감염**⑦이 일어나 팔이나 다리를 잘라야 하거나, 심지어 죽기까지 하는 일이 잦았으나 페니실린의 등장으로 그런 일은 없어지게 되었습니다.

　플레밍은 실험실에 문제가 생겨 연구를 더 못할 뻔했지만, 오히려 그것이 **전화위복***이 되어 위대한 발견을 할 수 있었습니다. 결국 플레밍은 수많은 생명을 살린 공로를 인정받아 1945년 노벨 의학상을 받게 되었으며, 위대한 발견을 한 과학자로 인류 역사에 이름을 남기게 되었습니다.

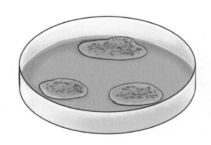

－ 관련 교과: 초등 과학 6-1(2015 개정) '2. 생물과 환경'

어려운 낱말 풀이　① **세균** 병을 일으키거나 발효나 부패 작용을 하는 아주 작은 생물체들 細가늘 세 菌버섯 균　② **효과적** 어떤 일을 해서 결과가 좋음 效본받을 효 果열매 과 的과녁 적　③ **퇴치** 물리쳐서 없앰 退물러날 퇴 治다스릴 치　④ **특정** 특별히 정해진 特특별할 특 定정할 정　⑤ **성분** 물체를 이루는 물질 成이룰 성 分나눌 분　⑥ **인체** 사람의 몸 人사람 인 體몸 체　⑦ **감염** 세균 따위가 몸 안에 들어가 숫자를 불리고 문제를 일으킴 感느낄 감 染물들일 염

1 다음은 이 글을 읽고 '페니실린'에 대해 정리한 것입니다. 옳지 <u>않은</u> 것을 골라 보세요. -- [   ]

페니실린	① 발견자: 알렉산더 플레밍 ② 세균을 죽이면서도 인체에는 아무런 해를 끼치지 않는 물질 ③ 페니실린의 등장으로 많은 생명을 살리게 됨 ④ 이름은 푸른곰팡이의 이름에서 따왔음 ⑤ 발견자는 공로를 인정받아 노벨 평화상을 수상하게 되었음

2 다음 중 이 글의 내용에 대해 올바르게 말한 친구에 ○표를 해 보세요.

도진: 플레밍은 페니실린을 발견하기 위해 일부러 세균을 담은 접시에 곰팡이가 피도록 내버려 둔 거구나.

[   ]

재윤: 페니실린을 이전에 발견한 사람이 없었던 모양이야. 그래서 페니실린이 등장하여 많은 사람들을 살릴 수 있었던 거겠지?

[   ]

은성: 플레밍이 페니실린을 발견한 건 우연의 덕이 크니, 아무래도 공로를 인정받긴 힘들었겠는걸.

[   ]

3 이 글에 나온 '전화위복'에서, '화(나쁜 일)'와 '복(좋은 일)'은 각각 무엇인지 빈칸을 채워 보세요.

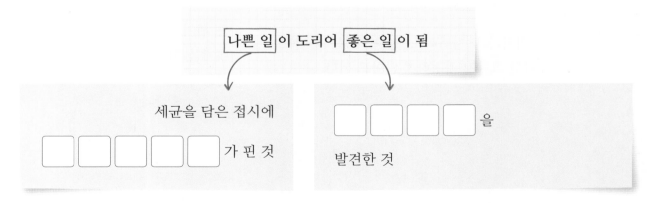

나쁜 일 이 도리어 좋은 일 이 됨

세균을 담은 접시에 ⬜⬜⬜⬜⬜ 가 핀 것

⬜⬜⬜⬜ 을 발견한 것

'존슨앤드존슨'은 미국의 회사로, '타이레놀'이라고 하는 유명한 약을 만드는 회사입니다. 타이레놀은 통증을 줄여주는 효과도 뛰어나고, 부작용도 거의 없는 약이었기 때문에 많은 사람의 사랑을 받고 있었습니다. 그런데 1982년, 타이레놀을 먹은 몇 명의 사람이 죽는 사건이 일어났습니다. 그 소식이 알려지자마자 타이레놀의 판매량은 급감했고, 사람들은 모두 이제 존슨앤드존슨은 망했다며 수군거렸습니다.

그러나 존슨앤드존슨은 당황하지 않았습니다. 존슨앤드존슨은 곧바로 시장에 뿌려진 타이레놀을 모두 회수했습니다. 그 과정에서 어마어마한 돈이 지출되었지만, 신경 쓰지 않았습니다. 오히려 돈을 추가로 들여 TV 광고를 내보내기까지 했습니다. 그 내용은 위험하니 타이레놀을 사지 말아 달라는 것이었습니다. 경찰의 조사 결과, 타이레놀 자체에는 아무런 문제가 없고, 누군가 의도적으로 타이레놀에 독극물을 넣었다는 사실이 밝혀졌지만, 존슨앤드존슨은 모든 타이레놀을 환불해 주었습니다.

존슨앤드존슨의 대처는 많은 사람에게 신뢰를 주었습니다. 사건이 발생한 지 몇 달만에 타이레놀의 판매량은 다시 예전과 같아졌고, 존슨앤드존슨은 고객들의 신뢰에 힘입어 더욱 크게 성장할 수 있었습니다. 그야말로 ㉠한때의 위기를 전화위복의 발판으로 삼은 것입니다.

4 밑줄 친 ㉠과 같은 의미로 바꿔 쓸 수 있는 말을 골라 보세요. ---------------------- [   ]

① 큰돈을 벌게 된 것
② 결국 진심은 통하는 것
③ 위기를 기회로 만든 것
④ 발 빠른 대처가 중요한 것
⑤ 고객을 첫 번째로 생각한 것

5 윗글을 읽고 알 수 있는 교훈으로 알맞은 것에 ○표를 해 보세요.

큰 위기가 닥치더라도, 쓸 수 있는 돈이 많다면 그다지 걱정하지 않아도 된다	큰 위기가 닥치더라도, 과감하고 신속한 대처를 한다면 오히려 사람들의 신뢰를 얻을 수 있다
[ ]	[ ]

1단계

다음의 낱말과 뜻이 알맞도록 선으로 이어 보세요.

[1] 세균 •

[2] 특정 •

[3] 성분 •

• ㉠ 특별히 정해진

• ㉡ 물체를 이루는 물질

• ㉢ 발효나 부패 작용을 하는 아주 작은 생물체

2단계

[보기]에 주어진 낱말을 활용하여 다음 문장의 빈칸을 채워 보세요.

[보 기]　　　　세균　　　인체　　　감염

□□이(가) □□에 □□되면 여러 질병이 발생한다.

3단계

밑줄 친 글자에 주목하여 빈칸을 채워 보세요.

• 연구실(研究室): 연구를 하는 방
• 실험실(實驗室): 실험을 하는 방
• 대기실(待機室): 대기를 하는 □

➔ □

시간　끝난 시간 □시 □분　채점　독해 5문제 중 □개
1회분 푸는 데 걸린 시간 □분　　어법·어휘 5문제 중 □개

25회 백 번 듣는 것이 한 번 보는 것만 못하다*

다른 사람의 말을 여러 번 듣는 것보다 한 번 보는 것이 더 제대로 알 수 있을 것입니다. 스스로 경험하는 것을 중요하게 생각할 때 '백 번 듣는 것이 한 번 보는 것만 못하다'라는 표현을 씁니다. 이 속담은 백 번 듣는 것보다 한 번 보는 것이 낫다는 내용으로 '직접 경험해야 확실히 알 수 있다'는 것을 뜻합니다.

공부한 날 [　] 월 [　] 일   시작 시간 [　] 시 [　] 분

옛날 어느 나라에 왕이 있었습니다. 그 나라의 왕은 다른 나라 때문에 고민이 많았습니다. 그 나라는 틈만 나면 쳐들어와 백성들을 괴롭혔기 때문이었습니다.

"자꾸 우리나라로 쳐들어오는 이들을 몰아낼 방법이 있겠소?"

왕이 걱정스러운 얼굴로 물었습니다.

"제가 들은 바에 따르면 그 나라와는 말이 통하지 않는다고 합니다. 따라서 그 나라와 지금 당장 전쟁을 해야 합니다."

"아닙니다. 제가 듣기로는 그 나라의 군사 수가 생각보다 너무 많다고 합니다. 따라서 전쟁을 하면 우리나라의 피해도 클 것이니 우선 더 힘을 길러야만 합니다."

"제가 들은 이야기는 그렇지 않습니다……."

신하들은 자신이 들은 이야기만 했습니다. 그러다 보니 의견이 모이지 않았습니다. 그때 한 장군이 말했습니다.

"전하! 백 번 듣는 것이 한 번 보는 것만 못하다*고 했습니다. 제가 직접 가서 그 나라의 상황을 살펴보고 방법을 찾겠습니다."

이 말을 들은 왕은 그 장군을 준비시켜 보냈습니다. 장군은 그곳에서 그 나라의 **실상**①을 직접 보았습니다. **포로**②로 잡힌 군사들도 직접 만났습니다. 장군은 자신이 직접 본 사실을 통해 방법을 생각한 다음 왕에게 말했습니다.

"그 나라를 완전히 무찌르긴 어려울 것 같습니다. 그렇다고 그들이 우리나라 땅을 넘보고 있는 것도 아니었습니다. 따라서 그 나라 군사들이 자주 나타나는 지역에 백성들을 살게 하고, 그 백성들을 지키는 병사들을 두는 것이 전쟁을 막는 가장 좋은 방법일 것입니다."

왕은 장군의 **판단**③을 따르기로 했습니다. 그러자 그 이후로 그 나라의 군사들은 함부로 쳐들어오지 못했습니다. 백성들은 드디어 **안심**④하고 살 수 있게 되었습니다. 신하들은 장군의 지혜로움에 **감탄**⑤했습니다.

– 「한서(漢書) 조충국전(趙充國傳)」 중

어려운 낱말 풀이
① **실상** 실제 모습 實열매 실 相서로 상
② **포로** 전투에서 사로잡힌 적군 捕잡을 포 虜사로잡을 로
③ **판단** 사물을 인식하여 논리나 기준 등에 따라 판정을 내림. 判판단할 판 斷끊을 단
④ **안심** 걱정이 없이 마음을 편안히 가짐 安편안 안 心마음 심
⑤ **감탄** 감동하여 칭찬함 感느낄 감 歎탄식할 탄

1 이 이야기에서 장군이 직접 상황을 보러 간 까닭을 골라 보세요. ------------------------- [   ]

① 다른 나라가 협상을 요구해서

② 다른 나라가 쳐들어왔다는 소식을 들어서

③ 다른 나라와 싸우면 이길 수 있기 때문에

④ 다른 나라에게 괴롭힘을 당한 백성들이 불러서

⑤ 다른 나라를 살펴보고 몰아낼 방법을 찾기 위해

2 다음 사건들을 일어난 순서에 맞도록 기호를 써 보세요.

> ㉮ 다른 나라가 백성들을 괴롭혔다.
>
> ㉯ 왕과 신하들이 모여 의논을 했다.
>
> ㉰ 장군이 포로로 잡혀간 군사들을 만났다.
>
> ㉱ 다른 나라의 군사들이 자주 나타나는 지역에 병사들을 두었다.

[   ] – [   ] – [   ] – [   ]

3 '백 번 듣는 것이 한 번 보는 것만 못하다'라는 속담은 어떤 상황에서 쓰이는지 골라 보세요.

-- [   ]

① 여러 번 들으면 이해가 될 때

② 여러 번 말하는 것이 중요할 때

③ 이미 알고 있는 것을 더 알고 싶을 때

④ 다른 사람의 말을 듣는 것이 중요할 때

⑤ 듣기만 하는 것보단 직접 보는 것이 더 확실할 때

[4~5] 다음 글을 읽고, 문제를 풀어 보세요.

오랜 시간 동안 다른 나라와의 교류가 없었던 조선은 19세기부터 차츰 개화 정책을 실시하게 됩니다. 여기서 개화란 새로운 사상, 문물, 제도 등을 들여오는 것을 말합니다. 더욱 강하고 발전된 나라를 만들기 위해 왕은 오랜 기간 고민한 끝에 드디어 명령을 내리게 됩니다.

"백 번 듣는 것이 한 번 보는 것만 못하다고 하였다. 다른 나라의 문물에 대해 책을 많이 읽는 것보다 우리가 직접 다른 나라에 가서 배워 오는 것이 좋겠구나."

왕의 명령에 보빙사라는 단체가 꾸려지게 됩니다. 보빙사는 미국으로 가서 미국 대통령을 만나 나라를 운영하는 제도를 배웠고 새로운 문화에 대해서도 공부했습니다. 보빙사가 돌아온 후 조선에 우편 제도를 실시하고 영어를 가르치는 학교를 세우게 되었습니다.

4 왕이 '백 번 듣는 것이 한 번 보는 것만 못하다'라고 말한 까닭을 골라 보세요. ················ [   ]

① 개화에 관한 책을 구하기 어려웠기 때문
② 미국으로 가고 싶은 사람이 많았기 때문
③ 오랫동안 다른 나라와 교류가 없었기 때문
④ 시간이 지나면 자연스럽게 개화가 되기 때문
⑤ 책을 많이 읽는 것보다 직접 가서 배워 오는 것이 낫다고 생각했기 때문

5 다음 대화를 보고, 빈칸에 들어갈 알맞은 말로 적절하지 <u>않은</u> 것을 골라 보세요. ············ [   ]

왕: 먼 나라에서 새로운 것을 배워 오느라 고생이 많았소.

보빙사: 미국 대통령도 만나고 새로운 문물에 대해서도 많이 배웠으니 우리 조선도 곧 다른 나라 못지않게 강한 나라가 될 것이옵니다.

왕: 듣던 중 반가운 말이오. 그래, 미국에서 무엇을 배워 왔소?

보빙사: [   ] 을(를) 배워 왔습니다.

① 학교를 세우는 법　　　② 한글　　　③ 우편 제도
④ 새로운 문화　　　⑤ 나라를 운영하는 제도

1 단계 밑줄 친 낱말은 다음 중 어느 뜻으로 쓰인 것인지 ○표를 해 보세요.

> 왕이 걱정스러운 **얼굴**로 물었습니다.

[1] 무언가를 대표하는 것 ———————————————— [　　　]

[2] 감정 따위가 드러난 표정 ———————————————— [　　　]

[3] 눈, 코, 입이 있는 머리의 앞면 ———————————————— [　　　]

2 단계 밑줄 친 부분과 바꿔 쓸 수 있는 말을 골라 번호를 써 보세요.

[1] 벌레를 **몰아내기** 위해서는 준비가 필요하다. ——————— [　　　]
　　① 사랑하기
　　② 쫓아내기

[2] 나는 그의 **생각**을 따르기로 했다. ——————————— [　　　]
　　① 진심
　　② 판단

3 단계 어울리는 낱말로 다음 빈칸을 채워 보세요.

[1] 의견을 ☐☐ 다 : 여러 의견을 듣고 하나의 의견으로 결론을 내리다.

[2] 말이 ☐☐ 다 : 서로가 하는 언어를 알아 서로 소통하다.

시간　끝난 시간 ☐시 ☐분　채점　**독해** 5문제 중 ☐개
　　1회분 푸는 데 걸린 시간 ☐분　　**어법·어휘** 5문제 중 ☐개

붙이다(부착) / 부치다(전송)

나연: 정균아! 갑자기 무슨 나무를 들고 가는 거야?

학원이 끝나고 집으로 가던 나연이는 맞은편에서
작은 나무를 들고 걸어오는 정균이를 보고 물었습니다.

정균: 곧 있으면 크리스마스잖아.

이 나무에 여러 장식을 ${ \begin{array}{l} ① \ 부쳐 \\ ② \ 붙여 \end{array} }$ 서

크리스마스트리를 만들 거야.

나연: 우와, 재미있겠다. 나도 집에 가서 크리스마스트리를 만들자고 할래.

'붙이다'와 '부치다'는 비슷한 말처럼 보이지만 그 뜻은 전혀 다릅니다. '붙이다'는 '맞닿아 떨어지지 않게 하다'라는 뜻이고, '부치다'는 '편지나 물건을 일정한 수단이나 방법을 써서 보내다'라는 뜻입니다. 다시 말해 '붙이다'는 따로 떨어진 것을 떨어지지 않게 부착하는 것이고, '부치다'는 멀리 있는 사람에게 편지나 물건을 보낸다는 말입니다. 예를 들어 붙이다는 '스티커를 붙이다', '상처에 반창고를 붙이다' 등으로 쓸 수 있고, 부치다는 '편지를 부치다', '짐을 외국에 부치다' 등으로 쓸 수 있습니다.

붙이다: 맞닿아 떨어지지 않게 하다.
   '스티커를 붙이다', '상처에 반창고를 붙이다' 등.

부치다: 편지나 물건을 일정한 수단이나 방법을 써서 보내다.
   '편지를 부치다', '짐을 외국에 부치다' 등.

✏️ **바르게 고쳐 보세요.**   정답: 013쪽

정균: 곧 있으면 크리스마스잖아. 이 나무에 여러 장식을 부쳐서 크리스마스트리를 만들 거야.

→ **정균:** 곧 있으면 크리스마스잖아. 이 나무에 여러 장식을 [ ][ ]서 크리스마스 트리를 만들 거야.

6주차

회차	영역	학습 내용	학습계획일	맞은 문제수
26회	관용어	**손에 익다** 처음으로 타자를 친다고 생각해 봅시다. 처음에는 손가락이 어디로 가야 할지 익숙하지 않을 것입니다. 그러다 키보드의 자판이 손에 익숙해지기 시작하면, 손이 저절로 타자를 치게 됩니다. **'손에 익다'**라는 말은 **'어떤 일이나 물건에 익숙해지다'**라는 뜻을 가지고 있습니다.	월 일	독 해 6문제 중 □개 어법·어휘 6문제 중 □개
27회	고사성어	**모순(矛盾)** 잘못한 일을 들켰을 때, 그 상황에서 빠져나오기 위해 거짓말을 계속하다 보면 앞뒤가 맞지 않는 말을 하기도 합니다. 이러한 말을 **'모순(矛盾)'**이라고 합니다. 모순은 **'어떤 사실의 앞뒤, 또는 두 사실이 반대되어 서로 맞지 않는 상황'**에 사용하는 말입니다.	월 일	독 해 5문제 중 □개 어법·어휘 5문제 중 □개
28회	속담	**작은 고추가 더 맵다** 몸집은 작더라도 힘도 세고 야무진 사람은 많습니다. 그런 모습을 두고 **'작은 고추가 더 맵다'**고 표현합니다. 즉, **'몸집이 작더라도 무시하면 안 된다'**는 교훈을 주는 말입니다.	월 일	독 해 6문제 중 □개 어법·어휘 7문제 중 □개
29회	관용어	**트집을 잡다** 별다른 잘못이나 문제가 없음에도 괜히 잘못을 끄집어내는 사람이 있습니다. **'트집을 잡다'**는 이처럼 **'사소한 잘못을 들추어내거나 없는 잘못을 만든다'**는 뜻입니다.	월 일	독 해 5문제 중 □개 어법·어휘 5문제 중 □개
30회	고사성어	**전무후무(前無後無)** **'전무후무(前無後無)'**란 '이전에도 없었고 이후에도 없다'는 뜻을 가진 사자성어로, **'이전에도 없었고 앞으로도 경험하기 어려울 만큼 대단히 놀랍고 뛰어난 것'**을 표현할 때 쓰이는 표현입니다.	월 일	독 해 5문제 중 □개 어법·어휘 6문제 중 □개

처음으로 타자를 친다고 생각해 봅시다. 처음에는 손가락이 어디로 가야 할지 익숙하지 않을 것입니다. 그러다 키보드의 자판이 손에 익숙해지기 시작하면, 손이 저절로 타자를 치게 됩니다. '손에 익다'라는 말은 '어떤 일이나 물건에 익숙해지다'라는 뜻을 가지고 있습니다.

공부한 날 [　]월 [　]일　시작 시간 [　]시 [　]분

↑ 만년필

　볼펜의 **역사**①는 사실 그렇게 길지 않습니다. 헝가리에서 태어난 '라슬로 비로'라는 사람은 1930년대 볼펜을 발명했습니다.

　비로는 신문기자였습니다. 당시에는 글을 쓸 때 만년필을 주로 사용하였습니다. 만년필은 날카로운 펜**촉**②에서 흘러나오는 잉크로 글을 쓰는 **필기구**③였습니다. 그런데 만년필에는 몇 가지 문제가 있었습니다.

　우선 펜의 잉크가 잘 번지고, 심지어는 터지기도 했습니다. 그렇게 손에 묻거나 흘러넘친 잉크는 애써 쓴 기사 **원고**④를 망쳐 버리기 **일쑤였습니다**⑤.

　또한 펜촉이 무척 날카로워 종이가 종종 찢어지곤 했습니다. 만년필을 쓰는 데 익숙하지 않을수록 종이가 잘 찢어졌습니다. 기자로 일하며 아무리 글을 써도 **손에 ㉠익지*** 않던 만년필은 비로에게 그저 불편하기만 한 필기구였습니다.

　비로는 어떻게 하면 만년필보다 편리한 필기구를 만들 수 있을지 고민했습니다. 비로가 처음 생각한 것은 만년필에 아주 *끈끈한* 잉크를 넣는 것이었습니다. 그런데 *끈끈한* 잉크를 넣자 만년필 끝으로 잉크가 거의 흘러나오지 않았습니다.

　고민에 고민을 **거듭**⑥하던 비로는 펜촉에 작은 쇠공을 달았습니다. 그리고 그 쇠공이 굴러간 자리에 끈끈한 잉크가 나오도록 설계했습니다. 그 펜은 끝에 쇠공이 달려 있다고 하여, '볼포인트펜(Ballpoint pen)'이라 이름 지어졌습니다. 여기서 우리가 흔히 사용하는 볼펜이 탄생하였습니다.

　볼펜은 잉크가 터지거나 번지지도 않고 종이가 잘 찢어지지도 않았습니다. 만년필과는 달리 금방 **손에 익는*** 필기구였던 것입니다. 볼펜은 수많은 사람의 삶을 편리하게 만들어 주어 복사기, 타자기와 함께 '**문구**⑦의 3대 발명품'으로 사랑받고 있습니다.

📜 어려운 낱말 풀이 | ① **역사** 어떤 것이 언제 생겨서 어떻게 바뀌어 왔는지를 적은 것 歷지날 역 史역사 사　② **촉** 긴 물건의 끝에 박힌 뾰족한 것 鏃화살촉 촉　③ **필기구** 필기하는 데에 쓰는 여러 종류의 물건 筆붓 필 記기록할 기 具갖출 구 ④ **원고** 인쇄하거나 발표하기 위하여 쓴 글이나 그림 原근원 원 稿원고 고　⑤ **일쑤였습니다** 흔히 겪거나 으레 그러는 일이었습니다　⑥ **거듭** 같은 일을 되풀이 하여　⑦ **문구** 학용품과 사무용품 따위를 통틀어 이르는 말 文글월 문 具갖출 구

1 다음은 이 글의 중심 내용을 정리한 것입니다. 빈칸에 알맞은 말을 써 보세요.

→ ☐☐ 을(를) 발명한 라슬로 ☐☐

2 다음은 비로의 아이디어 노트입니다. 이 글의 내용으로 미루어 보았을 때, 빨간색으로 밑줄 친 내용 중 **잘못된** 것을 골라 보세요. ⸺⸺⸺⸺⸺⸺⸺⸺⸺⸺⸺⸺⸺ [   ]

해설편 013쪽

> 원래 쓰던 만년필은 종이가 찢어지거나 잉크가 번지는 일이 잦아. ①
>
> 만년필보다 손에 잘 익는 편리한 필기구를 만들어 봐야지.
>
> 우선 만년필에 끈끈한 잉크를 넣어 봤는데, ②
>
> 만년필 끝에 잉크가 넘쳐흘러 종이가 다 젖어 버렸다. ③ 어떻게 해야 할까?
>
> 드디어 방법을 찾은 것 같다. 펜촉에 작은 쇠공을 달아 ④
>
> 그 쇠공이 굴러간 자리에 잉크가 나오도록 하는 거야. ⑤
>
> 그러면 끈끈한 잉크라도 쇠공을 따라 나올 거야.

3 다음 중 '손에 익다'가 바르게 쓰인 문장을 골라 보세요. ⸺⸺⸺⸺⸺⸺⸺⸺⸺ [   ]

① 사촌 누나는 아는 사람이 아주 많아 **손에 익었다**.
② 그 친구들의 얼굴은 전에 몇 번 본 것처럼 **손에 익었다**.
③ 새로 산 샤프가 **손에 익을** 때까지는 시간이 좀 걸릴 것 같다.
④ 그 거대한 햄버거를 한 번에 다 먹은 사람은 **손에 익을** 정도로 적다.
⑤ 숙모는 조금만 옆에서 부추기면 행동을 바꿀 정도로 **손에 익은** 사람이다.

4 다음 중 밑줄 친 ㉠과 뜻이 가장 비슷한 문장을 골라 보세요. ⸺⸺⸺⸺⸺⸺ [   ]

① 사과가 잘 **익었다**. (뜻: 열매나 씨가 여물다.)
② 김치가 알맞게 **익었다**. (뜻: 장이나 술 등이 발효되어 맛이 들다.)
③ 어둠이 점차 눈에 **익었다**. (뜻: 눈이 어둡거나 밝은 곳에 적응한 상태에 있다.)
④ 글을 쓰는 것에 손끝이 제법 **익었다**. (뜻: 자주 해 보아서 어떤 일에 서툴지 않다.)
⑤ 고기가 푹 **익었다**. (뜻: 불에 굽거나 찌거나 삶거나 하여 날것이 먹기 좋게 되다.)

다음 글을 읽고, 문제를 풀어 보세요.

> 야구가 처음 시작될 때, 투수들은 공이 날아가는 방향에 변화가 없는 **직구**^①만을 던졌습니다. 그랬던 야구에 최초로 **변화구**^②를 던진 투수가 있었으니, 바로 '캔디 커밍스'였습니다.
>
> 어린 시절 커밍스는 해변에서 조개를 던지며 놀다가 놀라운 사실을 발견했습니다. 조개를 던지는 손목의 움직임에 따라 조개가 날아가는 방향이 변하는 것이었습니다. 커밍스는 이런 움직임을 야구에 **적용**^③할 수 있을 것 같았습니다. 커밍스는 직구를 던질 때와 손목을 다르게 움직여서 공을 던져 보았습니다. 처음에는 원하는 만큼의 변화가 없었습니다. 손목을 다르게 움직여서 공을 던지니 무척 불편하기도 했습니다. 하지만 커밍스는 계속 연습했습니다. [   ] 공을 던지고 또 던졌습니다. 오랜 노력 끝에 커밍스는 새로운 변화구를 뜻대로 던질 수 있게 되었습니다. 그 변화구의 이름은 '커브'였습니다.
>
> 커브는 손목을 앞으로 휘감아 던지는 변화구입니다. 그러한 손목의 모양 때문에 공이 앞쪽 방향으로 회전하면서 날아갑니다. 그래서 커브는 아래 방향으로 크게 떨어지는 변화구입니다. 나중에 개발된 변화구인 포크볼이나 슬라이더보다도 아래 방향으로 크게 떨어집니다. 하지만 포크볼이나 슬라이더보다 공의 속도는 느립니다.
>
>
> ↑ 커브볼을 던질 때의 손목의 모양

5 윗글의 빈칸에 들어갈 말로 알맞은 것을 골라 보세요. ------------------------------ [   ]

① 입이 닳을 때까지   ② 손에 익을 때까지   ③ 배가 찰 때까지
④ 눈이 빠질 때까지   ⑤ 귀가 아플 때까지

6 다음은 투수가 던지는 변화구의 특징과 날아가는 모습과 속도를 정리한 것입니다. 이 중에서 커밍스가 만들어 낸 변화구로 알맞은 것에 ○표를 해 보세요.

포크볼	커브	슬라이더
 직구보다 느리지만 커브보다 빠름	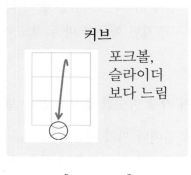 포크볼, 슬라이더보다 느림	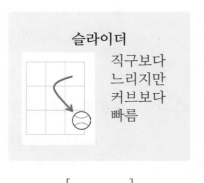 직구보다 느리지만 커브보다 빠름
[ ]	[ ]	[ ]

🧻 **어려운 낱말 풀이** ① **직구** 야구에서, 투수가 변화를 주지 아니하고 직선같이 곧게 던지는 공 直곧을 직 球공 구 ② **변화구** 야구의 투구나 배구의 서브에서, 비행하는 공의 진행 방향이 변화하는 공 變변할 변 化될 화 球공 구 ③ **적용** 이론이나 원칙 같은 것을 실제에 맞추어 쓰는 것 適갈 적 用쓸 용

1단계 [보기]를 보고 빈칸에 알맞은 낱말을 채워 보세요.

> [보 기]　　　　　　원고　　　　역사　　　　거듭

[1] 선생님은 그 일이 얼마나 중요한지 ☐☐ 해서 말씀하셨다.

[2] 학급 신문에 실을 기사의 ☐☐ 을(를) 반장에게 주었다.

[3] 수학의 ☐☐ 에서 피타고라스는 빼놓을 수 없다.

2단계 밑줄 친 낱말의 알맞은 뜻을 골라 번호를 써 보세요.

[1] 오늘 배운 내용을 실생활에 **적용**해 보자. ──────────────── [　　]
　　　　　① 어떤 곳이나 일에 익숙해지는 것
　　　　　② 이론이나 원칙 같은 것을 실제에 맞추어 쓰는 것

[2] 그는 요리를 잘 못해 음식을 태워 버리기 **일쑤였다.** ──────── [　　]
　　　　　① 흔히 겪거나 흔히 그러는 일이다.
　　　　　② 어떤 일이 일어나는 일이 많지 않다.

3단계 [보기] 속 낱말의 뜻을 보고, 다음 중 필기구가 <u>아닌</u> 것을 골라 보세요. ──────── [　　]

> [보 기]　　　　**필기구:** 필기하는 데에 쓰는 여러 종류의 물건

① 붓
② 볼펜
③ 샤프
④ 연필
⑤ 방망이

해설편 013쪽

시간 　끝난 시간 ☐ 시 ☐ 분　　1회분 푸는 데 걸린 시간 ☐ 분

채점 　독해 6문제 중 ☐ 개　　어법·어휘 6문제 중 ☐ 개

27회 모순(矛 盾)*
창 모   방패 순

잘못한 일을 들켰을 때, 그 상황에서 빠져나오기 위해 거짓말을 계속하다 보면 앞뒤가 맞지 않는 말을 하기도 합니다. 이러한 말을 '모순(矛盾)'이라고 합니다. 모순은 '어떤 사실의 앞뒤, 또는 두 사실이 반대되어 서로 맞지 않는 상황'에 사용하는 말입니다.

공부한 날 [　]월 [　]일 시작 시간 [　]시 [　]분

옛날, 어느 마을에 무기를 파는 **상인**^①이 있었습니다. 상인은 길에서 큰 소리로 물건에 대해 외쳤습니다. 그러자 지나가던 사람들은 호기심이 생겨 그의 주위로 모여들었습니다. 그는 사람들에게 둘러싸인 채 들고 있던 창과 방패를 설명했습니다.

"여러분, 이 방패를 보세요! 아주 **견고**^②하고 단단해서 절대 뚫리지 않습니다. 어떤 창이 오더라도 막아 낼 수 있답니다."

사람들은 상인의 말을 듣고 서로 술렁거렸습니다.

"정말 그렇게 단단한 방패가 있다고? 어떤 적이든 막을 수 있지 않을까?"

상인은 사람들의 반응을 보며 창을 들고 더 큰 소리로 말했습니다.

"이 창은 어때 보입니까? 이 창의 끝부분은 세상 최고로 **예리**^③합니다! 어떤 방패가 막는다고 하더라도 전부 뚫어 버릴 수 있습니다."

다시 한번 사람들이 술렁거렸습니다. 창을 살지, 방패를 살지, 아니면 두 개를 모두 살지 고민하기 시작했습니다.

"저 둘만 있다면 사냥을 하기에도 좋고, 전쟁이 나도 살아남을 수 있을 것 같은데?"

상인은 사람들의 말소리를 들으며 여러 개의 창과 방패를 꺼내어 두었습니다. 그때, 구경꾼 중에 한 사람이 말했습니다.

"그 예리한 창으로 견고한 방패를 뚫으면 어떻게 되는 거요? 당신의 말은 앞뒤가 맞지 않는 것 같소!"

상인은 당황하여 아무 말도 하지 못했습니다.

"엉터리 같은 말에 속을 뻔했잖아? 이런 사기꾼!"

그를 둘러싸고 있던 사람들은 모두 각자 갈 길을 떠났습니다. 상인은 부끄러워 얼굴이 빨개진 채 서둘러 도망갔습니다.

그 후 사람들은 이처럼 앞뒤가 맞지 않는 상황을 두고 '창과 방패' 즉, 창을 뜻하는 한자 모(矛)와 방패를 뜻하는 한자 순(盾)을 합하여 '**모순**[*]'이라고 합니다.

어려운 낱말 풀이 ① **상인** 물건을 파는 것이 직업인 사람 商장사 상 人사람 인
② **견고** 굳고 단단함 堅굳을 견 固굳을 고
③ **예리** 끝이 뾰족하거나 날이 선 상태 銳날카로울 예 利날카로울 리

1 이 이야기의 내용과 같으면 ○표, 다르면 ×표를 해 보세요.

[1] 상인은 상점에서 물건을 팔았다. -- [   ]

[2] 상인은 방패를 어떤 창이라도 막아 낼 수 있다고 설명했다. ---------------- [   ]

[3] 상인은 창을 어떤 방패라도 전부 뚫어 버릴 수 있다고 설명했다. --------- [   ]

[4] 사람들은 창과 방패 모두 구매하였다. ------------------------------------ [   ]

2 다음은 이 이야기의 내용을 정리한 것입니다. 빈칸을 알맞게 채워 보세요.

상인은 창과 방패를 소개하여 [   ][   ] 이(가) 맞지 않는 말을 했습니다.

이처럼 두 사실이 반대되어 서로 맞지 않는 상황을 '[   ][   ]'(이)라고 합니다.

3 서로 '모순'인 것끼리 선으로 이어 보세요.

[1] 절대 깨지지 않는
     다이아몬드   •   • ㉠ 어떤 문제든 푸는
                                        학생

[2] 아무도 못 맞히는
     문제를 내는 선생님   •   • ㉡ 무엇이든지 부수는
                                        망치

[4~5] 다음 글을 읽고, 문제를 풀어 보세요.

> 그리스 신화 속에서 신들은 인간이나 동물이 잘못을 저질렀을 때, 그들에게 벌을 내리기도 했습니다.
>
> 테베라는 도시의 사람들이 큰 잘못을 하자, 신들은 테우메소스의 여우를 테베에 보내기로 했습니다.
>
> "가서 잘못을 저지르는 사람들을 잡아먹거라."
>
> 여우는 테베의 사람들을 잡아먹기 시작했습니다. 테우메소스의 여우는 누구에게도 절대 잡히지 않는 동물이었기 때문에 누구도 막을 수 없었습니다. 화가 난 테베의 왕은 라엘랍스를 불렀습니다.
>
> "사람들을 잡아먹는 여우를 잡아 오거라."
>
> 라엘랍스는 무엇이든 무조건 잡을 수 있는 사냥개였습니다. 라엘랍스는 여우를 쫓기 시작했고, 여우는 계속 도망갔습니다. 절대 잡히지 않는 여우와 무엇이든 잡을 수 있는 라엘랍스의 추격전이 시작된 것입니다.
>
> 하늘에서 이러한 모습을 지켜본 제우스는 세상에 **모순**이 생긴 것을 깨닫고 여우와 라엘랍스를 모두 돌로 만들어버렸습니다.

4 위 이야기 속 모순을 정리한 표입니다. 빈칸을 알맞게 채워 보세요.

여우	
누구에게도 절대 동물	무엇이든 잡을 수 있는 동물

5 제우스가 여우와 라엘랍스를 보며 모순이라고 생각한 까닭을 골라 보세요. ⸻⸻ [   ]

① 제우스가 운명을 믿지 않기 때문이다.
② 무엇이든 잡을 수 있는 동물은 없다고 생각했기 때문이다.
③ 무엇이든 잡을 수 있는 동물과 절대 잡히지 않는 동물이 동시에 존재하는 것은 앞뒤가 맞지 않기 때문이다.

1 단계

다음의 낱말과 뜻이 알맞도록 선으로 이어 보세요.

[1] 상인 •

[2] 견고 •

[3] 예리 •

• ㉠ 굳고 단단함

• ㉡ 끝이 뾰족하거나 날이 선 상태

• ㉢ 물건을 파는 것이 직업인 사람

2 단계

다음 중 [보기]의 빈칸에 어울리지 <u>않는</u> 낱말을 골라 보세요. ---------------- [   ]

[보 기] 그는 기적적으로 살아 [   ].

① 빌었다

② 있었다

③ 남았다

3 단계

다음 중 낱말들의 관계가 아래와 <u>다른</u> 낱말 짝을 골라 보세요. ---------------- [   ]

앞 — 뒤

① 위 – 아래

② 빛 – 어둠

③ 시작 – 끝

④ 바람 – 폭풍

⑤ 추가 – 삭제

시간

끝난 시간 [   ]시 [   ]분

1회분 푸는 데 걸린 시간 [   ]분

채점

독해 5문제 중 [   ]개

어법·어휘 5문제 중 [   ]개

28회 작은 고추가 더 맵다*

몸집은 작더라도 힘도 세고 야무진 사람은 많습니다. 그런 모습을 두고 '작은 고추가 더 맵다'고 표현합니다. 즉, '몸집이 작더라도 무시하면 안 된다'는 교훈을 주는 말입니다.

공부한 날 ☐ 월 ☐ 일 시작 시간 ☐ 시 ☐ 분

청양고추, 녹광고추, 오이고추는 모두 색깔은 녹색이지만 크기와 맵기가 조금씩 다릅니다. 크기는 오이고추가 가장 크고 그 다음이 녹광고추이며 청양고추가 가장 작습니다. 하지만 맵기로는 청양고추가 가장 맵습니다.

전 세계에서 맵다고 **손에 꼽히는**① 고추들 역시 청양고추와 비슷하거나 더 작은 고추들이 대부분입니다. 가장 매운 고추 중 하나인 쥐똥고추 또한 이름 그대로 쥐똥만큼 작은 크기를 자랑합니다.

다만 고추의 매운맛은 고추에 들어 있는 '캡사이신'의 양에 따라 결정되기 때문에 **항상**② 크기가 작다고 매운 고추는 아닙니다. 그래도 일반적으로 작은 고추들이 매운 편입니다. 우리 속담 중 '**작은 고추가 더 맵다***'는 말이 **딱 들어맞는**③ 셈입니다.

작은 고추들은 음식의 맛을 낼 때도 아주 중요한 역할을 합니다. 이탈리아의 오일 파스타에 들어가는 페페론치노, 중국의 깐풍기에 들어가는 쥐똥고추, 멕시코의 부리또에 들어가는 할라피뇨는 얼핏 보면 고추가 들어갔는지 모를 만큼 작습니다. 하지만 이 음식들은 고추 덕분에 매콤한 향을 냅니다. 이처럼 매운 고추들은 비록 작지만 음식에서도 매운맛을 확실히 이끌어내는 역할을 하고 있습니다.

⬆ 페페론치노

⬆ 쥐똥고추

⬆ 할라피뇨

어려운 낱말 풀이 | ① 손에 꼽히는 많은 가운데 가장 뛰어나다고 알려진 ② 항상 변함없이, 늘 恒항상 항 常항상 상 ③ 딱 들어맞는 정확히 맞는

1 녹광고추, 청양고추, 오이고추를 가장 큰 것부터 순서대로 번호를 써 보세요.

↑ 녹광고추

[   ]

↑ 청양고추

[   ]

↑ 오이고추

[   ]

2 다음 음식들은 각각 어느 나라의 음식들인지 알맞게 선으로 이어 보세요.

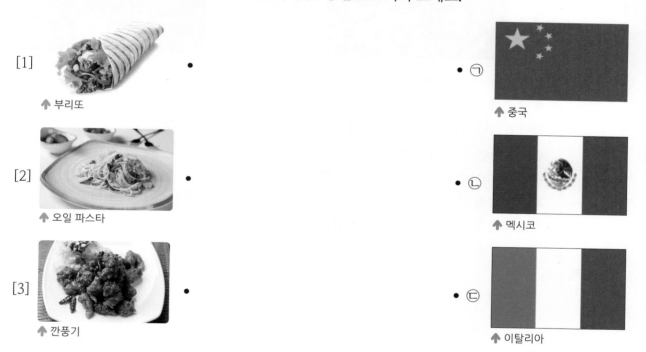

[1]

↑ 부리또

[2]

↑ 오일 파스타

[3]

↑ 깐풍기

• ㉠

↑ 중국

• ㉡

↑ 멕시코

• ㉢

↑ 이탈리아

3 다음은 이 글을 읽은 친구들의 감상입니다. 옳은 말에 ○표, 틀린 말에 ×표를 해 보세요.

| 명중: 이 글을 읽어 보니, 작은 고추가 반드시 큰 고추보다 맵다는 것을 알게 됐어. | 승민: 이 글을 보니 녹광고추와 오이고추는 청양고추에 비해 맵지 않겠구나. | 승혁: 오일 파스타, 깐풍기, 부리또 등에서는 매콤한 향이 나겠네. |

[   ]

[   ]

[   ]

4 '작은 고추가 더 맵다'는 무슨 뜻인지 골라 보세요. ──────────────── [　　　　]

① 모든 일에는 저마다 이유가 있다.

② 크기가 작은 물건은 위험하다.

③ 몸집이 작은 사람을 작다고 무시하면 안 된다.

5 '작은 고추가 더 맵다'는 말은 어떨 때 사용하는 표현인지 알맞은 동물 설명을 찾아 ○표를 해 보세요.

검은발 살쾡이

세상에서 가장 작은 고양잇과 동물 중
하나입니다. 다 자라도 고작해야 사람의
발바닥만한 크기지만, 빠른 몸놀림과
날카로운 이빨로 사냥감을 놓치지 않는
무시무시한 사냥꾼입니다. 호랑이나
사자보다도 사냥을 더 잘한다고 합니다.

[　　　　]

혹등고래

세상에서 가장 거대한 동물 중 하나인
혹등고래는 '바다의 천사'라고 불립니다.
덩치는 어지간한 건물보다도 크지만,
순하고 착한 성격으로 위험에 처한
동물이나 사람을 구해주기로 유명합니다.

[　　　　]

6 다음에서 설명하는 낱말은 무엇인지 빈칸에 써 보세요.

1) 쥐의 똥을 부르는 낱말입니다.

2) 매우 작은 것을 두고 '　　　　만하다'라고 말합니다.

3) 　　　　고추는 아주 맵기로 유명한 고추 중 하나입니다.

→

1
단계

맞춤법에 맞는 낱말에 ○표를 한 다음, 빈칸에 그 낱말을 채워 문장을 완성해 보세요.

[1] | 역할 | 역활 | → 중요하지 않은 ☐☐ 은 없어.

[2] | 작다 | 적다 | → 내 동생은 키가 ☐☐ .

2
단계

주어진 말을 어떻게 읽어야 하는지 소리 나는 대로 빈칸에 써 보세요.

[1] 그림은 → | 그 | 림 | + | 은 | → [☐☐☐]

[2] 맛은 → | 맛 | + | 은 | → [☐☐]

[3] 작은 → | 작 | 은 | → [☐☐]

3
단계

선생님의 말풍선을 보고 맞춤법에 맞게 고쳐 써 보세요.

[1]  작은 고추가 맵따. : 작은 고추가 ☐☐ .

[2]  여칼을 합니다 : ☐☐ 을 합니다.

 시간 끝난 시간 ☐시 ☐분
1회분 푸는 데 걸린 시간 ☐분

 채점 **독해** 6문제 중 ☐개
어법·어휘 7문제 중 ☐개

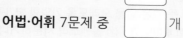 

29회

관용어 둘 이상의 낱말이 오래전부터 함께 쓰이면서 본래의 뜻과 다른 뜻을 지니게 된 표현

트집을 잡다*

별다른 잘못이나 문제가 없음에도 괜히 잘못을 끄집어내는 사람이 있습니다. '트집을 잡다'는 이처럼 '사소한 잘못을 들추어내거나 없는 잘못을 만든다'는 뜻입니다.

공부한 날 [ ]월 [ ]일 · 시작 시간 [ ]시 [ ]분

1492년, 크리스토퍼 콜럼버스는 **아메리카**[①] **대륙**[②]에 도착했습니다. **유럽**[③]에 있는 사람들은 존재 자체도 모르고 있던 새로운 대륙의 소식에 깜짝 놀랐습니다. 콜럼버스는 순식간에 유럽 사람들의 영웅이 되었고, 그의 **항해**[④]를 **기념**[⑤]하기 위한 잔치가 열리게 되었습니다.

그러나 잔치에는 콜럼버스를 진심으로 축하하는 사람만 있지는 않았습니다. 콜럼버스의 성공을 질투하고 미워하는 사람들도 있었습니다. 그들은 **연회장**[⑥] 구석에서 마치 들으라는 듯 콜럼버스의 **트집을 잡았습니다.***

"하하, 새로운 대륙을 발견한 게 그렇게 대단한 일인가? 잔치를 벌일 만큼?"

"그러게 말이에요, 단지 서쪽으로 배를 끌고 가기만 하면 되는 일이잖아요?"

콜럼버스는 그 말을 듣고도 화를 내지 않았습니다. 대신 그는 식탁에 있던 바구니에서 삶은 달걀을 하나 꺼내어 높이 들었습니다.

"이 중에서 이 달걀을 세울 수 있는 분이 계십니까?"

그 말에 호기심이 든 사람들이 달걀을 세우려고 갖은 수를 다 써보았지만, 달걀은 서지 않고 넘어질 뿐이었습니다. 결국 사람들은 **볼멘소리**[⑦]를 내고 말았습니다.

"아니, 둥근 달걀을 도대체 어떻게 세운다는 말씀입니까?"

"자, 그럼 제가 세워 보겠습니다."

그렇게 말한 콜럼버스는 식탁에 달걀의 아랫부분을 깨트렸습니다. 그러자 아랫부분이 깨진 달걀을 식탁 위에 세울 수 있게 되었습니다.

"아니, 그렇게 하면 누가 달걀을 세우지 못한단 말입니까!"

"누구나 할 수 있는 일이지만, 아무도 생각하지 못한 일이지 않습니까? 그렇기에 저 혼자만 달걀을 세울 수 있었던 것이지요. 그게 바로 ⊙제가 한 일입니다."

피식 웃으며 대답한 콜럼버스의 말에 그를 **트집 잡던*** 사람들은 아무런 말도 할 수 없었습니다.

어려운 낱말 풀이

① **아메리카** 태평양과 대서양을 나누는 대륙. 북아메리카와 남아메리카로 나뉘며, 미국, 캐나다, 멕시코 등의 나라가 이 대륙에 있음　② **대륙** 섬과 달리 무척 넓은 땅으로, 지구에는 유럽, 아시아, 아프리카, 아메리카, 오세아니아의 5개 대륙이 존재함 大클 대 陸뭍 륙　③ **유럽** 유라시아 대륙의 서쪽에 있는 곳으로 독일, 프랑스, 스페인 등이 있는 곳　④ **항해** 배를 타고 바다 위를 다님 航배 항 海바다 해　⑤ **기념** 뜻 깊은 일을 오래도록 기억함 記기록할 기 念생각할 념　⑥ **연회장** 잔치 따위가 벌어지는 장소 宴잔치 연 會모일 회 場마당 장　⑦ **볼멘소리** 서운하거나 화가 나서 퉁명스러운 말투

1 이 이야기의 중심이 되는 인물과 소재를 찾아 제목을 만들어 보세요.

→ ☐☐☐☐ 의 ☐달☐

<u>→ 중심인물</u> <u>→ 중심인물이 세운 것</u>

2 이 이야기에서 '㉠제가 한 일'은 무엇을 말하는 것인지 골라 보세요. ---------- [   ]

① 피식 웃은 일

② 트집을 잡는 일

③ 새로운 대륙을 발견한 일

④ 항해를 기념하는 잔치를 벌인 일

⑤ 사람들에게 달걀을 세워 보라고 한 일

3 다음 중 콜럼버스를 미워하는 사람들이 트집 잡은 내용은 무엇인지 ○표를 해 보세요.

둥근 달걀은 식탁에 세워도 금세 넘어지니, 달걀을 세우라고 하는 것은 말도 안 되는 소리라는 것	누구나 서쪽으로 배를 끌고 가기만 하면 새로운 대륙을 발견할 수 있으니, 대단한 일도 아니라는 것	연회에 준비된 음식 따위가 마음에 들지 않고, 손님들에 대한 콜럼버스의 태도도 별로라는 것
[ ]	[ ]	[ ]

[4~5] 다음 글을 읽고, 문제를 풀어 보세요.

> 모한다스 카람찬드 간디(1869~1948)는 인도의 유명한 독립 운동가입니다. 흔히 그를 부를 때 앞에 붙는 '마하트마'라는 말은 인도어로 '위대한 영혼'이라는 뜻입니다. 그는 지금에야 그만큼 존경을 받는 인물이지만, 젊은 시절 간디는 영국에서 많은 차별에 시달려야 했습니다. 당시 백인들은 자신들이 황인이나 흑인보다 더 대단한 존재라고 생각했기 때문이었습니다.
>
> 그럼에도 간디는 대학 시절 무척 훌륭한 학생이라 그의 행동에 ⓒ트집을 잡는 것은 쉽지 않았습니다. 특히 '피터스'라는 이름의 교수는 간디를 무척 싫어했는데, 매번 어떻게든 간디를 트집 잡을 기회를 노리고 있었습니다. 그러던 어느 날, 피터스 교수가 간디에게 물었습니다.
>
> "길에 두 주머니가 떨어져 있네. 주머니 하나에는 돈이 잔뜩 들어있고, 나머지 하나에는 지혜가 들어가 있지. 자네라면 어느 주머니를 고르겠나?"
>
> "글쎄요, 저라면 돈이 든 주머니를 주울 것 같습니다."
>
> 간디의 대답에 피터스 교수는 슬쩍 미소를 지었습니다. 드디어 간디에게 트집을 잡을 수 있으리라 생각했기 때문이었습니다.
>
> "이런, 자네는 참 생각이 짧군. 나라면 지혜가 담긴 주머니를 고르겠네."
>
> 피터스 교수의 말에 간디도 슬쩍 미소를 지으며 답했습니다.
>
> "뭐, ⓒ각자 자신이 가지지 못한 것을 고르지 않겠습니까?"
>
> 그 말에 피터스 교수는 얼굴이 새빨개져 떠나고 말았습니다.

4 'ⓒ트집을 잡는 것'과 바꿔 쓸 수 있는 말을 골라 보세요. ---------------------------- [   ]

① 도움을 받는 것
② 화를 내게 하는 것
③ 거짓말로 속이는 것
④ 좋은 일을 축하해 주는 것
⑤ 흠을 잡아 흉을 보는 것

5 위 이야기에서 밑줄 친 ⓒ은 무슨 뜻으로 한 말일지 알맞은 것에 ○표를 해 보세요.

"저는 지혜를 이미 가지고 있어 돈을 골랐는데, 교수님은 지혜가 없으니 지혜를 고르셨군요."

[   ]

"저는 욕심이 많아 돈을 골랐고, 교수님은 그렇지 않아 지혜를 고르셨군요."

[   ]

1
단계

다음의 낱말과 뜻이 알맞도록 선으로 이어 보세요.

[1] 항해 •

[2] 기념 •

[3] 연회장 •

• ㉠ 잔치 따위가 벌어지는 장소

• ㉡ 배를 타고 바다 위를 다님

• ㉢ 뜻깊은 일 따위를 오래도록 기억함

2
단계

다음 중 '대륙'이 <u>아닌</u> 것에 ○표를 해 보세요.

갈라파고스
태평양 동쪽에 있는 19개의 섬을 통틀어 부르는 말로, 각 섬의 환경에 맞게 진화한 다양한 동물들이 있다.

[   ]

유럽
유라시아 대륙의 서쪽으로, 섬과 달리 무척 넓은 땅이라 많은 나라가 있다.

[   ]

아메리카
태평양과 대서양 사이에 있는 곳으로, 남북으로 무척 넓은 땅이다.

[   ]

3
단계

다음 중 밑줄 친 낱말의 쓰임이 올바른 문장에 ○표를 해 보세요.

[1] 줄을 너무 오래 서고 있으니 동생이 **볼멘소리**를 냈다. ──────────── [   ]

[2] 우당탕하는 소리가 **슬쩍** 울렸다. ──────────────────── [   ]

[3] 정말 혼나고 싶지 않았는데, 오늘이 혼날 **기회**구나. ──────────── [   ]

시간 끝난 시간 [   ]시 [   ]분   채점 독해 5문제 중 [   ]개

1회분 푸는 데 걸린 시간 [   ]분   어법·어휘 5문제 중 [   ]개

30회 전무후무(前 無 後 無)*
앞 전　없을 무　뒤 후　없을 무

'전무후무(前無後無)'란 '이전에도 없었고 이후에도 없다'는 뜻을 가진 사자성어로, '이전에도 없었고 앞으로도 경험하기 어려울 만큼 대단히 놀랍고 뛰어난 것'을 표현할 때 쓰이는 표현입니다.

공부한 날　　월　　일　시작 시간　　시　　분

중국 명나라 신하인 유기(劉基)는 평소에 늘 다음과 같은 말을 했습니다.

"제갈량은 삼국 중에 가장 작은 촉나라만을 움켜쥔 채 세상을 **평정**[①]하지 못했으나, 나는 세상을 평정했으니 내가 제갈량보다 낫다."

유기는 그만큼 자신감이 넘치는 사람이었습니다. 그러던 어느 날이었습니다. 유기는 중국을 여행하던 중 옛 촉나라 지역의 어느 절에 묵게 되었습니다. 새벽이 되자 웬 닭 울음소리가 들리기 시작했습니다. 이에 유기가 주지 스님에게 물었습니다.

"절간에 웬 닭 울음소리입니까?"

"옛날에 제갈량께서 우리 절에 하루 묵으시면서 흙으로 닭을 한 마리 빚어 주셨는데 그 닭이 새벽만 되면 신기하게도 울음소리를 내어 아침을 알려 줍니다."

그러자 유기는 속으로 제갈량을 비웃으며 주지 스님께 말했습니다.

"그러면 나도 한 마리 빚어 드리겠소."

유기는 흙으로 열심히 닭을 빚었습니다. 그리고는 제갈량이 빚은 닭을 던져서 깨뜨렸습니다. 그런데 깨진 닭 안에서 종이가 나왔고 종이에는 "유기가 나의 닭을 깰 것이다."라는 말과 함께 유기가 닭을 깨뜨린 날짜가 적혀 있었습니다. 유기는 큰 충격을 받고는 다음과 같이 말했습니다.

"이전에도 이후에도 제갈량 같은 사람은 없을 것이다. 내가 닭을 깨뜨리게 될 정확한 날짜를 미리 알다니. 그는 정말 **전무후무**[*]한 대단한 사람이다."

– 유래

어려운 낱말 풀이 | ① **평정** 난리 난 세상을 진정시킴 푸평평할 평 定정할 정

1 유기가 제갈량을 두고 '전무후무'한 사람이라고 말한 까닭을 골라 보세요. ----------------- [　　　]

① 앞을 내다보는 지혜가 뛰어났기 때문에
② 아주 작은 촉나라만을 다스린 채 죽었기 때문에
③ 제갈량이 흙으로 빚은 닭이 시도 때도 없이 울어댔기 때문에
④ 제갈량의 재능이 천하를 평정한 자신에게는 못 미치기 때문에
⑤ 자신이 빚은 닭이 제갈량이 빚은 닭만큼 사실적이지 않았기 때문에

2 이 이야기를 읽고 '전무후무'의 뜻을 짐작한 것으로 알맞은 것을 골라 보세요. ------------- [　　　]

① 제자의 실력이 스승보다 더 뛰어나다.
② 어려운 상황에서 훌륭한 사람이 나오다.
③ 출세하여 온 세상에 이름을 널리 떨치다.
④ 이전에도 없었고 앞으로도 없을 만큼 뛰어나다.
⑤ 큰 사람이 되기 위해서는 큰 노력과 시간이 필요하다.

3 다음은 '전무후무'라는 사자성어의 한자입니다. 한자의 뜻을 보고 빈칸을 채워 뜻풀이를 완성해 보세요.

前		無		後		無	
뜻	음	뜻	음	뜻	음	뜻	음
앞	전	없을	무	뒤	후	없을	무

'전우후우'는 '　　에도 없었고 　　에도 없다.'라는 뜻입니다. 이전에도 없었고 앞으

로도 경험하기 어려운 만큼 대단하고 놀라운 것을 설영할 때 쓰이는 표현입니다.

'승정원일기'는 조선 시대에 승정원이라는 곳에서 하루 동안 처리한 문서나 사건에 대해 상세히 적은 일기입니다. 승정원은 임금의 명령을 밖으로 전달하고, 신하들의 요청을 임금에게 전달하는 곳이었습니다. 이처럼 승정원은 **전반적인**[①] 나랏일에 참여했기 때문에, 승정원일기에는 **정치**[②], **경제**[③], **외교**[④], **문화**[⑤], 법, 자연현상 등 다양한 분야의 자료가 고스란히 담겨 있습니다. 또한 승정원일기는 신하들이 직접 보고 들은 것을 빠짐없이 적었기 때문에 승정원일기를 읽는 사람은 마치 현장에 있는 듯한 생생함을 느낄 수 있습니다.

승정원일기는 특히 그 **방대한**[⑥] 양으로 유명합니다. 승정원일기는 총 2억 4,250만 자라는 어마어마한 글자 수로 이루어져 있는데, 이는 승정원일기가 조선이 세워졌을 때부터 단 하루도 빠짐없이 작성되었으며 임금과 신하 간에 이루어진 시시콜콜한 대화까지 모두 포함하고 있기 때문입니다. 1592년에 임진왜란이 일어나며 조선 초기의 일기가 모두 불타 버렸고 그 후로도 여러 번 화재를 겪어 지금은 1623년부터 1894년에 이르기까지 대략 270년간의 일기만 남아 있음에도 불구하고, 승정원일기는 여전히 전 세계 역사책 중에서는 가장 많은 양을 자랑하며 세계기록유산에도 등재되어 있습니다. 아시아는 물론 전 세계적으로도 한 나라의 역사를 이렇게 세세하게 적은 방대한 역사서는 없으니 **가히**[⑦] **전무후무**하다고 할 수 있습니다.

4 윗글에서 찾을 수 <u>없는</u> 내용을 골라 보세요. .... [　　　]

① 승정원에서 하는 일
② 승정원일기의 특징
③ 승정원일기의 글자 수
④ 승정원일기가 보관되어 있는 곳
⑤ 승정원일기의 가치

5 윗글을 <u>잘못</u> 이해한 친구를 골라 보세요. .... [　　　]

① 유라: 승정원일기에서 시시콜콜한 대화까지 찾아보기는 힘들 거야.
② 민수: 원래 작성된 승정원일기는 지금 남아 있는 양보다 더 많았어.
③ 지연: 승정원일기를 읽으면 당시 조선의 상황을 자세히 알 수 있을 거야.
④ 준우: 승정원일기는 아마 일본의 그 어느 역사책보다도 양이 더 많을 거야.
⑤ 다미: 승정원일기는 세계적으로도 그 역사적 가치를 공식적으로 인정받았어.

어려운 낱말 풀이 ① **전반적인** 모든 全온전할 전 般일반 반 的과녁 적 - ② **정치** 나라를 다스리는 일 政정사 정 治다스릴 치 ③ **경제** 인간의 생활에 필요한 물건을 생산·분배·소비하는 모든 활동 經지날 경 濟건널 제 ④ **외교** 다른 나라와 정치적, 경제적, 문화적 관계를 맺는 일 外바깥 외 交사귈 교 ⑤ **문화** 특정 지역의 사람들이 함께 하는 행동이나 생활 양식 文글월 문 化될 화 ⑥ **방대한** 규모나 양이 매우 크거나 많은 厖두터울 방 大클 대 - ⑦ **가히** 능히, 넉넉히 可옳을 가 -

1
단계

다음의 낱말과 뜻이 알맞도록 선으로 이어 보세요.

[1] 평정 •

[2] 정치 •

[3] 가히 •

• ㉠ 능히, 넉넉히

• ㉡ 난리 난 세상을 진정시킴

• ㉢ 나라를 다스리는 일

2
단계

다음 밑줄 친 부분을 본문에 나온 낱말로 바꿔 써 보세요.

[1] **이른 아침**이 되자 닭 울음소리가 들리기 시작했다.

→ | ㅅ | ㅂ |

[2] 보고 들은 것을 **전부** 적도록 하여라.

→ | ㅃ | ㅈ | 없이

3
단계

다음 중 밑줄 친 낱말의 쓰임이 올바른 문장에 ○표를 해 보세요.

[1] 영호는 정말 진지해서 중요하고 **시시콜콜**한 일만 얘기해. ------------------------------ [　　　]

[2] 어제 그 뉴스를 보고 정말 큰 **충격**을 받았어. -- [　　　]

[3] 열심히 찾은 정보가 겨우 이정도야? 정말 **방대**하구나. -------------------------------- [　　　]

시간

| **끝난 시간** | 　시　　분 |
| **1회분 푸는 데 걸린 시간** | 　분 |

채점
독해 5문제 중 | 　 |개

어법·어휘 6문제 중 | 　 |개

6
주
30
회

해설편 015쪽

삼국지

삼국지는 옛 중국이 각각 위, 촉, 오 세 나라로 떨어져있던 시대와 그 시대에 등장한 영웅들의 이야기를 말합니다.

촉나라의 왕은 유비로, 그는 작은 마을의 가난한 청년이었습니다. 그러던 어느 날, 황건적이라는 도적들이 세상을 어지럽힌다는 소식을 들은 유비는 관우와 장비라는 뛰어난 장수들을 만나 의형제를 맺고 의병을 일으켰습니다. 훗날 위나라를 세워 왕이 되는 조조 역시 비슷한 시기에 전쟁터로 나서고 있었습니다.

유비의 앞길은 평탄치 않았습니다. 마음씨가 좋아 백성들의 존경을 받았지만, 가난한 의병 출신이었던 탓에 많은 공을 세우고도 제대로 된 보상을 받지 못했기 때문이었습니다. 반면 조조는 황건적을 무찌른 이후 세상에 이름을 알리기 시작했고, 다른 한쪽에서는 '강동의 호랑이'라 불리는 손견과 그의 아들 손책, 손권 형제가 힘을 키우며 강력한 세력을 만들어 가고 있었습니다.

그러던 어느 날, 유비는 뛰어난 인재가 세상에 나서지 않고 숨어 지낸다는 소식을 듣게 되었습니다. 그의 이름은 제갈량으로, 천재적인 머리를 가지고 있었지만 그의 능력을 알아보는 사람은 드물었습니다. 그러나 유비는 그의 능력을 단번에 알아보았고 그와 함께하고자 했습니다. 제갈량은 처음에 자리를 비웠으나, 유비가 세 번이나 찾아가 정중히 부탁하자 결국 유비의 뜻을 따르기로 하고 유비의 신하가 되었습니다. 이처럼 유비가 제갈량의 허름한 집을 세 번이나 찾아갔던 일에서 '삼고초려(三顧草廬)'라는 사자성어가 만들어지기도 했습니다.

그렇게 제갈량의 지혜를 얻은 유비는 승승장구하기 시작했습니다. 조조와 손권이 각각 위나라와 오나라의 왕이 된 후, 유비 역시 장비, 관우, 제갈량 등의 신하들과 함께 힘을 키워 나갔습니다. 그리고 결국엔 촉나라의 왕이 되어 조조, 손권과 함께 천하를 셋으로 나눠 가지게 되었습니다. 유비는 조조만큼 영리하지 못했고, 손권만큼 용맹하지 않았지만 어진 마음씨를 가지고 사람들을 아껴 사람들을 따르게 만드는 군주였습니다. 그리고 유비와 함께 그 시대를 살아가던 수많은 영웅들의 이야기는 아직까지도 우리에게 큰 울림을 주고 있습니다.

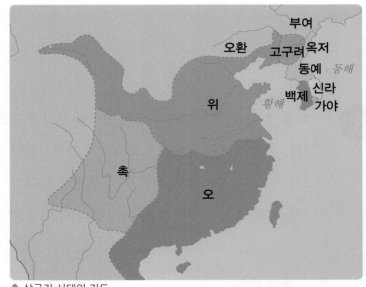

↑ 삼국지 시대의 지도

7주차

한 주간의 계획을 먼저 세워 보세요. 매일 학습을 마친 후 맞힌 문제의 개수를 쓰세요!

회차	영역	학습내용	학습계획일	맞은 문제수
31회	속담	**감나무 밑에 누워서 홍시 떨어지기를 기다린다** 자신이 바라는 일을 이루기 위해서는 최선의 노력을 쏟아야 합니다. 감나무 밑에 누워 홍시가 입 안에 떨어지기를 기다려도 홍시는 떨어지지 않습니다. 이처럼 '**노력하지 않고 좋은 결과만 기다리는 모습**'을 '**감나무 밑에 누워서 홍시 떨어지기를 기다린다**'고 표현합니다.	월 ☐ 일 ☐	독 해 5문제 중 ☐ 개 어법·어휘 4문제 중 ☐ 개
32회	관용어	**이를 악물다** 매우 무거운 짐을 드는 것처럼 힘겨운 상황이 오면 우리는 이를 꽉 깨뭅니다. 이처럼 무엇을 참고 견딜 때 '**이를 악물다**'라고 합니다. 따라서, '이를 악물다'라는 관용어는 '**힘겨운 어려움을 헤쳐 나가기 위해 참고 견디거나, 결의를 굳게 하다**'라는 뜻으로 쓰입니다.	월 ☐ 일 ☐	독 해 5문제 중 ☐ 개 어법·어휘 5문제 중 ☐ 개
33회	사자성어	**오리무중(五里霧中)** 안개가 짙게 끼어 있으면 바로 앞도 보기 어려워 방향을 구분할 수 없을 것입니다. 이처럼 '**오리무중(五里霧中)**'은 오 리, 즉 2km 정도의 긴 거리에 짙은 안개가 끼어 있다는 표현으로 '**어떤 일이나 상황에 대해 방향을 알 수 없다**'는 뜻입니다. 또는 '**일을 해결할 방법이 없어 도저히 갈피를 잡을 수 없는 상황**'을 뜻하기도 합니다.	월 ☐ 일 ☐	독 해 6문제 중 ☐ 개 어법·어휘 7문제 중 ☐ 개
34회	속담	**고인 물이 썩는다** 변화를 받아들이지 못해 제자리에만 머물러 있다가 뒤처지는 경우가 있습니다. 그런 경우를 '**고인 물이 썩는다**'라고 표현합니다. 말 그대로 '**흐르지 못하고 한 곳에만 고여 있으면 썩는다**'는 뜻입니다.	월 ☐ 일 ☐	독 해 5문제 중 ☐ 개 어법·어휘 4문제 중 ☐ 개
35회	관용어	**독 안에 든 쥐** '독'은 곡식을 담는 항아리입니다. 가끔 쥐가 사람들 몰래 곡식을 노리고 독 안으로 들어가는 경우도 있습니다. 그런데 독은 옆면이 둥그렇고 미끄러워 빠져나올 수가 없습니다. 이처럼 '**아무리 애써도 벗어나지 못하는 궁지**'에 놓였을 때, '**독 안에 든 쥐**'라고 합니다.	월 ☐ 일 ☐	독 해 6문제 중 ☐ 개 어법·어휘 8문제 중 ☐ 개

31회 감나무 밑에 누워서 홍시 떨어지기를 기다린다*

자신이 바라는 일을 이루기 위해서는 최선의 노력을 쏟아야 합니다. 감나무 밑에 누워 홍시가 입 안에 떨어지기를 기다려도 홍시는 떨어지지 않습니다. 이처럼 '노력하지 않고 좋은 결과만 기다리는 모습'을 '감나무 밑에 누워서 홍시 떨어지기를 기다린다'고 표현합니다.

공부한 날 [　] 월 [　] 일 시작 시간 [　] 시 [　] 분

옛날 아주 **성실**①하고 부지런한 농부가 살고 있었습니다. 어느 날, 농부는 다른 때와 마찬가지로 밭에서 열심히 일하고 있었습니다. 그런데 **난데없이**② 토끼 한 마리가 달려오더니 밭에 있는 커다란 나무에 세게 부딪쳤습니다. 깜짝 놀란 농부가 토끼에게 다가가니 이미 토끼는 죽어 있었습니다.

"오늘은 정말 운이 좋은 날이구나. 손 하나 까딱 안 하고 토끼를 얻다니."

농부는 기뻐하며 말했습니다. 그리고 농부는 생각했습니다.

'아! 내가 이렇게 열심히 농사를 지을 필요가 없겠어. 가만히 있어도 이런 행운이 오는데 말이야. 다시 토끼가 나무에 부딪칠지 모르니 여기 앉아서 기다려야겠다.'

그날 이후 농부는 농사일을 하지 않고, 큰 나무 밑에 앉아 온종일 가만히 토끼가 오기만을 기다렸습니다. 이 모습을 본 동네 사람들은 말했습니다.

"저 농부가 왜 저러지? 열심히 일하던 사람이 갑자기 일도 안 하고 말이야. 무슨 일이 있는 걸까?"

농부의 행동에 **의아**③해진 사람들은 농부에게 다가가 물었습니다.

"이보시오. 왜 갑자기 일은 안 하고 나무 밑을 지키고만 있소?"

그러자 농부가 대답했습니다.

"며칠 전 이 나무에 토끼가 부딪쳐 죽었소. 그래서 토끼가 다시 나타나 나무에 다시 부딪히기를 기다리고 있소. 공짜로 토끼를 얻을 수 있으니 말이오."

이 말을 들은 동네 사람들은 농부의 어리석음을 비웃었습니다. 며칠 뒤, 여전히 농부는 나무 밑에서 토끼가 오기를 기다리고 있었습니다. 하지만 농부가 바라던 **기적**④은 일어나지 않았고 농부의 밭은 잡초가 자라 농사를 지을 수도 없게 되었습니다. 동네 사람들은 **감나무 밑에 누워서 홍시 떨어지기를 기다린다***며 농부의 어리석은 행동을 안타까워했습니다.

어려운 낱말 풀이 ① **성실** 정성스럽고 참됨 착실함 誠정성 성 實열매 실 ② **난데없이** 갑작스럽고 엉뚱하게 ③ **의아** 의심스러워 괴이쩍음 疑의심할 의 訝의심할 아 ④ **기적** 상상도 할 수 없었던 신기한 일 奇기이할 기 跡행적 적

1 농부가 나무에서 토끼를 기다린 까닭은 무엇이었는지 [보기]에서 알맞은 말을 찾아 빈칸을 채워 보세요.

[보 기]　　　　　　　　멀뚱멀뚱　　　　　　난데없이

농부는 항상 밭에서 부지런히 일을 하였습니다. 그러던 어느 날 토끼 한 마리가

□□□□ 농부의 밭에 있는 나무에 부딪쳐 죽었습니다. 공짜로 토끼를

얻게 된 농부는 다시 토끼가 부딪칠 것을 기다리며 농사일을 하지 않았습니다. 단지 나무

밑에 앉아 □□□□ 토끼를 기다릴 뿐이었습니다.

2 다음 선생님의 말씀을 읽고 '감나무 밑에 누워서 홍시 떨어지기를 기다린다'는 속담의 뜻을 골라 보세요. ‑‑‑‑‑‑‑‑‑‑‑‑‑‑‑‑‑‑‑‑‑‑‑‑‑‑‑‑‑‑‑‑‑‑‑‑ [　　　]

선생님: 사진 속 이 과일은 바로 '홍시'입니다. 홍시는 말랑말랑하게 무르익은 감을 말합니다. 잘 익은 홍시는 감나무에 올라가 직접 따거나 기다란 장대로 따곤 합니다. 그런데 홍시를 먹고 싶기는 하지만 따는 것이 귀찮아 감나무 밑에 누워 홍시가 떨어지기만 기다린다면, 과연 홍시가 떨어질까요?

① 한 가지 일로 많은 이득을 본다는 뜻
② 한번 저지른 잘못은 다시 수습하기 어렵다는 뜻
③ 아무리 가르치고 일러 주어도 알아듣지 못한다는 뜻
④ 아무런 노력도 하지 않고 좋은 결과를 얻길 바란다는 뜻
⑤ 실력을 갖춘 사람은 어떤 핑계도 대지 않고 묵묵히 제 일을 잘한다는 뜻

3 다음 중 '감나무 밑에 누워서 홍시 떨어지기를 기다린다'와 어울리는 상황에 ○표를 해 보세요.

시험에서 100점 받기를 바라면서 공부를 하지 않은 **민석**	자신의 잘못을 반성하고 열심히 노력하는 **준하**
[　　　]	[　　　]
다음 목표를 위해서 미리 준비하는 **예슬**	다음 시간에 배울 내용을 미리 공부하는 **지민**
[　　　]	[　　　]

해설편 016쪽

[4~5] 다음 글을 읽고, 문제를 풀어 보세요.

> 옛날 신라에서 있었던 일입니다. 어느 날 백제의 군대가 신라로 쳐들어왔습니다. 백제의 갑작스러운 공격에 신라의 신하들은 아무런 대처도 하지 못하고, 두 편으로 나뉘어 의견을 다투었습니다. 한 편은 화해를 하자고 하였고, 다른 한 편은 고구려의 도움을 기다리자고 하였습니다. 그때 화해를 주장하는 쪽의 신하가 말했습니다.
>
> "흙탕물이 맑아지기를 기다리고 있으면 때는 이미 늦고 말 것이오. 급한 대로 우선 화해를 제안하고, 백제가 이를 받아들이지 않는다면 그때 고구려와 함께 맞서면 되오."
>
> 이 말을 들은 다른 신하도 말했습니다.
>
> "맞습니다. 이대로 ㉠감나무 밑에 누워서 홍시 떨어지기를 기다리기만 한다면 백제의 군대가 궁궐까지 쳐들어올 것입니다. 우선 백제를 설득하고 나서 나중 일을 생각하는 게 좋겠습니다."
>
> 결국 신라는 화해를 하자는 쪽의 말을 받아들여 백제와 화해를 하였고, 다행히 큰 전쟁을 피할 수 있었습니다.

4 위 이야기의 내용과 일치하는 것을 골라 보세요. ────────── [   ]

① 신라의 군대가 백제를 침입하였다.
② 신라와 백제는 화해하여 큰 전쟁을 피했다.
③ 백제의 신하들은 두 편으로 나뉘어 의견을 다투었다.
④ 신라는 고구려의 도움을 받아 전쟁에서 이길 수 있었다.
⑤ 신라는 평소에 군사를 길러 전쟁에 철저하게 대비하였다.

5 신하가 밑줄 친 ㉠처럼 말한 까닭을 올바르게 짐작한 친구에 ○표를 해 보세요.

나경: 백제는 신라를 겁주기 위해 침입했을 뿐이야. 스스로 물러가기를 가만히 기다리는 것이 현명하다는 뜻이지. … [   ]

상현: 고구려의 도움을 기다리기만 하면서 아무것도 하지 않고 있으면, 위급한 상황이 전혀 나아지지 않기 때문이야. … [   ]

채아: 고구려 군대가 도와주러 오지 않을 것을 이미 알고 있기 때문이야. 스스로 싸워 이길 방법을 찾아야 해. … [   ]

1
단계

다음 문장의 [   ] 중 <u>잘못된</u> 낱말에 ×표를 하고 알맞게 고쳐 보세요.

[1] [나무]에 [토끼]가 [부디쳐] 죽었소. → [   ]

[2] [감나무] [밑에] [누웠다]. → [   ]

2
단계

다음의 낱말을 적절하게 사용한 문장을 골라 선으로 이어 보세요.

[의아하다] •

• ㉠ 늘 100점을 받는 지원이가 이번 시험에도 100점을 받아 **의아했다**.

• ㉡ 우리 집에 매일 놀러 오던 재호가 오늘은 오지 않아 **의아했다**.

3
단계

다음 낱말과 같은 의미로 쓸 수 있는 말에 ○표를 해 보세요.

난데없이

[여전히]   [갑자기]

[당연히]   [역시나]

시간 끝난 시간 [   ]시 [   ]분

1회분 푸는 데 걸린 시간 [   ]분

채점 독해 5문제 중 [   ]개

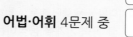 어법·어휘 4문제 중 [   ]개

이를 악물다*

매우 무거운 짐을 드는 것처럼 힘겨운 상황이 오면 우리는 이를 꽉 깨뭅니다. 이처럼 무엇을 참고 견딜 때 '이를 악물다'라고 합니다. 따라서, '이를 악물다'라는 관용어는 '힘겨운 어려움을 헤쳐 나가기 위해 참고 견디거나, 결의를 굳게 하다'라는 뜻으로 쓰입니다.

공부한 날 [　]월 [　]일 시작 시간 [　]시 [　]분

　100여 년 전만 해도 사람이 하늘을 나는 것은 **한낱**② 꿈과 같은 일이었습니다. 그러나 라이트 형제는 절대로 포기하지 않는 **근성**③으로 인류의 꿈을 현실로 만들었습니다.

　라이트 형제는 손재주가 좋고, 만들기를 좋아했습니다. 그러던 어느 날 **글라이더**④ 비행 실험 중 **추락**⑤해 목숨을 잃은 '오토 릴리엔탈'의 소식을 들었습니다. 라이트 형제는 그의 죽음에 한 가지 **결심**⑥을 하게 되었습니다.

　'사람들이 안전하게 하늘을 날 수 있는 비행기구를 만들겠어.'

　그날로 라이트 형제는 연구에 **몰두**⑦했습니다. 형제는 실험용 글라이더를 만들어 하늘로 날리고 또 날렸습니다. 글라이더가 땅에 고꾸라져 **박살**⑧이 나면, 또 글라이더를 만들었습니다. 글라이더가 박살 날 때마다 라이트 형제는 비행을 해내겠다는 결심으로 **이를 악물었습니다.*** 그렇게 라이트 형제는 석 달 동안 1000번이나 글라이더를 날렸습니다.

↑ 라이트 형제가 최초로 만든 비행기 플라이어 1호의 사진

[가]
　　1000번이 넘는 비행 동안 날개도, 엔진도 몸통도 직접 만들어 나갔습니다. 그리고 1903년 12월, 형 월버 라이트는 마침내 완성한 '플라이어 1호'를 타고 비행에 나섰습니다. 그런데 플라이어 1호는 하늘로 올라간 지 3초 만에 땅에 떨어졌습니다. 형제는 **좌절**⑨하지 않고 더욱 **이를 악물었습니다.*** 그 후 3일 뒤, 형을 대신해 플라이어 1호에 탄 동생 오빌 라이트는 12초 동안 짧은 비행에 성공했습니다. 인류 최초로 **동력**⑩ 비행에 성공한 것입니다.

　라이트 형제가 포기하지 않고 결의를 다진 덕분에 우리의 삶은 완전히 달라졌습니다. 그들은 정식으로 비행기를 만드는 교육을 받은 적도 없지만 꿈을 가진 덕에 세상을 바꿀 수 있었습니다.

어려운 낱말 풀이 ① **결의** 뜻을 정하여 굳게 마음을 먹음 決결단할 결 意뜻 의 ② **한낱** 기껏해야 다만 ③ **근성** 어떤 일을 끝까지 해내려는 끈질긴 성질 根뿌리 근 性성품 성 ④ **글라이더** 바람의 힘으로 나는 비행기 ⑤ **추락** 높은 곳에서 떨어짐 墜떨어질 추 落떨어질 락 ⑥ **결심** 마음을 굳게 정함 決결단할 결 心마음 심 ⑦ **몰두** 어떤 일에 온 마음과 정신을 쏟는 것 沒가라앉을 몰 頭머리 두 ⑧ **박살** 여러 조각으로 부서지는 것 ⑨ **좌절** 마음이나 기운이 꺾임 挫꺾을 좌 折꺾을 절 ⑩ **동력** 기계를 움직이는 힘 動움직일 동 力힘 력

1 다음 중 이 글의 내용으로 알맞은 것끼리 이루어진 짝을 골라 보세요. ────────── [   ]

> ㉠ 라이트 형제는 만들기에는 별로 재주가 없었다.
> ㉡ 라이트 형제는 '오토 릴리엔탈'의 죽음에 비행기구를 만들겠다는 결심을 했다.
> ㉢ 라이트 형제는 석 달 동안 1000번이나 글라이더를 날렸다.
> ㉣ 라이트 형제는 정식으로 비행기를 만드는 교육을 받았다.

① ㉠, ㉡   ② ㉠, ㉢   ③ ㉡, ㉢   ④ ㉡, ㉣   ⑤ ㉢, ㉣

2 이 글의 내용으로 미루어 보았을 때, 실험용 글라이더가 박살날 때마다 라이트 형제가 했을 생각으로 알맞은 것에 ○표를 해 보세요.

> '지금은 실패했지만, 절대 포기하지 않을 거야. 글라이더가 아무리 부서져도 우리의 꿈은 부서지지 않아.'

[   ]

> '이제 슬슬 포기할 때가 되었어. 꿈은 꿈일 때 아름다운 법이지.'

[   ]

3 다음 중 '이를 악물면서' 말하기에 가장 알맞은 것을 골라 보세요. ───────────── [   ]

① 휴, 오늘도 힘든 하루였다. 푹 쉬어야지.
② 쉬엄쉬엄 천천히 해. 아직 시간이 많이 남아 있어.
③ 하하하, 정말 웃기다. 저 개그맨 말하는 게 정말 재밌어.
④ 이런 일을 해내다니! 정말 대단하구나. 네가 자랑스러워.
⑤ 절대로, 절대로 포기하지 않을 거야. 난 이 일을 반드시 해내겠어.

[4~5] 다음은 라이트 형제의 이야기를 연극으로 하기 위해 대본으로 만든 것입니다. 글을 읽고 문제를 풀어 보세요.

이전 줄거리: 라이트 형제는 천 번이 넘는 실험 끝에 플라이어 1호를 완성한다. 그러나 형 윌버 라이트의 첫 번째 비행에서, 플라이어 1호는 3초를 날지 못하고 바닥으로 **고꾸라진다**.① 형제는 플라이어 1호를 끌고 힘없이 집으로 돌아온다.

윌버: 대체 뭐가 문제일까? 언덕의 바람은 충분했어.
오빌: 맞아. 그리고 플라이어 1호도 준비가 됐어. 우리의 실험이 옳았다면 말이야.

윌버는 고민에 찬 표정으로 커피잔을 들었다가, 놓쳐서 바닥에 떨어뜨린다. 커피잔은 산산이 부서진다.

┌ 윌버: 사실은 아까 떨어지면서 손을 다친 것 같아. 당분간 실험은 무리야. 아니, 실험을 │   계속해야 할까? 사실 하늘을 나는 것은 한낱 꿈이지 않을까? 우리가 해낼 수 │   있기는 한 걸까?
[나] 오빌: (ⓛ) 우리는 반드시 해낼 거야. 형이 비행기를 타지 못하면 내가 탈게. 하늘을 │   나는 것은 꿈이 아니야. 우리가 완성한 플라이어, 이 녀석을 타고 우리는 자유롭게 │   날아다니게 될 거야.
└ 윌버: 그래, 좌절하지 말자. 우리는 주저앉기보다는 날아오르는 게 잘 어울려.

---

4 다음 중 ⓛ에 들어갈 지시문으로 가장 적절한 것을 골라 보세요. ─────────── [   ]

① 이를 악물며   ② 매우 만족하며   ③ 활짝 웃으며
④ 눈을 내리깔며   ⑤ 힘없이 주저앉으며

5 앞 지문의 [가]를 위 지문의 [나]처럼 바꾸었을 때, 얻을 수 있는 효과로 알맞은 것을 골라 보세요.
── [   ]

① 비행기의 **원리**②를 더 깊게 이해할 수 있다.
② 플라이어 1호의 생김새를 더 잘 짐작할 수 있다.
③ 인물들이 어떤 고민을 했는지 더 생생하게 알 수 있다.

1
단계

[보기]를 보고 빈칸에 알맞은 낱말을 채워 보세요.

[보 기]	근성	결의	몰두

진구는 이번 체조 시합에서 반드시 1등을 하겠다고 ☐☐ 를 다졌습니다. 그리고 체조 연습에 ☐☐ 했습니다. 아무리 힘든 순간이 와도 포기하지 않는 ☐☐ 으로 진구는 결국 1등을 차지했습니다.

2
단계

다음 문장의 ☐ 속 낱말이 잘못된 부분에 ×표를 하고 알맞게 고쳐 보세요.

[1] 형제 는 손제주 가 좋고 만들기 를 즐겼다. → ☐

[2] 비행 은 한낫 꿈과 같은 일이었다. → ☐

3
단계

[보기]를 보고, 다음 낱말을 소리나는 대로 써 보세요

[보 기] 앞 글자의 받침 'ㄱ'과 뒷글자의 첫 소리 'ㅁ'이 만나면 'ㄱ'은 'ㅇ'으로 발음됩니다.

· 악물다 → [앙 물 다]   곡물 → [공 물]

[1] 약물 → [☐ ☐]

[2] 농작물 → [☐ ☐ ☐]

시간 끝난 시간 ☐시 ☐분   1회분 푸는 데 걸린 시간 ☐분

채점 독해 5문제 중 ☐개   어법·어휘 5문제 중 ☐개

7주 **32**회

해설편 0 1 6 쪽

33회 오리무중(五 里 霧 中)*

다섯 오 거리 리 안개 무 가운데 중

안개가 짙게 끼어 있으면 바로 앞도 보기 어려워 방향을 구분할 수 없을 것입니다. 이처럼 '오리무중(五里霧中)'은 오 리 즉, 2km 정도의 긴 거리에 짙은 안개가 끼어 있다는 표현으로 '어떤 일이나 상황에 대해 방향을 알 수 없다'는 뜻입니다. 또는 '일을 해결할 방법이 없어 도저히 갈피를 잡을 수 없는 상황'을 뜻하기도 합니다.

공부한 날 [ ]월 [ ]일 시작 시간 [ ]시 [ ]분

한 욕심 많은 부자에게 친구가 찾아왔습니다. 그 친구는 유명한 장해 선생님의 이야기를 해 주었습니다.

"나도 들은 이야기지만, 장해라는 분이 굉장히 똑똑하다고 하더군. 제자들이 모이면 산을 가득 채운다던걸. 게다가 신비로운 **요술**①도 부릴 줄 아신대."

"오호, 정말 대단하구먼. 그 장해 선생님의 ⓐ**똑똑함**과 요술만 있으면 더 쉽게 돈을 벌 수 있겠군! 당장 장해 선생님을 찾아가야겠어."

그렇게 길을 나선 부자는 장해 선생님이 **머무르던**② 마을에 ⓑ**도착했습니다**. 그런데 마을 안으로 들어가자 코앞도 볼 수 없는 짙은 안개로 뒤덮혔습니다.

"아니, 갑자기 이렇게 안개가 끼다니. ⓒ**신기한** 일이군."

부자는 한참을 ⓓ**헤매다가** 마을 밖으로 나갔습니다. 그러자 안개가 사라지고 주변이 잘 보였습니다. 부자는 다시 마을 안으로 들어갔습니다. 그러자 또 다시 안개가 ⓔ**끼었습니다**.

"안개가 이렇게나 짙게 끼다니. 장해 선생님을 찾아갈 길이 **오리무중***이군."

부자는 몇 번이나 마을 안으로 들어갔지만 그럴 때마다 안개가 끼어 아무것도 볼 수 없었습니다. 장해 선생님은 부자가 찾아오는 것을 원치 않으셨던 것입니다. 부자도 계속해서 안개가 끼자 그 사실을 깨달았습니다.

"이 안개는 요술이구나! 장해 선생님이 자기를 찾아오지 말라고 요술을 부리신 거구나."

부자는 장해 선생님을 찾아가는 것을 그만두고 집으로 돌아갔습니다.

– 「후한서」 중

어려운 낱말 풀이 ① 요술 초자연적인 능력으로 괴이한 일을 행하는 술법 妖요사할 요 術재주 술
② 머무르던 도중에 멈추거나 일시적으로 어떤 곳에 묵던

1 다음 중 '장해 선생님'에 대한 설명으로 옳은 것에 ○표, 틀린 것에 ×표를 해 보세요.

[1] 따르는 제자들이 매우 많았다. ────────────────────────────── [　　　]

[2] 안개를 끼게 하는 요술을 부릴 줄 알았다. ───────────────── [　　　]

[3] 욕심 많은 부자가 찾아오는 것을 원하지 않았다. ─────────── [　　　]

[4] 똑똑하고 요술을 부릴 줄 알아서 쉽게 돈을 번다. ─────────── [　　　]

2 부자가 '오리무중'이라고 말한 까닭을 골라 보세요. ───────────── [　　　]

① 장해 선생님이 부린 요술이 매우 놀라웠기 때문이야.
② 돈을 많이 벌 수 있는 방법을 알 수 없었기 때문이야.
③ 장해 선생님이 자신을 제자로 받아 주지 않았기 때문이야.
④ 마을 다섯 개에 모두 안개가 끼어 있었기 때문이야.
⑤ 장해 선생님의 집으로 가는 방향을 찾을 수 없었기 때문이야.

3 다음 중 ⓐ~ⓔ를 비슷한 단어로 알맞게 바꾸지 <u>못한</u> 것을 골라 보세요. ───── [　　　]

① ⓐ 똑똑함 → 지혜
② ⓑ 도착했습니다. → 다다랐습니다.
③ ⓒ 신기한 → 모호한
④ ⓓ 헤매다가 → 방황하다가
⑤ ⓔ 끼었습니다. → 자욱했습니다.

4 다음 중 '오리무중'과 가장 어울리는 그림에 ○표를 해 보세요.

[　　　]　　　　　　　　　[　　　]　　　　　　　　　[　　　]

오성과 한음은 어렸을 때부터 매우 죽이 잘 맞는 친구였는데, 엉뚱한 장난과 뛰어난 재치로 유명했습니다. 어느 날, 농부 한 명이 오성과 한음을 찾아와 이렇게 부탁했습니다.

"저를 도와주십시오. 제 아내가 집에 오다가 오줌이 너무 급한 나머지 길가에서 볼일을 보았답니다. 그런데 하필 그곳이 마을에서 가장 부자인 황 대감의 밭 옆이었습니다. 황 대감이 자신을 모욕했다고 길길이 날뛰며 하는 말이, 당장 우리 집 황소를 바치지 않으면 관아에 일러 곤장을 맞게 하겠다는 겁니다. 그래서 꼼짝없이 황소를 바치고 말았지요. 하지만 저는 그 황소가 없으면 농사를 지을 수가 없습니다."

"ⓐ이 일은 황대감이 농부의 황소가 탐이 나서 못된 심보를 부리는 것이 분명해. ⓑ하지만 어떻게 해야 황소를 되찾을 수 있을지, 방법을 찾기가 정말 어렵네. ⓒ작전을 세워보자."

ⓓ한참의 고민 끝에 오성과 한음은 작전을 세웠습니다. ⓔ그리고 다음 날, 황 대감의 가마가 지나가는 길에서 일부러 싸움하기 시작했습니다. 오성과 한음에게 황 대감이 물었습니다.

"너희는 왜 길을 막고 싸우고 있느냐?"

"제가 길을 가다가 하도 급해서 이 밭에 오줌을 누려고 했는데, 제 친구 말로는 여기다 오줌을 누면 황소 한 마리를 빼앗기게 된다지 않습니까? 말도 안 되는 소리!"

"아닙니다! 저는 정말로 이 마을에 그런 사람이 있다고 들어서 말린 것입니다."

"저것 보세요, 친구가 계속 억지를 부리지 않습니까. 만약 그게 사실이라면 이번에 암행어사가 되신 제 숙부님께 말씀드려 단단히 혼을 내 주라고 해야겠습니다. 하지만 세상에 대체 그런 못된 놈이 어디 있겠습니까?"

암행어사라는 말을 들은 황 대감은 덜컥 겁이 났습니다. 황 대감은 바로 가마를 돌려 집으로 돌아가, 농부에게 황소를 돌려주었다고 합니다.

5 밑줄 친 부분 중 '오리무중'에 가장 어울리는 상황을 골라 보세요. ---------------------------------- [　　　]

① ⓐ　　　　② ⓑ　　　　③ ⓒ　　　　④ ⓓ　　　　⑤ ⓔ

6 다음은 윗글을 정리한 것입니다. 빈칸에 알맞은 단어를 찾아 써 보세요.

황 대감	"내 밭에 ☐☐ 을 누는 것은 나를 모욕한 것이나 다름없으니, 용서를 구하려거든 너희 집 ☐☐ 를 내놓거라!"
오성과 한음	"밭에 오줌을 누었다고 황소를 빼앗는 사람이 대체 어디 있겠습니까? 그런 못된 사람이 있으면 ☐☐☐☐ 에게 단단히 혼을 내 주라고 할 것입니다."

1 단계

다음 빈칸에 알맞은 낱말을 [보기]에서 찾아 써 보세요.

[보 기]   부렸다   채웠다   끼었다

[1] 마술사가 모자에서 토끼를 꺼내는 마술을 ☐☐☐ .

[2] 도시 전체에 안개가 자욱하게 ☐☐☐ .

[3] 선생님은 비커에 물을 가득 ☐☐☐ .

2 단계

다음의 낱말과 뜻이 알맞도록 선으로 이어 보세요.

[1] 재치 •

[2] 모욕 •

[3] 심보 •

• ㉠ 마음을 쓰는 속 바탕

• ㉡ 눈치가 빠른 재주

• ㉢ 깔보고 욕되게 함

3 단계

밑줄 친 부분이 [보기]에 제시된 뜻으로 쓰인 문장에 <u>모두</u> ○표를 해 보세요. (답 2개)

[보 기]   리(里) : 거리의 단위. 1리는 약 0.393km이다.

[1] 그렇게 착한 애가 거짓말을 하다니, 그럴 <u>리</u>가 없다. ------------------------ [   ]

[2] 가장 가까운 마을까지는 5<u>리</u>를 걸어야 한다. ------------------------ [   ]

[3] 너도 모르는 걸 내가 알 <u>리</u> 있니? ------------------------ [   ]

[4] 천 <u>리</u>를 단숨에 달릴 수 있을 만큼 빠른 말이라서 이름이 '천리마'야. ------------ [   ]

시간 끝난 시간 ☐시 ☐분   **채점** 독해 6문제 중 ☐개
1회분 푸는 데 걸린 시간 ☐분   어법·어휘 7문제 중 ☐개

34회 고인 물이 썩는다*

변화를 받아들이지 못해 제자리에만 머물러 있다가 뒤처지는 경우가 있습니다. 그런 경우를 '고인 물이 썩는다'라고 표현합니다. 말 그대로 '흐르지 못하고 한 곳에만 고여 있으면 썩는다'는 뜻입니다.

공부한 날 [ ] 월 [ ] 일 시작 시간 [ ] 시 [ ] 분

깊은 숲속에 작은 옹달샘이 있었습니다. 어느 날 먹이를 찾기 위해 숲을 지나가던 곰이 옹달샘을 발견했습니다. 달콤한 샘물을 마시던 곰은 문득 이 옹달샘을 혼자 차지하고 싶어졌습니다. 그래서 곧바로 옹달샘 옆에 팻말을 만들어 세웠습니다.

'이 옹달샘은 곰의 것이니 그 누구도 마음대로 마시지 말 것!'

곰은 다시 먹이를 찾기 위해 길을 떠났습니다. 얼마 후 곰이 다시 옹달샘으로 돌아왔을 때 한 토끼가 옆에 세워진 팻말을 무시한 채 샘물을 마시고 있었습니다.

"거기 너 토끼! 저리 가! 옹달샘은 내 거야. 팻말 못 봤어?"

토끼는 곰의 억지에 어처구니가 없었습니다. 하지만 덩치가 큰 곰이 무서워 어쩔 수 없이 샘물을 마시는 것을 포기하고 달아났습니다.

'내가 또 자리를 비우면 이렇게 다른 동물들이 와서 내 샘물을 마실 것 같군.'

곰은 누구에게도 샘물을 마시게 하고 싶지 않았습니다. 그래서 아예 **거처**를^① 옹달샘 옆으로 옮겨 버렸습니다. 이제 샘물을 마시는 동물은 곰뿐이었고 다른 동물들은 샘물에 얼씬도 하지 못했습니다.

그런데 샘물에 문제가 생기기 시작했습니다. 곰이 물을 마시지 않는 동안 옹달샘에는 낙엽이 쌓이기도 하고 온갖 **티끌**이^② 내려앉기도 했습니다. 하지만 곰 이외에는 누구도 샘물에 오지 못했습니다. 샘물에 내려앉은 티끌을 청소해주는 새들도, 낙엽을 가져가는 노루도 더 이상 나타나지 않았습니다. 졸졸 흐르던 옹달샘은 더 이상 흐르지 않고 제자리에 고여 차츰 더러운 물웅덩이로 변해 갔습니다. 크게 실망한 곰은 옹달샘을 버리고 다른 곳으로 가 버렸습니다.

곰이 옹달샘을 지키지 않자 숲속에 사는 많은 동물이 다시 옹달샘을 찾았습니다. 쫓겨났던 토끼와 노루, 나무 위로 지나가던 다람쥐도, 어슬렁거리던 너구리도 와서 물을 마셨습니다. 날아가던 새들도 잠시 옹달샘에서 쉬며 물을 마셨습니다. 어느 날 곰은 우연히 옹달샘 앞을 지나가다가 옹달샘에 깨끗한 물이 흐르는 걸 보게 되었습니다. 동물들이 자주 물을 마시자 물이 다시 흘러 깨끗해졌던 것입니다. 그때 곰을 본 토끼가 말했습니다.

"이제 알았니? 흐르지 못하는 **고인 물은 썩는다**는* 사실을 말이야."

곰은 그제야 자신의 행동을 뉘우치고 옹달샘을 다른 동물들과 함께 사이좋게 사용했습니다.

– 이솝 우화

🧻 **어려운 낱말 풀이** | ① **거처** 일정하게 자리를 잡고 사는 장소 居있을 거 處살 처 ② **티끌** 티와 먼지

1 다음은 이야기를 사건별로 요약한 것입니다. 이야기 순서에 알맞게 나열한 것을 골라 보세요. ························ [   ]

> ㉮ 샘물이 고여 더러운 물웅덩이로 변하자 실망한 곰이 떠남
> ㉯ 곰이 옹달샘을 발견하고 혼자 차지하기 위해 팻말을 세움
> ㉰ 많은 동물들 덕분에 샘물이 다시 흐르기 시작해 깨끗해짐
> ㉱ 다른 동물들이 샘물을 마시지 못하도록 거처를 옹달샘으로 옮김

① ㉮ - ㉯ - ㉰ - ㉱
② ㉯ - ㉮ - ㉰ - ㉱
③ ㉯ - ㉱ - ㉰ - ㉮
④ ㉯ - ㉱ - ㉮ - ㉰
⑤ ㉰ - ㉱ - ㉯ - ㉮

해설편 017쪽

2 이 이야기의 내용으로 알맞지 <u>않은</u> 것을 골라 보세요. ························ [   ]

① 곰은 옹달샘을 혼자서 차지하고 싶어 했다.
② 토끼는 곰이 무서워 어쩔 수 없이 옹달샘을 떠났다.
③ 마지막에 곰은 옹달샘을 다른 동물들과 사이좋게 사용했다.
④ 곰이 거처를 옹달샘으로 옮기자 다른 동물들이 오지 않았다.
⑤ 새들은 곰이 있었는데도 몰래 옹달샘을 찾아가서 물을 마셨다.

3 다음 대화에서 빈칸에 들어갈 알맞은 표현을 써 보세요.

> 채원: 우리 방송부에 신입 부원을 뽑으려고 하는데 어떻게 생각하니?
> 진우: 새로운 사람이 굳이 필요할까? 지금까지 문제없었는데.
> 철원: 나는 찬성이야. 오랫동안 우리끼리만 활동하다 보니 방송에 변화도 없고 발전이 없는 것 같았어.
> 선정: _____는 말이구나. 나도 공감해. 매일 똑같은 방송에 질렸거든. 물은 흘러가야만 하듯이 우리도 머물러 있지 말고 변화를 추구하자.

→ _____

[4~5] 다음 글을 읽고, 문제를 풀어 보세요.

> 옛날에는 '과거'라는 시험을 통해 나랏일을 하는 사람을 뽑았습니다. 이 과거 시험은 고려의 제4대 왕이었던 광종이 정착시켜 조선까지 이어졌습니다. 과거 시험은 응시하는 사람들이 동등한 조건에서 시험을 쳐서 합격과 불합격으로 나뉘는 시험이었습니다. 과거 시험이 처음 도입될 때에는 지방 호족들의 반대가 컸습니다. 과거 시험이 없다면 이미 권력과 재력을 갖고 있는 호족들이 자신들의 권력을 손쉽게 유지할 수 있었기 때문입니다. 하지만 과거 시험을 도입하고 나면, 벼슬을 얻기 위해서 다른 사람들처럼 시험을 보아야 했으므로 자신들의 권력을 대대손손 물려주며 유지하는 것이 어려워질 수밖에 없었습니다.
>
> 반면 열심히 학문을 닦아 실력이 훌륭했지만, 그동안 호족들에게 밀려 자신의 뜻을 펼치기 힘들었던 새로운 인물들은 과거 시험 덕분에 벼슬을 얻어 사회에 진출할 수 있었습니다. 그리하여 ㉠고인 물이 썩지 않도록 고려에 새로운 활력을 불어넣는 계기가 되었습니다.

4 윗글의 내용으로 알맞지 <u>않은</u> 것을 골라 보세요. ----------------------------------- [   ]

① 과거 시험은 조선까지 이어졌다.
② 지방 호족들은 과거 시험을 볼 수 없었다.
③ 과거 시험은 고려의 제4대 왕이었던 광종이 정착시켰다.
④ 지방 호족들은 권력을 유지하기 위해 과거 시험을 반대했다.
⑤ 과거 시험을 통해 호족이 아닌 새로운 인물들이 등장할 수 있었다.

5 다음은 밑줄 친 ㉠의 의미를 풀어서 정리한 것입니다. [보기]의 낱말을 사용하여 내용을 완성해 보세요.

[보 기]   활력   호족   과거

이미 높은 권력을 가지고 있는 지방 □□ 들이 관직을 독차지하고 있었고,

이 때문에 고려 사회는 '고인 물'처럼 썩어가고 있었습니다. 그러나 □□ 시험이

실시되면서, 훌륭한 실력을 가진 새로운 인물들이 관직에 오르게 되어 고려 사회에

'새로운 □□ '이(가) 생겼습니다.

1
단계

[보기]의 표현을 올바르게 사용한 문장에 ○표를 해 보세요.

> [보 기]   어처구니가 없다: 뜻밖의 일이라 황당하다.

[1] 마른하늘에 날벼락이라니 **어처구니가 없군**. ──────────── [   ]

[2] 목이 매우 마른데 마실 물이 많아 **어처구니가 없었다**. ──────── [   ]

[3] 늘 전교 1등인 효진이가 시험에서 100점을 받았다니, **어처구니가 없어**. ───── [   ]

2
단계

다음 문장에 쓰인 밑줄 친 낱말과 뜻을 알맞게 이어 보세요.

[1] 삼촌의 별장 옆에는 시원한
계곡물이 <u>졸졸</u> 흘렀다.   •   • ㉠   물이 흐르는 소리나 모양

[2] 옆집 강아지는 나만 보면
<u>졸졸</u> 따라온다.   •   • ㉡   자꾸 뒤를 따라다니는 모양

3
단계

다음은 '작고 오목한 샘'이라는 제목의 그림입니다. 숲속 동물들이 종종 물을 마시러 오는
이곳의 이름은 무엇인지 빈칸에 적어 보세요.

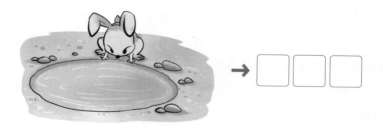

→ [ ][ ][ ]

시간   끝난 시간 [   ]시[   ]분   채점   독해 5문제 중   [   ]개

1회분 푸는 데 걸린 시간 [   ]분   어법·어휘 4문제 중   [   ]개

둘 이상의 낱말이 오래전부터 함께 쓰이면서 본래의 뜻과 다른 뜻을 지니게 된 표현

35회 독 안에 든 쥐*

'독'은 곡식을 담는 항아리입니다. 가끔 쥐가 사람들 몰래 곡식을 노리고 독 안으로 들어가는 경우도 있습니다. 그런데 독은 옆면이 둥그렇고 미끄러워 빠져나올 수가 없습니다. 이처럼 '아무리 애써도 벗어나지 못하는 궁지'에 놓였을 때, '독 안에 든 쥐'라고 합니다.

공부한 날 ☐ 월 ☐ 일 시작 시간 ☐ 시 ☐ 분

　　옛날 어느 마을에 도둑이 들었습니다. 마을 사람들은 자신의 집에도 도둑이 들까 두려워 잠도 제대로 자지 못했습니다. 마을 사람들이 서로를 의심하는 사이, 도둑은 보란 듯이 도둑질을 계속하고 다녔습니다. 그 모습을 보다 못한 **촌장**①은 꾀를 하나 내었습니다.

　　촌장은 밤에 마을 사람들을 모두 불러 모았습니다. 방 한가운데에는 커다란 **독**②이 있었습니다.

　　"자, 여기 ⓐ**독**을 보게. 이 독에 든 물속에는 백 년 묵은 두꺼비가 들어 있네. 이 두꺼비는 도둑을 보면 손을 문다네. 그리고 두꺼비에 물리면 ⓑ**독**이 올라 손이 퉁퉁 부어오르지. 지금부터 모두 이 안에 손을 한 번씩 넣어 보게. 두꺼비를 보면 깜짝 놀랄 수도 있으니 불은 꺼두겠네."

　　그러고는 촛불을 껐습니다. 마을 사람들은 어둠 속에서 한 명도 빠짐없이 ⓒ**독**에 손을 넣었다 뺐습니다. 모두가 독에 손을 넣은 것을 확인한 촌장은 다시 촛불을 켰습니다. 그리고는 재빨리 사람들의 손을 훑어보았습니다. 모두들 손에 파란 물감이 묻었는데, 한 명만 깨끗했습니다. **아랫목**③에서 고기를 잡는 삼돌이였습니다.

　　'옳지, 걸렸구나. 넌 이제 ⓓ**독 안에 든 쥐**로구나.'

　　촌장은 삼돌이를 불렀습니다.

　　"삼돌이, 이리 와 자네 손을 좀 보여 주게."

　　촌장이 갑자기 자신을 가리키며 말하자 삼돌이는 얼굴이 **흙빛**④이 되어 고개를 푹 숙였습니다. 그러고는 비실비실 걸어와 손을 들었습니다.

　　"네 이놈! 얼른 **자백**⑤하지 못할까?"

　　마을 사람들은 영문을 몰라 눈을 끔뻑이며 촌장을 바라보았습니다. 촌장은 곧장 독까지 걸어가 마을 사람들 앞에서 독을 엎어 버렸습니다.

마을 사람들은 화들짝 놀랐습니다. 독 안에서는 파란 물감만 쏟아질 뿐, 두꺼비 같은 것은 어디에도 보이지 않았기 때문이었습니다.

　　"자, 보게! 두꺼비 같은 것은 없네. ⓔ**독**에는 파란 물감을 푼 물만 들어가 있을 뿐이네. 하지만 이것만으로도 범인을 충분히 잡을 수 있지. 삼돌이의 손을 보게. 다른 사람들은 모두 손이 파랗게 물들었는데, 이놈의 손만 파랗게 물들지 않았네. ㉠**삼돌이가 떳떳하다면 왜 독에 손을 넣지 않았겠나? 삼돌이는 도둑이라 두꺼비에게 물릴 것이 두려워 손을 넣지 않은 거라네!**"

　　마을 사람들은 그제야 어떻게 된 일인지 깨달았습니다. 혼쭐이 난 삼돌이는 깊이 반성하고 그 후로 정직하게 살았습니다.

　　– 우리나라 전래 동화

📜 어려운 낱말 풀이

① **촌장** 한 마을의 우두머리 村마을 촌 長길 장
② **독** 간장, 술, 김치 따위를 담가 두는 데에 쓰는 큰 오지그릇이나 질그릇
③ **아랫목** 길목이나 물이 들어오고 나가는 곳의 아래쪽　④ **흙빛** 흙과 비슷한 빛깔
⑤ **자백** 자기가 저지른 죄나 자기의 허물을 남 앞에서 스스로 고백함 自스스로 자 白흰 백

독

1 촌장이 마을 사람들에게 독 안에 들어 있다고 말한 것은 무엇이었는지 빈칸에 써 보세요.

→ ☐☐☐

2 이 이야기의 내용으로 알맞은 것끼리 이루어진 짝을 골라 보세요. ┈┈┈┈┈┈┈┈┈┈┈ [   ]

> ㉠ 도둑은 같은 마을에 살고 있던 사람들 중에 있었다.
> ㉡ 촌장은 독 안에 백 년 묵은 쥐를 넣어 두었다.
> ㉢ 마을 사람들은 거짓말을 한 삼돌이를 혼내 마을 밖으로 내쫓았다.
> ㉣ 촌장의 지혜로운 꾀 덕분에 결국 도둑을 잡을 수 있었다.

① ㉠, ㉡   ② ㉠, ㉣   ③ ㉡, ㉢
④ ㉡, ㉣   ⑤ ㉢, ㉣

3 ⓐ~ⓔ 중, '독'이 뜻하는 것이 <u>다른</u> 것을 골라 보세요. ┈┈┈┈┈┈┈┈┈┈┈ [   ]

① ⓐ   ② ⓑ   ③ ⓒ   ④ ⓓ   ⑤ ⓔ

4 이야기의 내용으로 미루어 보아, 촌장이 말한 '독 안에 든 쥐'에서 '독 안에 든'과 '쥐'가 각각 무엇을 뜻하는지 이 글에서 찾아 빈칸을 채워 보세요.

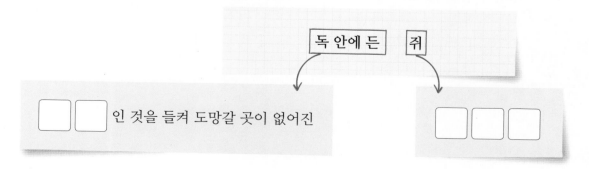

5 삼돌이가 ⑤과 같이 행동한 까닭을 올바르게 짐작한 친구를 찾아 ○표를 해 보세요.

지아: 손을 넣지 않고 기다리면 두꺼비의 독이 묻어도 덜 아프다는 것을 알고 있었기 때문이야. 삼돌이는 겁이 좀 많긴 하지만 지혜로운 사람인 것 같아. … [   ]

희원: 촌장이 오해한 거야. 삼돌이는 독 안에 두꺼비가 없다는 걸 처음부터 알고 있었는걸. 물감이 묻으면 지우기 힘드니까 손을 넣지 않고 거짓말했을 뿐이야. … [   ]

채령: 촌장이 물감을 풀어 놓았다는 사실을 아는 사람은 아무도 없었어. 삼돌이는 자신이 도둑이기 때문에, 두꺼비가 도둑을 문다는 말을 그대로 믿고 겁먹은 거야. … [   ]

6 다음 중 '독 안에 든 쥐'라는 표현이 가장 올바르게 사용된 기사에 ○표를 해 보세요.

뿌 리 일 보
14일 인천시립수영장에서 열린 학생수영대회 남자 자유형 100m 결승에서 윤도진 학생이 금메달을 땄다. 빠르게 헤엄치는 그의 모습은 **독 안에 든 쥐**와 같았다. 그는 이 대회에서 신기록을 경신하기도 하였다.

[   ]

뿌 리 일 보
자장면 가게에 들이닥친 외국인 강도가 여주인의 기지로 경찰에 체포되었다. 그녀는 강도가 나오지 못하도록 밖에서 문을 붙잡고 있었다. **독 안에 든 쥐**가 된 범인은 문이 열리자마자 곧바로 경찰에게 붙잡혔다.

[   ]

뿌 리 일 보
안국남 선수가 마지막 경기까지 실력을 제대로 보여주지 못한 채, 아쉽게 시즌이 막을 내렸다. 그는 시즌 내내 계속되었던 발목 부상으로 인해 경기를 뛰지 못해, **독 안에 든 쥐** 신세로 벤치에 대기할 때가 많았다.

[   ]

1
단계

자연스러운 문장이 되도록 빈칸에 알맞은 낱말을 [보기]에서 찾아 써 보세요.

> [보 기]　　　　　　　자백　　　　의심　　　　영문

[1]　네 말을 조금도 ☐☐ 하지 않았는데, 나를 속이다니 가슴이 아프다.

[2]　나는 세림이가 왜 화를 내는지 ☐☐ 을 몰라 어리둥절했다.

[3]　결국 그는 경찰에게 자신이 불을 냈다고 ☐☐ 했다.

2
단계

밑줄 친 표현과 바꿔 쓸 수 있는 말을 골라 보세요.

[1]　움직이는 소리가 **잦아들자** 촌장은 다시 촛불을 켰습니다. -------------- [　　　]
　　　　　　① 소란해지자
　　　　　　② 잠잠해지자

[2]　삼돌이는 얼굴이 **흙빛이 되어** 고개를 푹 숙였습니다. -------------- [　　　]
　　　　　　① 실망하여 창백해져
　　　　　　② 긴장하여 어두워져

3
단계

다음은 '묵다'가 가진 여러 가지 뜻입니다. 밑줄 친 부분이 각각 어떤 뜻으로 쓰였는지 기호를 써 보세요.

> **묵다**
> ㉠ 일정한 때를 지나서 오래된 상태가 되다
> ㉡ 일정한 곳에서 나그네로 머무르다
> ㉢ 오랫동안 사용되지 않은 채 그대로 남다

[1]　이 독 안에는 백 년 **묵은** 두꺼비가 들어 있소. --------------------- [　　　]

[2]　몇 십 년 **묵은** 땅이라 식물이 자랄 수 없을 것이오. ------------ [　　　]

[3]　방이 없으면 헛간이라도 좋으니 하룻밤만 **묵게** 해 주시오. --------- [　　　]

시간　끝난 시간 ☐시☐분
1회분 푸는 데 걸린 시간 ☐분

채점　독해 6문제 중 ☐개
어법·어휘 8문제 중 ☐개

쥐와 관련된 표현

쥐는 귀엽고 영리한 동물이면서도, 집안에 들어오면 병을 옮기는
위험한 존재이기도 합니다. 옛날부터 우리나라 사람들은 이러한 쥐를
매일 곁에서 보아 왔을 뿐더러, 곡식을 훔쳐 먹는 쥐를 내쫓기 위해 많은 노력을
기울였기에 우리나라 속담에는 '쥐'가 자주 등장합니다.

[쥐도 새도 모르게]

속담 가운데 '낮말은 새가 듣고 밤말은 쥐가 듣는다'는 말이 있습니다. 낮에는 새들이 날아다니고 밤에는
쥐가 돌아다니기 때문에 아무도 없는 곳에서 비밀을 이야기하려고 해도 누군가는 꼭 듣게 된다는 뜻입니다.
그렇게 어디에나 있는 쥐와 새조차 모르게 무언가를 했다는 것은 '**감쪽같이 행동하여 정말 아무도 모른다**'는
뜻입니다.

예 범인이 <u>**쥐도 새도 모르게**</u> 증거를 숨겼기 때문에 경찰이 애를 먹고 있다.
    └→ 아무도 모르게

[쥐 죽은 듯]

집 천장에 쥐가 있으면 뛰어다니는 소리로 매우 시끄럽습니다. 이 표현은 그러한 쥐들이 모두 죽은 것처럼
'**매우 조용하다**'는 뜻입니다. 꼭 쥐가 죽은 척을 하는 것처럼 아무 소리도 내지 않고 꼼짝하지도 않을 때도 '쥐
죽은 듯'이라는 표현을 씁니다.

예 사람들이 모두 잠든 새벽은 **쥐 죽은 듯** 고요했다.
      └→ 아무런 소리도 들리지 않을 만큼

[쥐 잡듯이]

옛날에 쥐는 병균을 옮기거나 음식을 훔쳐 먹는 등 오랜 골칫거리였기 때문에, 사람들은 쥐를 잡을 때
열심이었습니다. 이처럼 누군가를 쥐 잡듯이 잡는다는 표현은 '**매우 악질적으로 못살게 굴다**'는 뜻입니다.

예 나쁜 형은 어린 동생을 부드럽게 타이르는 것이 아니라 **쥐 잡듯이 잡는다**.
        └→ 못살게 군다.

8주차

회차	영역	학습 내용	학습계획일	맞은 문제수
36회	사자성어	**환골탈태(換骨奪胎)** 예전의 모습은 아예 없어지고 완전히 새로운 사람이 되었을 때 '환골탈태(換骨奪胎)'라고 합니다. '**더 나은 방향으로 변하여 완전히 달라지는 것**'을 뜻하는 말입니다.	월 일	독해 6문제 중 ☐개 어법·어휘 6문제 중 ☐개
37회	속담	**가지 많은 나무에 바람 잘 날 없다** 나무에 가지가 많으면 바람에 잘 흔들리기 때문에 잠시라도 가만히 있을 수 없게 됩니다. 이처럼 '**자식이 많은 부모님은 자식들을 하나하나 챙기느라 걱정이 끊일 날이 없다**'는 모습을 '가지 많은 나무에 바람 잘 날 없다'라고 표현합니다.	월 일	독해 6문제 중 ☐개 어법·어휘 7문제 중 ☐개
38회	관용어	**눈 밖에 나다** 자꾸 약속을 지키지 않거나 자기 마음대로만 행동한다면 친구들의 눈 밖에 나기 마련입니다. '**눈 밖에 나다**'는 '**신임을 잃고 미움을 받게 되다**'라는 뜻입니다.	월 일	독해 5문제 중 ☐개 어법·어휘 4문제 중 ☐개
39회	사자성어	**불철주야(不撤晝夜)** 무엇인가에 빠져 온 종일 그 일에 몰두해 본 적이 있나요? '**불철주야(不撤晝夜)**'는 '밤낮을 가리지 않는다'라는 뜻으로, '**조금도 쉴 새 없이 힘쓴다**'는 말입니다.	월 일	독해 6문제 중 ☐개 어법·어휘 7문제 중 ☐개
40회	속담	**다 된 밥에 재 뿌리기** 밥을 다 지어도 재가 뿌려지면 아무 소용이 없습니다. 먹을 수가 없기 때문입니다. 이처럼 '**다 된 밥에 재 뿌리기**'는 '다 끝나 가는 일을 모두 망쳐버릴 때' 쓰는 말입니다.	월 일	독해 5문제 중 ☐개 어법·어휘 6문제 중 ☐개

36회 환골탈태(換 骨 奪 胎)*

바꿀 환   뼈 골   없어질 탈   태아 태

예전의 모습은 아예 없어지고 완전히 새로운 사람이 되었을 때 '**환골탈태(換骨奪胎)**'라고 합니다. '더 나은 방향으로 변하여 완전히 달라지는 것'을 뜻하는 말입니다.

공부한 날 [ ] 월 [ ] 일 시작 시간 [ ] 시 [ ] 분

1930년대 미국 샌프란시스코의 **금광**①에서는 엄청난 양의 황금이 나왔습니다. 많은 **광부**②들은 그곳에 몰려들어 천막을 치고 매일같이 황금을 캤습니다. 그렇게 그 주변의 전 지역은 천막촌으로 변해 갔습니다. 사람들이 몰려들수록 천막 천은 점점 많이 필요하게 되었고, 주문이 밀려들자 당시 천막 천을 만드는 회사 사장인 스트라우스와 직원들은 매우 기뻐했습니다.

그러던 어느 날 스트라우스의 회사에 대형 천막 10만 개 정도 분량의 천막 천 주문이 들어왔습니다. 스트라우스와 직원들은 신나게 천막 천을 **생산**③하기 시작했습니다. 그런데 한 직원이 엄청난 실수를 하고 말았습니다. **의뢰**④한 사람의 말을 잘못 이해하고 천의 색깔을 모두 파란색으로 물들여 놓았기 때문입니다. 천막 천을 의뢰한 사람은 자신이 원했던 색깔이 아니라며 구입을 거부했고 스트라우스의 회사는 남아도는 천을 처리하지 못해 큰 **적자**⑤를 맞을 위기에 처했습니다.

스트라우스는 예상치 못한 상황에 대해 해결책을 고민하던 중 광부들이 해어진 바지를 꿰매는 모습을 보게 되었습니다. 금광에서 금을 캐는 작업은 거친 **노동**⑥이었기 때문에 바지가 금방 해어졌기 때문입니다. 스트라우스는 문득 팔지 못한 천막 천을 가지고 광부용 바지를 만들면 좋겠다는 생각을 했습니다. 그렇게 스트라우스의 큰 고민이었던 천막 천은 모두 청바지로 다시 태어났고 광부들에게 엄청난 인기를 끌게 되었습니다.

청바지는 질긴 천 덕분에 잘 망가지지 않고, 더러운 물질들이 안으로 스며들지 않는다는 장점이 있었습니다. 더군다나 값도 싸고 편하게 입을 수 있었기 때문에 3년 만에 전 세계 곳곳에서 가장 잘 팔리는 옷 중 하나가 되었습니다. 그렇게 위기를 기회로 만들어 쓸모없던 천막 천을 청바지로 **환골탈태*** 시킨 ㉠스트라우스는 오늘날 위대한 발명가 중 한 명으로 이름을 알리게 되었습니다.

📜 **어려운 낱말 풀이** : ① **금광** 금, 보석 등을 캐내는 곳 金쇠 금 鑛쇳돌 광   ② **광부** 금광에서 금 등을 캐는 일을 직업으로 하는 사람 鑛쇳돌 광 夫지아비 부   ③ **생산** 물건 등을 만들어 냄 生날 생 産낳을 산   ④ **의뢰** 남에게 부탁함 依의뢰할 의 賴힘입을 뢰   ⑤ **적자** 사용한 돈이 벌어들인 돈보다 많은 상황 赤붉을 적 字글자 자   ⑥ **노동** 몸을 움직여 일함 勞일할 노 動움직일 동

1 다음은 이 이야기를 세 부분으로 나누어 정리한 글입니다. 내용에 알맞도록 빈칸을 채워 보세요.

위기	한 직원이 실수로 천의 색깔을 모두 ☐☐색으로 물들여 놓아 천이 팔리지 않았다.
스트라우스의 대처	남은 천으로 ☐☐용 바지인 ☐☐☐을(를) 만들었다.
결과	청바지는 3년 만에 세계 곳곳에서 가장 잘 팔리는 옷 중 하나가 되었다.

2 다음 중 스트라우스가 만든 청바지에 대한 설명으로 바르지 <u>않은</u> 것을 골라 보세요. ····· [   ]

스트라우스의 청바지
- 천막 천으로 만들었다. ······ ①
- 가격이 저렴하였다. ······ ②
- 처음에는 광부용 바지로 만들었다. ······ ③
- 잘 해어졌기 때문에 자주 꿰매야 했다. ······ ④
- 더러운 물질이 안으로 스며들지 않았다. ······ ⑤

3 밑줄 친 ㉠의 까닭은 무엇일지 골라 보세요. --- [   ]

① 금광에서 황금을 캐는 방법을 개발했기 때문이다.
② 천막 천을 생산하는 기계를 개발했기 때문이다.
③ 천막 천에 색을 물들이는 기술을 개발했기 때문이다.
④ 금광에 천막 천을 만들어 광부들에게 큰 도움을 주었기 때문이다.
⑤ 못 쓰게 된 천을 청바지로 만들어 유용하게 쓸 수 있게 되었기 때문이다.

[4~6] 위 이야기를 바탕으로 만든 기사문입니다. 내용을 읽고, 문제를 풀어 보세요.

뿌리일보

천막 천의 ☐☐☐☐ (換骨奪胎)

ⓐ최근 스트라우스가 만든 청바지가 전 세계적으로 ⓑ주목을 받고 있다. 천막 천을 만드는 회사에서 일을 하던 그는 회사에서 ㉠남은 천을 청바지로 탈바꿈하면서 패션계에 새로운 바람을 불게 했다. 청바지는 원래 광부용 바지로 ⓒ제작되었으나, 누구나 ⓓ편하게 입을 수 있다는 ⓔ장점 덕분에 3년 만에 세계적으로 널리 퍼지게 되었다.

---

4 밑줄 친 ㉠을 참고하여 빈칸에 들어갈 사자성어를 써 보세요.

→ ☐☐☐☐

5 다음 중 ⓐ~ⓔ를 비슷한 뜻으로 바꾸어 쓴 경우가 <u>아닌</u> 것을 골라 보세요. ⸻ [　　]

① ⓐ최근 → 요즈음　　　　　　　② ⓑ주목을 받고 있다 → 관심을 받고 있다
③ ⓒ제작되었으나 → 만들어졌으나　　④ ⓓ편하게 → 쉽게
⑤ ⓔ장점 → 단점

6 다음 중 '환골탈태'를 알맞게 쓴 경우에 ○표를 해 보세요.

[1] 세희는 늘 공부를 열심히 했는데 **환골탈태**하여 이번 시험을 망쳤어. ⸻ [　　]

[2] 모두가 즐겁게 이용하던 공원이 공사장으로 **환골탈태**하여 더 이상 아무도 이용하지 않게 되었어. ⸻ [　　]

[3] 재호는 어릴 적에는 말썽만 부리는 개구쟁이였지만, 지금은 **환골탈태**해서 누구보다 공부를 열심히 하는 성실한 아이가 되었어. ⸻ [　　]

1 단계

서로 비슷한 뜻을 가진 낱말끼리 선으로 이어 보세요.

[1] 생산 •

[2] 노동 •

[3] 의뢰 •

• ㉠ 물건 등을 만들어 냄

• ㉡ 남에게 부탁함

• ㉢ 몸을 움직여 일함

2 단계

다음 문장에 쓰인 밑줄 친 낱말과 뜻풀이를 알맞게 이어 보세요.

[1]
| 올해 장사는 **적자**가 나서 큰일이야. |

•

• ㉠ 사용한 돈보다 벌어들인 돈이 적어 손해를 본 상황

[2]
| 올해 장사는 **흑자**가 나서 비교적 여유로웠다. |

•

• ㉡ 사용한 돈보다 벌어들인 돈이 많아 이익을 본 상황

3 단계

다음 중 '광부'의 모습으로 알맞은 그림에 ○표를 해 보세요.

[ ]

[ ]

[ ]

시간
끝난 시간 [ ]시 [ ]분
1회분 푸는 데 걸린 시간 [ ]분

채점
독해 6문제 중 [ ]개
어법·어휘 6문제 중 [ ]개

해설편 018쪽

37회 가지 많은 나무에 바람 잘 날 없다*

나무에 가지가 많으면 바람에 잘 흔들리기 때문에 잠시라도 가만히 있을 수 없게 됩니다. 이처럼 '자식이 많은 부모님은 많은 자식들을 하나하나 챙기느라 걱정이 끊일 날이 없다'는 것을 '가지 많은 나무에 바람 잘 날 없다'라고 표현합니다.

공부한 날 [ ]월 [ ]일 시작 시간 [ ]시 [ ]분

옛날 한 마을에 두 명의 아들을 둔 어머니가 살고 있었습니다. 두 아들은 시장에서 장사를 하고 있었습니다. 큰아들은 우산을 팔았고, 작은아들은 부채를 팔았습니다.

그런데 어머니에게는 커다란 걱정이 있었습니다. 어머니는 비가 오는 날이면 이렇게 생각했습니다.

"비가 오면 우리 작은아들 장사가 잘 안될 텐데……."

그리고 해가 쨍쨍한 날에는 마당에서 하늘을 보며 이렇게 중얼거렸습니다.

"이렇게 날씨가 더우면 우리 큰아들 장사가 어려울 텐데……."

비 오는 날에는 사람들이 부채보다는 우산을 사서 작은아들의 장사가 안될 것 같았고, 더운 날에는 사람들이 우산을 사지 않고 부채를 사기 때문에 큰아들의 장사가 어려울 것 같았기 때문이었습니다. 그래서 어머니는 매일 **시름**^①에 잠긴 채 하늘을 살폈습니다.

그러던 어느 날, 집 앞을 지나가던 옆집 아저씨가 물었습니다.

"도대체 무슨 **근심**^②이 있기에 매일 한숨을 쉬는 거요?"

어머니는 **뙤약볕**^③이 내리쬐는 하늘을 올려다보며 말했습니다.

"**폭염**^④이 오니 우산 장수 큰아들이 장사를 못 할까 걱정되네요."

옆집 아저씨는 그 모습을 보며 혀를 찼습니다.

"**가지 많은 나무에 바람 잘 날 없다***더니, 아들이 둘이나 되니 걱정이 그치질 않는구려."

어머니는 고개를 끄덕이며 마당을 서성였습니다.

"이렇게 더운 날씨에 부채 장수인 작은아들의 장사가 잘될 텐데 기분 좋은 일이잖소."

아저씨의 말을 들은 어머니는 땅이 꺼질 듯이 **탄식**^⑤하며 대답했습니다.

"그러면 우산 장수인 우리 큰아들의 장사가 어려워질 것이 아닙니까?"

"더운 날이면 작은아들이, 비가 오는 날이면 큰아들이 장사를 잘할 텐데 하루하루가 기뻐야 하는 일 아니오?"

그 말을 들은 어머니는 ㉠아저씨의 말이 옳다는 것을 깨달았습니다. 그 이후로 어머니는 비가 오는 날에도, 해가 쨍쨍한 날에도 걱정하지 않고 잘 지내게 되었습니다.

– 우리나라 전래 동화

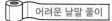
어려운 낱말 풀이 | ① **시름** 마음에 걸려 풀리지 않고 항상 남아 있는 근심과 걱정 ② **근심** 해결되지 않은 일 때문에 속을 태우거나 우울해함 ③ **뙤약볕** 여름날에 강하게 내리쬐는 몹시 뜨거운 햇빛 ④ **폭염** 매우 심한 더위 暴사나울 폭 炎불꽃 염 ⑤ **탄식** 한탄하여 한숨을 쉼. 또는 그 한숨 歎탄식할 탄 息쉴 식

1 빈칸에 들어갈 말을 본문에서 찾아 쓰고, 알맞은 낱말을 골라 보세요.

어머니의 걱정	
더운 날	비 오는 날
더우면 사람들이 ☐☐ 보다는 ☐☐ 을(를) 사서, 큰아들의 장사가 잘 안될 것 같기 때문에	비가 오면 사람들이 ☐☐ 보다는 ☐☐ 을(를) 사서, 작은아들의 장사가 잘 안될 것 같기 때문에
아저씨의 말을 들은 후	
더우면 { 큰 / 작은 } 아들의 장사가 잘 될 테니 기쁜 일이다.	비가 오면 { 큰 / 작은 } 아들의 장사가 잘 될 테니 기쁜 일이다.

2 다음은 '큰아들'과 '작은아들'의 대화입니다. 이 대화에 대해 바르게 말한 친구에 ○표를 해보세요.

> 큰아들: 우리 어머니는 더운 날에도 우리를 걱정하고, 비가 오는 날에도 우리를 걱정하셔.
> 작은아들: 나도 알아. 그런 어머니를 위해서라도 더 열심히 일해서 잘 살아가는 모습을 보여
> 드려야겠어.

> 진구: 부모님이 걱정하시기 때문에 형제가 장사를 하게 된다면 똑같은 물건을 팔아야 해.

[   ]

> 영지: 최선을 다해 일을 열심히 하는 것이 부모님을 걱정 시켜 드리지 않는 가장 좋은 효도야.

[   ]

3 다음 중 '㉠아저씨의 말'을 바르게 이해한 것을 골라 보세요. ---------- [   ]

① 자식들의 장사를 걱정해 봐야 아무런 소용이 없다.
② 걱정은 하면 할수록 늘어나므로 걱정하는 것은 좋지 않다.
③ 부정적으로 생각하는 것은 나쁜 일을 예방하는 데 도움이 된다.
④ 생각하기에 따라 나쁜 일처럼 보이는 것도 좋은 일이 될 수 있다.
⑤ 날씨가 덥거나 비가 오는 것은 사람의 힘으로 해결할 수 없는 문제이다.

해설편 019쪽

4 다음 대화에서 빈칸에 들어갈 말을 알맞게 짝지은 것을 골라 보세요. ············· [   ]

> **필석:** 이 이야기에서 '**가지 많은 나무에 바람 잘 날 없다**'라는 속담이 나오잖아. 그럼 '가지 많은 나무'와 '바람 잘 날'은 각각 이야기 속에 등장한 무엇을 말하는 걸까?
> **재범:** 이 이야기에서 '가지 많은 나무'는 ⓐ를, '바람 잘 날'은 ⓑ를 뜻해.

	ⓐ	ⓑ
①	어머니	걱정이 없는 날
②	두 아들	걱정이 없는 날
③	어머니	걱정이 많은 날
④	큰아들	걱정이 많은 날
⑤	작은아들	걱정이 많은 날

5 '가지 많은 나무에 바람 잘 날 없다'는 속담과 가장 어울리는 상황에 ○표를 해 보세요.

> 부모님은 매일같이 우리 삼 남매를 챙기느라 바쁘십니다. 저와 장난꾸러기 동생이 무사히 학교를 다녀올까, 수험생인 큰누나가 공부하느라 힘들지는 않을까 걱정이 많으십니다. ··· [   ]

> 선생님은 바쁘실 때도 우리 반 학생들 모두를 한 명 한 명 신경 써 주십니다. 모든 학생의 이름을 기억하고 불러 주시는 것은 물론, 각자의 고민과 속마음도 잘 알고 계십니다. ··· [   ]

6 [보기]의 설명을 읽고 빈칸에 들어갈 말을 골라 보세요. ············· [   ]

> [보기] '**새끼 아홉 둔 소 길마 벗을 날 없다**'는 속담이 있습니다. 여기서 길마란 짐을 싣기 위해서 소의 등에 얹는 물건을 말합니다. 그런데 새끼를 많이 가진 소가 길마 벗을 날이 없다는 건 쉴 틈 없이 바쁘게 일해야 한다는 뜻이겠지요? 이 속담은 '가지 많은 나무에 바람 잘 날 없다'와 유사한 의미의 속담입니다. 왜냐하면 _____ 때문입니다.

① 두 속담 모두 힘든 상황에 처한 사람에 대한 속담이기
② 두 속담 모두 동물에게 빗대어 사람의 마음을 설명하고 있기
③ 두 속담 모두 자식이 많은 부모는 걱정도 많고 일도 많아 바쁘다는 뜻이기
④ 두 속담 모두 딸과 아들의 모습은 자신의 부모를 닮게 되어 있다는 뜻이기
⑤ 두 속담 모두 아이들을 잘 가르치기 위해서는 바쁜 모습을 보여 줘야 한다는 뜻이기

1단계 다음 문장이 자연스럽도록 빈칸에 알맞은 낱말을 [보기]에서 찾아 써 보세요.

> [보 기] 　　장사　　　장수　　　근심

[1] 할머니는 젊은 시절 묵과 콩나물 □□을(를) 해서 어머니를 기르셨다.

[2] 엿 □□이(가) 동네를 돌아다니며 "맛있는 엿 사세요!"하고 소리쳤다.

[3] 어젯밤 그 아이는 □□이(가) 많아서 잠을 이루지 못하였다.

2단계 다음은 날씨와 관계된 표현입니다. 단어와 알맞은 뜻을 선으로 이어 보세요.

[1] 폭염　·　　　　　　　　　·　㉠ 줄기차게 내리는 크고 많은 비

[2] 호우　·　　　　　　　　　·　㉡ 몹시 심한 추위

[3] 혹한　·　　　　　　　　　·　㉢ 매우 심한 더위

3단계 다음 설명을 잘 읽고 빈칸에 공통으로 들어갈 알맞은 낱말을 채워 보세요.

> [보 기]
>
> '혀를 차다'는 말은 마음이 언짢거나 유감의 뜻을 나타내는 것을 뜻합니다. 이뿐 아니라 혀가 들어간 관용구는 더 많습니다. '혀를 내두르다'는 말은 몹시 놀라거나 어이없어서 말을 하지 못한다는 뜻이며, '혀를 깨물다'는 말은 어떤 일을 힘들게 억지로 참는다는 의미입니다.

• 그는 믿을 수 없는 상황에 □를 깨물며 참아야 했다.

• 사람들은 모두 그 화가의 그림 솜씨에 □를 내둘렀다.

• 두 사람의 싸움을 목격한 다른 사람들은 모두 □를 찼다.

→ □

38회 눈 밖에 나다*

자꾸 약속을 지키지 않거나 자기 마음대로만 행동한다면 친구들의 눈 밖에 나기 마련입니다. '눈 밖에 나다'는 '신임을 잃고 미움을 받게 되다'라는 뜻입니다.

공부한 날 [ ]월 [ ]일 시작 시간 [ ]시 [ ]분

로마의 왕이었던 카이사르가 죽자, 로마는 옥타비아누스, 안토니우스, 레피두스 세 사람이 나누어 다스리게 되었습니다. 레피두스는 힘이 약했기 때문에 사실상 로마는 옥타비아누스와 안토니우스 둘이 다스리고 있었습니다.

이 상황을 지켜보고 있던 이집트의 클레오파트라는 안토니우스를 이용해 이집트를 다시 일으키기로 마음먹었습니다. 클레오파트라는 아름답게 꾸미고 안토니우스를 찾아갔습니다. 클레오파트라를 본 안토니우스는 그녀에게 한눈에 반해 버렸습니다. 안토니우스는 클레오파트라와 결혼식을 올리고, 그녀에게 로마의 땅 **일부**①를 선물하기도 했습니다.

이런 안토니우스의 행동에 로마 시민들은 **분노하였습니다**②. 로마의 시민들은 안토니우스가 로마를 **배신했다고**③ 말하며 다른 사람이 나라를 다스렸으면 좋겠다고 생각을 했습니다. 시민들의 **눈 밖에 난*** 안토니우스는 이미 사람들에게 모든 신뢰를 잃은 상태였습니다.

이 소식을 들은 옥타비아누스는 군사들을 데리고 악티온 바다로 향했습니다. 악티온 바다에서 만난 옥타비아누스와 안토니우스는 싸우기 시작했습니다. 안토니우스의 군사들이 옥타비아누스의 군사들보다 더 세고 그 수도 많았지만 어찌된 일인지 점점 싸움에서 밀리고 있었습니다. 결국 안토니우스는 옥타비아누스에게 패배하고 말았습니다.

옥타비아누스가 안토니우스를 이기고 돌아오자 로마 시민들은 그를 로마의 **영웅**④이라고 부르며 기쁘게 반겨 주었습니다. **원로원**⑤에서는 그에게 '**존엄한**⑥ 사람'이라는 뜻의 '아우구스투스'라는 새로운 이름을 붙여주기도 하였습니다. 이뿐만 아니라 일 년의 12개월 중 한 달의 이름을 그의 새 이름을 따서 부르기로 하였습니다. 8월을 'August(어거스트)'라고 부르는 이유가 바로 이 때문입니다. 로마 시민들이 바라던 대로 옥타비아누스가 로마를 **통치하게**⑦ 되자 로마에는 **비로소**⑧ 평화가 찾아오게 되었습니다.

– 다른 나라 역사 이야기

↑ 옥타비아누스의 동상

어려운 낱말 풀이 | ① **일부** 한 부분 –한 일 部떼 부 ② **분노하였습니다** 매우 화를 내었습니다 憤분할 분 怒성낼 노 - ③ **배신했다고** 믿음이나 의리를 저버렸다고 背배신할 배 信믿을 신 - ④ **영웅** 지혜나 재능이 뛰어나고 용맹한 사람 英뛰어날 영 雄수컷 웅 ⑤ **원로원** 로마의 지배 기관 元으뜸 원 老늙을 노 院집 원 ⑥ **존엄한** 감히 닿을 수 없을 정도로 높고 엄숙한 尊높을 존 嚴엄할 엄 - ⑦ **통치하게** 나라나 지역을 다스리게 統거느릴 통 治다스릴 치 - ⑧ **비로소** 어떤 일이 있고 그 다음에서야

1 다음은 이 글의 등장인물에 대해 정리한 것입니다. 빈칸을 알맞게 채워 보세요.

안토니우스	• 클레오파트라에게 반해 ☐☐ 의 땅 일부를 선물하기도 함.
클레오파트라	• 안토니우스를 유혹해 ☐☐☐ 을(를) 다시 일으키기로 마음먹음.
옥타비아누스	• 안토니우스를 쓰러트리고 로마의 황제가 되었음. • 원로원에게 '☐☐☐ 사람'이라는 뜻의 '아우구스투스'라는 새 이름을 받음.

2 이 글을 읽고 자신의 생각을 가장 알맞게 말한 친구에 ○표를 해 보세요.

우진: 로마 시민들은 잘못된 소문을 믿고 안토니우스를 비난했군. 안토니우스는 단지 클레오파트라를 사랑했을 뿐인데, 불쌍하게 됐어. … [　　]

선화: 옥타비아누스는 안토니우스를 쓰러트릴 기회만 노리고 있었을 거야. 옥타비아누스의 군대가 훨씬 강하고 숫자도 많았으니까. … [　　]

예찬: 안토니우스가 쓰러진 뒤에 옥타비아누스가 로마를 통치하는 것은 시간 문제였겠군. 사람들도 그를 지지하고, 레피두스는 애초에 힘이 약했으니. … [　　]

3 다음 중 안토니우스가 로마 시민들의 '눈 밖에 난' 까닭을 골라 보세요. ------- [　　]

① 옥타비아누스와 레피두스, 안토니우스가 서로 싸우는 것에 지쳐서
② 옥타비아누스가 안토니우스에 대한 나쁜 소문들을 퍼트렸기 때문에
③ 클레오파트라가 로마 시민들에 대해 나쁘게 말했음에도 그녀와 결혼해서
④ 클레오파트라에게 빠져 멋대로 로마의 땅 일부를 선물하기로 했기 때문에
⑤ 함께 로마를 통치하는 레피두스를 안토니우스가 지나치게 무시했기 때문에

다음 글을 읽고, 문제를 풀어 보세요.

먼 옛날 '맹자'라고 하는 위대한 학자가 있었습니다. 어느 날, 한 나라의 왕이 가르침을 받고자 맹자를 초대했습니다. 맹자는 가르침을 내려 달라는 왕에게 물었습니다.

"어느 사람이 여행을 떠났는데, 그 자가 고향에 돌아와 보니 아내와 자식들이 굶주려 쓰러지기 직전이었습니다. 왕께서는 어떻게 하시겠습니까?"

"그자는 가족을 제대로 돌보지 못한 자이니, 당연히 연을 끊어야지요."

맹자는 그 말을 듣고 또 다시 왕에게 물었습니다.

"재판관이 재판을 제대로 하지 못해 나라가 혼란스러워진다면, 그를 어떻게 해야 하겠습니까?"

"그자는 할 일을 제대로 하지 못한 자이니, 당연히 재판관을 그만두게 해야지요."

그러자 맹자가 마지막으로 물었습니다.

"㉠그렇다면 왕이 나라를 제대로 다스리지 못한다면 어떻게 해야겠습니까?"

그 말에 왕은 당황해서 아무런 말도 하지 못했습니다. 이처럼 맹자는 그 당시로서는 드물게도 왕이 아닌 백성을 가장 높이 여기던 사람이었습니다. 맹자는 또 "왕은 하늘의 마음으로 정해지는 것이다. 그리고 백성의 마음이야말로 하늘의 마음이니, 백성들의 ㉡마음을 잃은 왕은 끌어내려도 옳다."라고 말했는데, 이러한 맹자의 생각은 조선 시대 정약용 등의 백성들을 귀하게 여겨야 한다는 주장의 바탕을 이루기도 했습니다.

4 [보기]는 ㉠과 같은 질문을 받았을 때 왕의 속마음입니다. 빈칸에 들어갈 말로 알맞은 것에 ○표를 해 보세요.

[보기] 가족을 제대로 돌보지 못한 사람과는 연을 끊고, 할 일을 제대로 하지 못한 재판관은 재판관을 그만두게 해야 한다고 했는데, 나라를 제대로 다스리지 못하는 왕은 어떻게 해야 하냐고? ' _____ ' 라는 대답을 원하는 거구나! 내가 그렇게 말하면 그 말이 옳다고 하는 셈이니, 아무 말도 하지 말아야겠다.

나라를 제대로 다스리지 못하는 왕은 왕의 자리에서 내려와야 한다.	아무리 그래도 왕의 자리는 절대적이므로 감히 비난해선 안 된다.	왕을 제대로 보필하지 못한 신하와 백성의 잘못이니 벌을 주어야 한다.
[ ]	[ ]	[ ]

5 '㉡마음을 잃은'과 바꿔 쓸 수 있는 관용어를 써 보세요.

→ ☐ ☐ ☐ 난

1단계 다음 중 '신뢰'와 비슷한 뜻의 낱말을 찾아 ○표를 해 보세요. (답 2개)

믿음	분노	선의
애정	통치	신임

2단계 밑줄 친 낱말과 바꿔 쓸 수 있는 낱말을 골라 번호를 써 보세요.

[1] 옥타비아누스가 로마를 **통치했다**. -- [   ]
　　　　　① 다스렸다.
　　　　　② 가르쳤다.

[2] 로마 시민들이 **분노한** 까닭은 무엇인가? ------------------------------- [   ]
　　　　　① 성난
　　　　　② 조급한

3단계 다음 중 밑줄 친 부분이 [보기]의 '반하다'와 같은 뜻으로 쓰인 것에 ○표를 해 보세요.

> [보 기]　　　　안토니우스는 클레오파트라에게 한눈에 **반했다**.

[1] 형이 부지런한 데 **반해** 동생은 게을렀다. ----------------------------- [   ]

[2] 나는 음악에 **반해** 무작정 음악을 하겠다고 떼를 썼다. ----------- [   ]

[3] 규칙에 **반하는** 행동은 처벌을 받는다. ----------------------------------- [   ]

해설편 019쪽

시간 **끝난 시간** [   ]시 [   ]분
　　　1회분 푸는 데 걸린 시간 [   ]분

채점 **독해** 5문제 중 [   ]개
　　　어법·어휘 4문제 중 [   ]개

39회 불철주야(不 撤 晝 夜)*

아닐 **불**　거둘 **철**　낮 **주**　밤 **야**

무엇인가에 빠져 온종일 그 일에 몰두해 본 적이 있나요? '불철주야(不撤晝夜)'는 '밤낮을 가리지 않는다'라는 뜻으로, '조금도 쉴 새 없이 힘쓴다'는 말입니다.

공부한 날 [　]월 [　]일　시작 시간 [　]시 [　]분

　고대 그리스에는 피그말리온이라는 유명한 **조각가**가 있었습니다. 그는 자신이 생각하는 가장 아름답고 완벽한 여인의 모습을 이 세상에 조각으로 남기고 싶었습니다. 그래서 그는 그 여인의 모습을 조각하기 시작했습니다. 조각이 완성되자 피그말리온은 ㉠그녀에게 '갈라테아'라는 이름을 지어 주었습니다.

　피그말리온은 자신이 만든 완벽한 ㉡이 여인과 사랑에 빠졌습니다. 그는 하루 종일 갈라테아와 시간을 보냈습니다. 아름다운 옷을 입히고 목걸이를 걸어 주며, 매일 다정하게 말을 건넸습니다. 그렇게 피그말리온은 **불철주야** 갈라테아를 사랑으로 돌보았습니다.

　그러던 어느 날, 피그말리온은 이러한 생각을 하게 되었습니다.

　'나의 갈라테아! 사랑스러운 ㉢당신과 함께 이야기를 나눌 수 있다면 얼마나 좋을까!'

　긴 고민 끝에 피그말리온은 ㉣사랑의 여신 아프로디테를 찾아가, 갈라테아 같은 사람과 결혼할 수 있게 도와 달라고 **빌었습니다**. 아프로디테는 **불철주야** 갈라테아를 사랑으로 돌보는 피그말리온의 모습에 감동을 받아 그의 소원을 들어주기로 마음먹었습니다. 아프로디테가 고개를 끄덕이자 아프로디테의 **신전**에서 불꽃이 세 번 **일었습니다**.

　피그말리온은 다시 집으로 돌아왔습니다. 피그말리온은 평소와 같이 갈라테아를 안아주며 다정한 인사를 건넸습니다. 그러자 놀랍게도 **점차** ㉤그녀의 몸이 따뜻해지기 시작했습니다. 조각상이었던 갈라테아가 피그말리온의 소원처럼 사랑스러운 여인으로 변한 것이었습니다. 피그말리온은 소원이 **이루어진** 것을 크게 기뻐하며 갈라테아와 결혼하여 행복하게 살았다고 합니다.

🧻 어려운 낱말 풀이 　① **조각가** 조각(재료를 깎거나 새겨서 모양을 만드는 미술)을 하는 사람 彫새길 조 刻새길 각 家 집 가　② **빌었습니다** 소원대로 되기를 바라며 기도했습니다　③ **신전** 신을 모시는 궁전 神신 신 殿큰 집 전　④ **일었습니다** 새로 생겼습니다　⑤ **점차** 조금씩 漸점점 점 次버금 차　⑥ **이루어진** 뜻대로 된

1 다음 중 이 글의 내용과 일치하는 것에 ○표, 일치하지 않는 것에 ×표를 해 보세요.

[1] 피그말리온은 세상에서 가장 아름다운 여인의 모습을 조각해 달라는 부탁을 받고 조각을 하기 시작하였다. ──────────────────────────── [   ]

[2] 피그말리온의 정성에 감동한 아프로디테는 그의 소원을 들어주기로 하였다. ─────── [   ]

[3] 집으로 돌아온 피그말리온은 집에 새로운 조각상이 생겼다는 것을 알고 크게 기뻐하였다.
── [   ]

2 밑줄 친 ㉠~㉤이 가리키는 대상이 나머지와 <u>다른</u> 것을 골라 보세요. ─────────────── [   ]

① ㉠   ② ㉡   ③ ㉢   ④ ㉣   ⑤ ㉤

8
주
39
회

해설편 020쪽

3 피그말리온이 아프로디테를 찾아가 어떤 말을 했을지 선으로 이어 보세요.

• ㉮ 더 아름다운 조각상을 만들 수 있는 능력을 주세요!

• ㉯ 갈라테아 같은 사람과 결혼할 수 있도록 해 주세요!

4 다음 문장에 어울리도록 빈칸에 알맞은 사자성어를 넣어 보세요.

아프로디테는 ☐☐☐☐ 갈라테아를 사랑으로 돌보는 피그말리온의 오습에

5 다음 말주머니에서 밑줄 친 부분과 바꾸어 쓸 수 있는 말을 골라 보세요. ------- [   ]

불철주야 공부하면 나도 이번 시험에서 좋은 성적을 받을 수 있을 거야!

① 친구와 함께 공부하면
② 느긋하게 쉬면서 공부하면
③ 오늘 밤에만 집중하여 공부하면
④ 시간을 재면서 정신없이 공부하면
⑤ 밤낮을 가리지 않고 쉴 틈 없이 공부하면

6 다음 중 '불철주야'를 바르게 사용하지 <u>않은</u> 문장에 ○표를 해 보세요.

그 농부는 가뭄이 들었는데도 **불철주야** 노력해서 결국 밭을 살려냈어. … [   ]

성혜는 예림이의 도움에 **불철주야**를 느껴서 은혜를 꼭 갚기로 했어. … [   ]

유진이는 **불철주야** 노력한 끝에 결국에는 백일장에서 상을 받았어. … [   ]

1단계 서로 비슷한 뜻을 가진 낱말끼리 선으로 이어 보세요.

[1] 빌다 •

[2] 일다 •

[3] 이루다 •

• ㉠ (새로) 생기다

• ㉡ 뜻대로 되다

• ㉢ 소원대로 되길 바라며 기도하다

2단계 다음 [보기]의 밑줄 친 낱말과 같은 의미로 바꿔 쓸 수 있는 것을 모두 <u>골라</u> ○표를 해 보세요. (답 2개)

[보 기] 그러자 놀랍게도 **점차** 그녀의 몸이 따뜻해지기 시작했습니다.

점점	문득
서둘러	차차

3단계 다음 [보기]를 읽고 아래 문장 속 '따다'는 어떤 의미로 쓰였는지 번호를 써 보세요.

[보 기] **따다** ① 붙어 있는 것을 떼어내다.
② 이름이나 뜻을 취해서 그와 같게 하다.
③ 꽉 봉한 것을 뜯다.

[1] 나는 동생의 이름을 **따서** 강아지의 이름을 지었어. ----------------------------- [   ]

[2] 이 깡통을 **따서** 식탁 위에 올려줄래? ----------------------------- [   ]

[3] 나는 이번 방학에 사과 **따기** 체험을 하고 왔어. ----------------------------- [   ]

시간 끝난 시간 [   ]시 [   ]분   채점 독해 6문제 중 [   ]개
1회분 푸는 데 걸린 시간 [   ]분   어법·어휘 7문제 중 [   ]개

40회 다 된 밥에 재 뿌리기*

밥을 다 지어도 재가 뿌려지면 아무 소용이 없습니다. 먹을 수가 없기 때문입니다. 이처럼 '다 된 밥에 재 뿌리기'는 '다 끝나 가는 일을 모두 망쳐버릴 때' 쓰는 말입니다.

공부한 날 [　] 월 [　] 일　시작 시간 [　] 시 [　] 분

　　먼 옛날에 '로키'라는 장난꾸러기 신이 있었습니다. 어느 날, 로키는 **난쟁이**① 형제를 마주쳤습니다. 난쟁이 형제는 자존심이 무척 강해 놀리기 좋은 상대였습니다. 장난을 좋아하는 로키는 난쟁이 형제를 놀려 보기로 했습니다.

　　"오, 이게 누구신가. 세상에서 가장 손재주가 좋다는 난쟁이 형제들이 아닌가? 물론, 아무리 솜씨가 좋아도 신들을 놀라게 할 만한 물건을 만들어 내진 못하겠지만 말이야."

　　"그게 무슨 소리요? 우리가 만들어 내지 못할 물건은 없소. 뭣하면 내기를 해도 좋소."

　　"그럼 이렇게 하지. 자네들이 신들에게 바칠 선물 세 개를 만들어 신들의 인정을 받으면 자네들의 승리, 그렇지 않으면 나의 승리. 어떤가?"

　　내기에서 지고 싶지 않았던 로키는 난쟁이 형제를 방해하기로 했습니다. 다음날, 로키는 파리로 변해 난쟁이 형제의 작업장으로 들어갔습니다.

　　"동생아, 반드시 **일정한**② 속도로 **풀무질**③을 해야 한다. 그렇지 않으면 우리의 작품이 엉망이 되고 말 거야."

　　난쟁이 형제의 대화를 엿들은 로키는 동생의 풀무질을 방해하기 시작했습니다. 로키는 첫 번째로 난쟁이 동생의 손에 앉아 그를 괴롭혔습니다. 그러나 난쟁이 동생은 눈도 깜짝하지 않았고, 결국 멋진 작품이 만들어졌습니다. 두 번째도 마찬가지였습니다. 로키는 목에 앉아 난쟁이 동생을 간질였지만, 동생은 묵묵히 풀무질을 계속할 뿐이었습니다. 이윽고 마지막 선물을 준비할 차례가 되었습니다.

　　"동생아, 이 작품이야말로 최고의 선물이 될 거야. 앞서 만든 두 개의 선물과는 비교도 할 수 없을 만큼 멋진 선물이지. 그러니까 무슨 일이 있어도 풀무질을 멈추지 마."

　　난쟁이 동생은 형의 말을 듣고 풀무질을 시작했습니다. 로키는 마지막으로 난쟁이 동생의 눈에 앉아 버렸습니다. 눈에 파리가 앉자 제아무리 참을성 많은 난쟁이 동생도 도저히 견딜 수가 없었습니다.

　　"조금만 더 했으면 됐는데! 파리 한 마리가 **다 된 밥에 재를 뿌리는구나!***"

　　난쟁이 형이 안타까움에 소리쳤지만, 이미 늦은 뒤였습니다. 난쟁이 형제가 만들던 마지막 작품은 '묠니르'라는 망치였습니다. 절대로 부서지지 않고, 아무리 멀리 던져도 돌아오는 망치였지만, '묠니르'는 자루가 짧아 두 손으로 들 수 없다는 **치명적인**④ 단점이 있었습니다. 로키의 장난을 견디지 못한 난쟁이 동생이 마지막에 풀무질을 멈췄기 때문이었습니다.

　　'묠니르'는 가장 용맹한 신이자 로키의 형인 '토르'에게 선물 되었고, 그 후 토르는 자루가 짧은 망치를 들고 다니게 되었다고 합니다.

　　– 북유럽 신화

1 이 글에 대한 설명으로 알맞은 것을 골라 보세요. -------------------------------- [　　　　]

① '묠니르'는 로키에게 바쳐졌다.

② 로키는 결국 난쟁이 형제들을 방해하는 데 실패했다.

③ 난쟁이 형제는 신들에게 선물 두 개를 바치기로 했다.

④ 로키는 난쟁이 형제에게 억지로 물건을 만들게 시켰다.

⑤ 난쟁이 형제는 마지막으로 만들 선물을 제일 중요하게 생각했다.

2 이 글의 내용으로 미루어 볼 때, 다음 중 '묠니르'를 골라 보세요. -------------------------------- [　　　　]

①

던지면 반드시 명중하는 창으로, 절대 부러지지 않는다.

②

아무리 멀리 던져도 돌아오고 절대 부서지지 않지만, 자루가 짧아 양손으로 들 수 없다.

③

양손으로 자루를 잡고 쓰는 망치로, 바위나 성문을 부술 때도 많이 쓰였다.

3 다음 중 난쟁이 형이 '다 된 밥에 재를 뿌린다'라고 한 까닭에 ○표를 해 보세요.

마지막 작품을 완성하려면 한참 남았는데, 파리가 자꾸 귀찮게 하니까 짜증이 나서

[　　　　]

마지막 작품이 거의 다 완성되었는데, 파리 때문에 풀무질이 멈춰 작품이 엉망이 되어 버렸기 때문에

[　　　　]

마지막 작품을 만드는 중인데, 파리 덕분에 예상보다 더 좋은 결과물이 나올 것 같은 느낌이 들어서

[　　　　]

어려운 낱말 풀이

① **난쟁이** 키가 작은 사람을 얕잡아 부를 때 쓰는 말

② **일정한** 속도나 힘 따위가 변함이 없고 한결같은 —한 일 定정할 정 -

③ **풀무질** 불을 피울 때 바람을 부는 '풀무'라는 도구로 바람을 불어 불의 온도를 조절하는 일

④ **치명적인** 결정적인, 아주 큰 致보낼 치 命목숨 명 的과녁 적

북유럽의 신들에게는 고민이 하나 있었습니다. 그것은 튼튼한 성벽이 없다는 것이었습니다. 북유럽의 신들은 거인들과 사이가 좋지 않았는데, 거인들과 맞서 싸우기 위해서는 크고 튼튼한 성벽이 필요했습니다. 그러나 북유럽의 신들은 성벽을 쌓는 데 재능이 없었습니다. 그렇게 신들이 고민을 거듭하던 어느 날, 정체를 알 수 없는 사내와 거대한 말 한 마리가 찾아왔습니다.

"내기를 하지 않으시겠습니까? 제가 만약 이 계절이 가기 전에 그 누구보다 튼튼한 성벽을 쌓는다면, 가장 아름다운 여신을 아내로 맞이하게 해 주십시오. 그리고 해와 달도 주셔야 합니다."

북유럽의 신들은 말도 안 되는 소리라고 생각해 그 내기를 받아들였습니다. 그러나 그 사내와 함께 온 거대한 말은 아무리 많은 돌을 짊어지더라도 지치지 않았습니다. 사내는 그 말의 도움을 받아 순식간에 성벽을 쌓아 가기 시작했습니다. 이대로라면 해와 달, 그리고 가장 아름다운 여신인 프레이야를 뺏길 위기에 처한 신들은 꾀가 많기로 유명한 로키에게 도움을 청했습니다.

"로키, 내일이 내기의 마지막 날이다. 어떻게든 저자가 성벽을 쌓지 못하도록 막아야 해."

로키는 그날 밤 아름다운 암말로 변해 사내와 거대한 말 앞에 나타났습니다. 로키가 거대한 말 근처를 돌아다니자, 바위를 나르던 거대한 말은 로키에게 푹 빠져 사내를 두고 어딘가로 떠나 버렸습니다. 결국 바위를 싣고 오지 못한 사내는 기한 내에 성벽을 쌓는 데 실패하고 말았습니다.

"암말 한 마리가 ㉠다 된 밥에 재를 뿌리는구나!"

사내는 분통을 터뜨렸지만, 어쩔 수가 없었습니다. 내기에서 진 사내는 아무것도 얻지 못하고, 튼튼한 성벽을 공짜로 쌓아준 셈이 되었습니다.

4 윗글에서 로키가 낸 꾀는 무엇이었는지 써 보세요.

→ 아름다운 ☐☐(으)로 변해 거대한 ☐을(를) 유혹하는 것

5 밑줄 친 ㉠을 대신해 쓸 수 있는 말을 골라 보세요. ┈┈┈┈┈┈┈┈┈┈┈┈┈┈┈┈ [　　]

① 나를 도와주는구나!

② 좋은 일을 하는구나!

③ 어리석기 짝이 없구나!

④ 거짓말로 나를 속이는구나!

⑤ 다 끝나 가는 일을 망치는구나!

초성과 뜻을 보고 무슨 낱말인지 써 보세요.

[1] ㄴ ㄱ : 무언가를 걸고 승부를 겨루는 것. 예) 돈 ☐☐

[2] ㅈ ㅍ : 사람이 직접 손으로 만들어 낸 물건. 예) 예술 ☐☐

[3] ㅎ ㅈ : 형과 동생을 함께 부르는 말. 예) 라이트 ☐☐

밑줄 친 부분과 바꿔 쓸 수 있는 말을 골라 번호를 써 보세요.

[1] **일정한** 속도로 달리는 것이 중요하다. ──────────── [   ]
　　① 거침없는
　　② 변함없는

[2] 실수를 **거듭하는** 것은 문제가 있다. ──────────── [   ]
　　　① 무시하는
　　　② 반복하는

다음의 빈칸에 공통으로 들어갈 말을 써 보세요.

- 잠 ☐☐☐ : 잠이 많은 사람
- 장난 ☐☐☐ : 장난이 심한 사람
- 심술 ☐☐☐ : 심술이 많은 사람

→ ☐☐☐

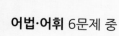

쌓이다(누적) / 싸이다(포장)

등교를 하던 송주는 학교에서 키우는 토끼 사육장을 지나쳤습니다. 그런데 누군가 사육장을 청소하지 않아 주말 동안 너무 더러워져 있었습니다.

송주: 찬수야, 토끼집이 너무 더러워지지 않았니?

찬수: 청소 담당이 누구야? 토끼 똥이 한가득

{ ① 쌓이 ② 싸이 } 고 있는데 청소도 안 하고?

송주: 일단은 우리가 치우고 선생님에게 말씀드리자. 내가 청소 도구를 챙겨 올게!

'쌓이다'와 '싸이다'는 비슷한 말처럼 보이지만 그 뜻은 전혀 다릅니다. '쌓이다'는 '여러 물건이 겹겹이 포개어지다'라는 뜻이고, '싸이다'는 '물건이 무언가에 보이지 않도록 둘러지다'라는 뜻입니다. 다시 말해 '쌓이다'는 어떤 물건 여러 개가 서로 뒤엉키거나 모여 있다는 말이고, '싸이다'는 어떤 물건이 천이나 포장지 등에 둘러지거나 포장되었다는 말입니다. 예를 들어 쌓이다는 '책이 쌓이다', '쓰레기가 쌓이다' 등으로 쓸 수 있고, 싸이다는 '도시락이 보자기에 싸이다', '선물이 포장지에 싸이다' 등으로 쓸 수 있습니다.

{ **쌓이다:** **여러 물건이 겹겹이 포개어지다.**
'책이 쌓이다', '쓰레기가 쌓이다' 등.

싸이다: **물건이 무언가에 보이지 않도록 둘러지다.**
'도시락이 보자기에 싸이다', '선물이 포장지에 싸이다' 등. }

✏️ **바르게 고쳐 보세요.**   정답: 020쪽

찬수: 청소 담당이 누구야? 토끼 똥이 한가득 싸이고 있는데 청소도 안 하고.

→ **찬수:** 청소 담당이 누구야? 토끼 똥이 한가득 [   ][   ] 고 있는데 청소도 안 하고.

이 책에 쓰인 사진 출처

회차	제목	출처	쪽수
02회	남극점	https://commons.wikimedia.org/	06쪽
04회	김만중	https://ko.wikipedia.org/wiki/%ED%8C%8C%EC%9D%BC:Kim_Man-jung.jpg	14쪽
07회	이승훈	https://commons.wikipedia.org/wiki/	28쪽
22회	훈민정음 언해본	문화재청	94쪽
6주차 부록	세이렌	https://ko.wikipedia.org/wiki/	132쪽
36회	리바이 스트라우스	https://ko.wikipedia.org/wiki/%ED%8C%8C%EC%9D%BC:Levi_Strauss_1.jpg	158쪽

뿌리깊은 국어 독해 시리즈

뿌리깊은 초등국어 독해력	뿌리깊은 초등국어 독해력 어휘편	뿌리깊은 초등국어 독해력 한자	뿌리깊은 초등국어 독해력 한국사
하루 15분으로 국어 독해력의 기틀을 다지는 초등국어 독해 기본 교재	국어 독해로 초등국어에서 반드시 익혀야 할 속담·관용어·한자성어를 공부하는 어휘력 교재	하루 10분으로 한자 급수 시험을 준비하고 초등국어 독해력에 필요한 어휘력의 기초를 세우는 교재	하루 15분의 국어 독해 공부로 초등 한국사의 기틀을 다지는 새로운 방식의 한국사 교재
• 각 단계 40회 구성 • 매회 어법·어휘편 수록 • 독해에 도움 되는 읽을거리 8회 • 배경지식 더하기·유형별 분석표 • 지문듣기 음성 서비스 제공 (시작~3단계)	• 각 단계 40회 구성 • 매회 어법·어휘편 수록 • 초등 어휘력에 도움 되는 주말부록 8회 • 지문듣기 음성 서비스 제공 (1~3단계)	• 각 단계 50회 구성 • 수록된 한자를 활용한 교과 단어 • 한자 획순 따라 쓰기 수록 • 한자 복습에 도움이 되는 다양한 주간활동	• 각 단계 40회 구성 • 매회 어법·어휘편 수록 • 한국사능력검정시험 대비 정리 노트 8회 • 지문듣기 음성 서비스 제공 • 한국사 연표와 암기 카드

시작단계 — 예비 초등

독해력 시작단계
• 한글 읽기를 할 수 있는 어린이를 위한 국어 독해 교재
• 예비 초등학생이 읽기에 알맞은 동요, 동시, 동화 및 짧은 지식 글 수록

1단계 — 초등 1·2학년

독해력 1단계
• 처음 초등국어 독해 공부를 시작하는 학생을 위한 재밌고 다양한 지문 수록

어휘편 1단계
• 어휘의 뜻과 쓰임을 쉽게 공부할 수 있는 이솝 우화와 전래 동화 수록
• 맞춤법 공부를 위한 받아쓰기 수록

한자 1단계
• 한자능력검정시험 (한국어문회) 8급 한자 50개

한국사 1단계 (선사 시대~삼국 시대)
• 한국사를 쉽고 재미있게 이해할 수 있는 다양한 유형의 지문 수록
• 당시 시대를 보여 주는 문학 작품 수록

2단계

독해력 2단계
• 교과 과정과 연계한 다양한 유형의 지문 수록
• 교과서 수록 작품 중심으로 선정한 지문 수록

어휘편 2단계
• 어휘의 쓰임과 예문을 효과적으로 공부할 수 있는 다양한 이야기 수록
• 맞춤법 공부를 위한 받아쓰기 수록

한자 2단계
• 한자능력검정시험 (한국어문회) 7급 2 한자 50개

한국사 2단계 (남북국 시대)
• 한국사능력시험 문제 유형 수록
• 초등 교과 어휘를 공부할 수 있는 어법·어휘편 수록

3단계 — 초등 3·4학년

독해력 3단계
• 초대장부터 안내문까지 다양한 유형의 지문 수록
• 교과서 중심으로 엄선한 시와 소설 수록

어휘편 3단계
• 어휘의 뜻과 쓰임을 다양하게 알아볼 수 있는 여러 가지 종류의 글 수록
• 어휘와 역사를 한 번에 공부할 수 있는 지문 수록

한자 3단계
• 한자능력검정시험 (한국어문회) 7급 한자 50개

한국사 3단계 (고려 시대)
• 신문 기사, TV드라마 줄거리, 광고 등 한국사 내용을 바탕으로 한 다양한 유형의 지문 수록

4단계

독해력 4단계
• 교과 과정과 연계한 다양한 유형의 지문 수록
• 독해에 도움 되는 한자어 수록

어휘편 4단계
• 공부하고자 하는 어휘가 쓰인 실제 문학 작품 수록
• 이야기부터 설명문까지 다양한 종류의 글 수록

한자 4단계
• 한자능력검정시험 (한국어문회) 6급 한자를 세 권 분량으로 나눈 첫 번째 단계 50개 한자 수록

한국사 4단계 (조선 전기)(~임진왜란)
• 교과서 내용뿐 아니라 조선 전기의 한국사를 이해하는 데 알아 두면 좋은 다양한 역사 이야기 수록

5단계 — 초등 5·6학년

독해력 5단계
• 깊이와 시사성을 갖춘 지문 추가 수록
• 초등학생이 읽을 만한 인문 고전 작품 수록

어휘편 5단계
• 어휘의 다양한 쓰임새를 공부할 수 있는 다양한 소재의 글 수록
• 교과 과정과 연계된 내용 수록

한자 5단계
• 한자능력검정시험 (한국어문회) 6급 한자를 세 권 분량으로 나눈 두 번째 단계 50개 한자 수록

한국사 5단계 (조선 후기)(~강화도 조약)
• 한국사능력시험 문제 유형 수록
• 당시 시대를 보여 주는 문학 작품 수록

6단계

독해력 6단계
• 조금 더 심화된 내용의 지문 수록
• 수능에 출제된 작품 수록

어휘편 6단계
• 공부하고자 하는 어휘가 실제로 쓰인 문학 작품 수록
• 소설에서 시조까지 다양한 장르의 글 수록

한자 6단계
• 한자능력검정시험 (한국어문회) 6급 한자를 세 권 분량으로 나눈 세 번째 단계 50개 한자 수록

한국사 6단계 (대한 제국~대한민국)
• 한국사를 쉽고 재미있게 이해할 수 있는 다양한 유형의 지문 수록
• 초등 교과 어휘를 공부할 수 있는 어법·어휘편 수록

중학 — 예비 중학~예비 고1

1단계 (예비 중학~중1)

2단계 (중2~중3)

3단계 (중3~예비 고1)

뿌리깊은 중학국어 독해력
• 각 단계 30회 구성
• 독서 + 문학 + 어휘 학습을 한 권으로 완성
• 최신 경향을 반영한 수능 신유형 문제 수록
• 교과서 안팎의 다양한 글감 수록
• 수능 문학 갈래를 총망라한 다양한 작품 수록

※단계별로 권장 학년이 있지만 학생에 따라 느끼는 난이도는 다를 수 있습니다. 학생의 독해 실력에 맞는 단계를 공부하는 것이 좋습니다.
※<뿌리깊은 초등국어 한자>는 해당 학년을 참고하시기보다는 학생의 실력에 맞는 단계를 선택해 주세요. ※<뿌리깊은 초등국어 독해력 한국사>의 단계는 독해력 난이도가 아닌 시대 순서를 바탕으로 구성되었습니다.

1주차

01회 본문 002쪽

1 밥   2 못마땅함, 놀라움, 미안함
3 [1] 티끌 - ㉮ 평소에 조금씩 아낀 돈
　 [2] 태산 - ㉯ 굶주린 마을 사람 … 큰돈
4 ③   5 '크라우드 펀딩'에 O표   6 참여, 실현

어법·어휘편

[1단계]
[1] 보상   [2] 참여   [3] 정도

[2단계]
[1] 모우면X → 모으면   [2] 나너줄X → 나눠줄

[3단계]
②

1. 자린고비는 북어를 문밖으로 던지며 "아니, 맛있는 반찬이 있으면 밥을 더 먹게 될 것이 아닌가. 그러면 안 되지, 암!"이라고 말했습니다. 따라서 정답은 '밥'이 됩니다.

2. 처음 마을 사람들은 자린고비가 '못마땅'해서 혀를 내둘렀습니다. 그런데 큰 가뭄이 들어 굶주림에 시달릴 때 많은 쌀을 가져와 사람들에게 나누어 주자 사람들은 '놀라움'을 느끼었고, 그를 손가락질하고 욕한 것에 대해 '미안함'을 느꼈습니다.

3. '티끌 모아 태산'은 '아무리 작은 것이라도 모으고 모으면 나중에는 큰 것이 될 수 있다'는 말입니다. 여기서는 자린고비가 평소에 '조금씩 아낀 돈'이 굶주린 마을 사람 모두에게 쌀을 사서 나누어 줄 수 있을 정도의 '큰돈'이 되었습니다.

4. '자린고비'는 매우 인색한 '구두쇠'를 뜻합니다.

5. 이 글은 크라우드 펀딩을 설명하고 있습니다.

6. 여러 사람들이 '참여'해서 모은 크고 작은 돈이, 발명품을 만들거나 많은 사람들을 도울 좋은 생각을 '실현'해 줍니다.

어법·어휘편 해설

[1단계] 어떤 것에 대한 대가를 '보상'이라고 합니다. 그리고 '정도'란 분량이나 수준을 뜻합니다. 예를 들어 '어느 정도 예상한 일', '초등학생 풀 정도의 문제집' 등이 있습니다.

[2단계] '모으다'는 '한데 합치다'라는 뜻으로 '힘을 모으다', '두 손을 모으다' 등으로 사용됩니다. '모우다'는 방언이므로 표준어가 아닙니다.

[3단계] '이루다'의 본뜻은 '여러 부분이 모여 어떤 성질이나 모양을 갖추다'로, 여기서 '어떤 상태나 형편이 되게 하다', '뜻하거나 꿈꾸던 일을 실제로 해내다'라는 의미가 나왔습니다.

02회 본문 006쪽

1 ③   2 ③   3 도착, 영국, 깃발
4 ④   5 ④   6 ③

어법·어휘편

[1단계]
무모, 치밀, 정복

[2단계]
[3]에 O표

[3단계]
[1] 위험한 - ㉢ 안전하지 못한 나쁜 처지인
[2] 다급한 - ㉣ 할 일이 코앞에 닥쳐 몹시 급한
[3] 흐뭇한 - ㉠ 아주 마음에 들어 기분이 좋은

1. 아문센은 노르웨이 탐험대의 대장이었고, 치밀하고 냉정한 탐험가였습니다. 따라서 ㉢,㉣이 정답이 됩니다.

2. 아문센과 스콧의 모습은 사뭇 달랐습니다. 아문센은 치밀하고 냉정하였으며, 스콧은 열정적이지만 무모했습니다. 따라서 둘의 탐험 방식은 같지 않았습니다.

3. ㉠의 '우리가 남극점에서 영국 국기를 보게 되는 것이 아닐까? 신이시여, 우리를 도와주소서.'는 '우리 노르웨이 탐험대가 남극점에 도착했을 때 영국의 스콧 탐험대가 꽂아 놓은 깃발을 보게 되는 것이 아닐까 걱정됩니다. 신이시여, 우리를 도와주소서.'로 풀어서 쓸 수 있습니다.

4. ①은 문전성시(찾아오는 사람이 많아 문 앞이 시장을 이루다시피 함), ②는 구구절절(내용이 매우 상세하고 간곡함), ③은 학수고대(학의 목처럼 목을 길게 빼고 간절히 기다림), ⑤는 박장대소(손뼉을 치며 크게 웃음)로 고쳐쓰는 것이 자연스럽습니다.

5. 은택의 말과 달리 할머니는 팥죽을 크게 한 그릇씩 퍼서 물건들에게 주었습니다.

6. '미소를 짓다'에서 '짓다'는 '어떤 표정이나 태도 따위를 얼굴이나 몸에 드러낸다'는 뜻입니다. 따라서 답은 ③입니다.

어법·어휘편 해설

[1단계] '무모'는 깊이 생각하지 않거나 신중하지 못함을 뜻합니다. 반면 '치밀하다'는 자세하고 꼼꼼하다는 의미입니다.

[2단계] 우리가 잘 알고 있는 크다는 의미의 '大(클 대)'는 대국(大國), 대량(大量), 대소(大小), 대장(大將) 등에서 사용됩니다. 반면 '隊(무리 대)'는 대장(隊長), 대열(隊列), 군대(軍隊) 등에서 사용됩니다. 대열(隊列)은 무리의 사람들이 줄을 지어 서있는 행렬을 말합니다.

[3단계] '위험'은 안전하지 못한 처지이며 '다급'은 할 일이 바싹 닥쳐서 매우 급함을 뜻합니다. '흐뭇'은 기분이 좋은 상태를 뜻합니다.

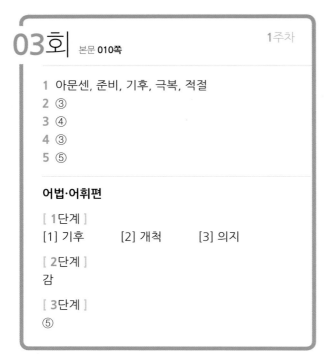

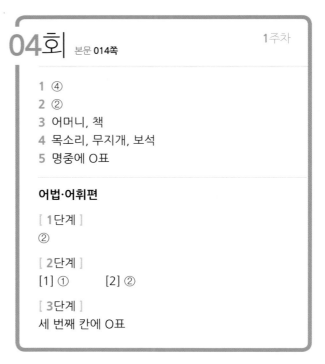

1 아문센, 준비, 기후, 극복, 적절
2 ③
3 ④
4 ③
5 ⑤

어법·어휘편

[1단계]
[1] 기후   [2] 개척   [3] 의지

[2단계]
감

[3단계]
⑤

1 ④
2 ②
3 어머니, 책
4 목소리, 무지개, 보석
5 명중에 O표

어법·어휘편

[1단계]
②

[2단계]
[1] ①   [2] ②

[3단계]
세 번째 칸에 O표

---

1. '아문센'이 스콧보다 먼저 남극점에 도달했고, 그 까닭은 철저한 '준비'로 남극의 '기후'를 '극복'하는데 더욱 '적절'했기 때문입니다.

2. 1912년 1월 17일 스콧은 남극점에 도달했고, 이는 아문센보다 한달 정도 늦은 시기였습니다.

3. 스콧의 탐험대는 1912년 1월 16일, 자신들보다 앞서간 이들의 썰매 자국과 발자국을 보았습니다. 그 자국들은 스콧 탐험대의 의지에 찬물을 끼얹었습니다.

4. '지게'는 멍석에 말린 호랑이를 지고 강가로 옮겼습니다.

5. '찬물을 끼얹다'는 '잘 되어 가고 있는 일에 뛰어들어 분위기를 흐리거나 공연히 트집을 잡아 훼방을 놓는다'라는 의미를 가진 관용 어입니다. 비슷한 말로 '고춧가루를 뿌리다. 초를 치다' 등의 표현이 있습니다. 따라서 ⑤번이 정답입니다. 나머지는 문맥상 말이 되지 않습니다. 참고로 '두려움으로 인해 찬물을 끼얹은 것처럼 으스스 했다'에서 '찬물을 끼얹다'는 정말로 찬물을 뿌리는 행위를 뜻합니다.

어법·어휘편 해설

[1단계] '의지'는 '어떠한 일을 이루고자 하는 마음'이며, '개척'은 거친 땅을 쓸모 있는 땅으로 만드는 것과 같이 '새로운 영역, 운명, 진로 따위를 처음으로 열어나간다'는 뜻입니다.

[2단계] '호감'의 '호(好)'는 '좋다, 사이좋다'는 의미입니다. 따라서 '호감'은 '좋아하는 감정'이 됩니다. '기대감'에서 '기대(期待)'는 '어 떤 일이 이루어지기를 바라면서 기다림'이란 뜻입니다.

[3단계] '끼얹다'는 '물이나 가루 따위를 다른 것 위에 내던지듯 뿌 린다'는 뜻을 가지고 있습니다. 따라서 ⑤번이 정답이 됩니다. 단, '끼얹다'에는 '욕설이나 저주 따위를 마구 퍼붓다'라는 의미도 있습니다. 예를 들어 '그녀는 입에 담을 수 없는 욕을 그에게 끼얹고는 그대로 나갔다' 등의 예문도 있습니다.

---

1. 〈춘추좌씨전〉은 당시에 가장 유행했던 책이고 비싼 가격으로 판매되었습니다. 김만중 역시 〈춘추좌씨전〉을 읽고 싶었지만, 어머 니가 고생하시는 것이 염려되어 거짓말을 했습니다. 김만중의 속마 음을 읽은 어머니는 형편이 어려움에도 그 책을 사서 김만중이 읽 을 수 있도록 하였습니다.

2. 가난한 사정이었지만, 김만중의 어머니는 아들을 위해 필요한 붓과 먹 등을 사서 주었습니다.

3. 비싼 책을 사면 '어머니'께서 고생을 더 해야 한다고 생각했던 김 만중에게 어머니는 책을 읽고 아들이 더 훌륭한 사람이 될 수 있다 면 당장은 고생하더라도 더 큰 보람을 느낄 수 있음을 알려 주었습 니다.

4. 아름다운 '목소리'를 가지지 못해 노래를 부를 수 없지만, 공작 새는 목둘레의 '무지개'같은 장식과 '보석'보다 화려한 꽁지깃을 가 지고 있습니다.

5. 하느님은 공작새에게 '하나만 알고 둘은 모르는구나'라고 말했 습니다. 공작새는 멋진 노래를 부를 수 있는 목소리 대신 아름다운 모습을 가지고 있었기 때문입니다. 따라서 명중이의 말이 옳습니 다.

어법·어휘편 해설

[1단계] '용서'와 관련하여 '용서를 빌다', '용서를 바라다', '용서를 구하다' 등의 표현을 사용합니다. 따라서 '용서를 찾다'는 어울리지 않습니다.

[2단계] '타이르다'는 '잘 깨닫도록 자초지종을 밝혀 말하다'라는 뜻입니다. 따라서 '잘 깨닫도록 설명하다'와 바꾸어 쓸 수 있습니다. 그리고 '심상찮다'는 '보통 때와 달리 중요하다'라는 의미입니다. 따 라서 '무언가 이상하다'라는 뜻입니다. 참고로 '평소와 다름없다'는 '예사롭다, 평범하다, 범상하다'와 같은 유의어가 있습니다.

[3단계] '내로라하다'는 '어떤 분야를 대표할 만하다'라는 뜻입니 다. 비슷한 말로 첫째가는 것이라는 '으뜸'이라는 말도 있습니다. 따 라서 '세계적인 명성을 가진 과학자'가 '내로라하다'와 어울리는 말 입니다.

1 닥나무
2 O, X, O
3 첫 번째 칸에 O표
4 격쟁
5 좋은, 재산
6 ③

어법·어휘편

[1단계]
[1] 세금 - ⓛ 국가가 필요에 의해 …
[2] 제도 - ⓒ 일의 형식이나 절차
[3] 관리 - ⓐ 나라의 일을 맡아서 하는 사람

[2단계]
[1] 고통   [2] 서울

[3단계]
징

1. 흑산도 사람들은 종이를 만들 때 쓰는 '닥나무'를 세금으로 내야 했습니다. 그런데 닥나무가 흑산도에서 자라지 않아, 흑산도 사람들은 곤란하고 억울해 하였습니다.

2. 흑산도 주민들은 김이수가 서울로 갈 때 돈을 모아 주었습니다.

3. "억울함을 풀어주지 않으니 입만 아플 뿐입니다."는 흑산도의 관리들은 억울함을 말해도 들어주지 않으니 아무런 소용이 없다는 뜻입니다.

4. '격쟁'이란 백성들이 왕에게 직접 억울함을 알릴 수 있는 방법이었습니다. 잘 알려진 신문고와 비슷한 역할을 하였습니다.

5. 점쟁이는 분명 좋은 일이 생겼으니 재산을 돌려줄 수 없다며 시치미를 뗐는데, 재산을 돌려받는 대신 그것을 도로 가져가라고 하면 점쟁이가 할 말이 없을 거라고 생각한 성종의 판결을 백성들은 지혜롭다고 생각했습니다.

6. '입만 아플 뿐이라'는 말을 해도 소용이 없다는 뜻입니다. 따라서 ③번이 정답이 됩니다.

어법·어휘편 해설

[1단계] '세금'은 '국가가 필요에 의해 국민들에게 거두는 돈이나 물건'입니다. 참고로 조선 시대에는 세 가지 세금이 있었습니다. 소유한 토지를 기준으로 한 세금, 국가가 필요로 하는 노동력을 제공하는 일, 지역의 특산품이 그것입니다. 노동력 제공과 특산품은 지금의 세금과 그 모습이 사뭇 다릅니다. '제도'는 '일의 형식이나 절차'를 뜻하며, '관리'는 '나라의 일을 맡아서 하는 사람'을 뜻합니다.

[2단계] 아픔은 '고통'과 같으며, 수도는 '서울'입니다. '서울'은 '한 나라의 중앙 정부가 있는 곳'이라는 우리말입니다.

[3단계] '징'은 사진과 같은 전통 악기입니다.

1 세 번째 칸에 O표
2 ①   3 ⑤
4 아침 조(朝) - 아침에, 석 삼(三) - 세 개,
  저녁 모(暮) - 저녁에, 넷 사(四) - 네 개
5 지언에 O표   6 ②

어법·어휘편

[1단계]
[1] 흉년 - ⓒ 여느 해보다 농사가 …
[2] 묘기 - ⓛ 신기한 기술이나 재주
[3] 소란 - ⓐ 시끄럽고 어수선함

[2단계]
[2]에 O표

[3단계]
[2]에 O표

1. 원숭이 수십 마리에게 먹이를 주었고, 흉년까지 들었기 때문에 생활이 매우 어려워졌습니다.

2. 원숭이들은 아침에 4개, 저녁에 3개를 받는 것이 더 좋다고 생각했습니다. 따라서 원숭이들은 좋아하며 손뼉을 짝짝 쳤습니다. 따라서 정답은 '기뻐'입니다.

3. '조삼모사'는 '결과가 같은지도 모르고 눈앞의 차이만을 아는' 상황에서 사용됩니다. 따라서 '결과는 같음에도 눈앞의 이익만 생각하여 어리석은 선택을 할 때' 사용됩니다.

4. 조삼모사(朝三暮四)는 순서대로 해석합니다. 즉 아침(朝)에 세(三) 개, 저녁(暮)에 네 개(四)라는 뜻입니다.

5. 혁진이의 말은 꾸준히 노력하여 좋은 결과가 있었다는 뜻입니다. 따라서 우공이산(愚公移山), 형설지공(螢雪之功), 불철주야(不撤晝夜) 등의 '노력'과 관련된 사자성어를 사용하는 것이 좋습니다.

6. 저공은 듣기 좋은 말로 원숭이들을 속였습니다. 따라서 이 상황과 비슷한 사자성어는 '감언이설'입니다.

어법·어휘편 해설

[1단계] '흉년'은 '농사가 예년에 비해 잘되지 아니하여 굶주리게 되는 해'를 뜻하며, '묘기'는 '신기한 기술이나 재주'를 의미합니다. 그리고 '소란'은 '시끄럽고 어수선함'을 뜻합니다.

[2단계] '피우다'는 '어떤 행동이나 태도를 나타낸다'는 뜻입니다. 예를 들어 '재롱을 피우다' '딴청을 피우다' 등이 있습니다. 그러나 [2]번의 '피우는'은 잘못된 표현으로 '고마움을 표현하는 자는 존경을 받는다' 등이 적절합니다.

[3단계] 잔고, 잔여물의 '잔'은 '남을 잔'을 뜻합니다. 즉 '잔고'는 '나머지 금액', 잔여물은 '남아 있는 물건 따위'를 뜻합니다.

1 청일전쟁, 빚(돈)

2 ③

3 오희순, 말, 말

4 재구에 O표

5 ③

6 [1] 디오게네스 - ⓒ 콩을 주워 …
　[2] 디오게네스를 찾아온 학자 - ㉠ 왕에게 …

어법·어휘편

[1단계]
'큰손'에 O표

[2단계]
[3]에 O표

[3단계]
'全(모두 전)'에 O표

---

1. '청일'전쟁으로 재산을 잃은 사람들은 '빚'을 갚지 않으려고 도망을 쳤습니다. 그런데 이승훈은 비록 빚을 갚지 못했으나 도망치지 않았습니다. 그래서 오희순은 이승훈의 정직함에 감동하며 그를 크게 반기었습니다.

2. 이승훈은 전쟁으로 빈털터리가 되었으나 도망치지 않고 오희순을 찾아가 반드시 돈을 갚겠다고 했습니다. 그의 정직함에 크게 기뻐한 오희순은 그의 빚을 탕감해 주었습니다.

3. 모두가 도망갔지만, 이승훈만이 빚을 갚겠다는 다짐을 하였습니다. 이에 오희순은 '말 한마디에 천 냥 빚도 갚는다'라고 말했습니다. 즉 이승훈의 말에 '오희순'은 큰 감동을 하였고, '말' 한마디가 어려운 일을 해낼 수 있을 만큼 큰 힘을 가지고 있다는 뜻입니다.

4. 학자는 왕에게 말로 아부하여 큰돈을 벌었습니다. 그의 '말 한마디에 천 냥 빚도 갚는다'는 '말 한마디로 큰돈을 벌 수 있다'는 뜻입니다.

5. 물고기를 잡으며 살아가는 사람은 '어부', 무언가의 옳고 그름을 따지는 것은 '여부' 또는 '시시비비(是是非非)'입니다. '남에게 잘 보이기 위해 듣기 좋은 말을 하는 것'이 '아부'의 뜻으로 어울립니다.

6. 디오게네스는 권력에 아부하는 것을 싫어했고, 학자는 왕에게 아부하더라도 큰돈을 버는 것을 중요하게 생각했습니다.

어법·어휘편 해설

[1단계] '큰손'은 특별히 잘 모셔야 할 귀한 손님입니다. 반면 '빈손'과 '빈털터리'는 아무것도 쥐고 있는 것이 없는 사람을 뜻합니다.

[2단계] '탕감'이란 받아야 할 돈을 덜어 주거나 아예 없애 주는 것입니다. '받아야 할 선물을 친구들이 탕감해 주었다'는 '받아야 할 선물을 친구들이 없애 주었다'는 의미가 되기에 부적절합니다.

[3단계] [1]에는 전체 즉 '모두'의 의미가 있으며, [2][3]에도 '모든'의 뜻이 있기에 정답은 '모두 전(全)'입니다. 참고로 싸울 전(戰)은 '전쟁(戰爭), 전투(戰鬪)' 등에 사용되며, 번개 전(電)은 '전기(電氣), 전선(電線)' 등에 쓰입니다.

---

1 1969

2 닐 암스트롱

3 두 번째 칸에 O표

4 첫 번째 칸에 O표

5 ②

6 첫 번째 칸에 O표

어법·어휘편

[1단계]
[1] 표면 - ⓒ 사물의 가장 겉 부분
[2] 착륙 - ⓒ 비행기 따위가 공중에서 …
[3] 인공위성 - ㉠ 지구 따위의 행성 …

[2단계]
[1] ①　　　　[2] ①

[3단계]
[1]에 O표

---

1. 인류가 처음으로 달에 첫발을 내디딘 것은 '1969'년입니다.

2. '닐 암스트롱'이 최초로 달에 첫발을 내딛었습니다.

3. 우주는 인류에게 더 이상 낯선 공간이 아닙니다. 우주 정거장에서 우주 비행사들이 몇 개월씩 머무르기도 하고, 화성을 비롯한 태양계의 행성까지 우주선이 도달하기도 했습니다. 또한 우주여행을 기획하는 사람들까지 생겨났습니다. 하지만 아직 화성에 가보지는 않았습니다. 참고로 2033년을 목표로 준비 중에 있다고 합니다.

4. '걸음마를 떼다'는 '어느 일이나 사업이 첫 시작을 했을 때' 쓰이는 말입니다. 따라서 이제 막 분식집을 차린 상황이 정답으로 어울립니다.

5. ②와 같이 물이 없는 것도 실제로는 이유일 수 있습니다. 하지만 지문에서는 '물'에 대한 내용이 없습니다.

6. ㉠의 '이제 막 걸음마를 떼었을 뿐입니다'는 '아직 시작 단계에 불과할 뿐입니다'와 같은 말입니다.

어법·어휘편 해설

[1단계] 낱말의 뜻에 맞게 이어 주면 됩니다.

[2단계] '도약'은 '몸을 위로 솟구치는 일'을 뜻합니다. 여기서 '더 높은 단계로 발전하는 것'이라는 비유적 표현이 나왔습니다. 따라서 정답은 '발전'이 됩니다. '선언'은 '국가나 집단이 의견이나 주장 따위를 정식으로 말하는 것'입니다. 따라서 '밝혔다'가 정답입니다.

[3단계] '데'는 다음과 같이 두 가지로 사용됩니다.
먼저 과거의 일, 사실, 경험 등을 말할 때의 '데'가 있습니다. 예를 들어 '그 선생님은 아들만 넷인데', '그렇게 말했는데, 바뀐 것이 없어' 등입니다. 이 경우 띄어서 쓰지 않습니다.
다음으로 '장소, 일, 경우'를 뜻하는 '데'가 있습니다. 예를 들어 '지금 가는 데가 어디니?', '달에 착륙시키는 데 성공했다'의 경우 하나의 단어로 취급해서 띄어 씁니다.

09회 본문 036쪽

1 ⑤
2 평화로운, 준비
3 있을 유(有) - 되어 있다면, 준비 비(備) - 준비가, 없을 무(無) - 없다, 걱정 환(患) - 걱정할 것이
4 유비무환
5 ②
6 첫 번째 칸에 O표

어법·어휘편

[1단계]
[1] 대비 [2] 원칙 [3] 보관

[2단계]
[1] ② [2] ②

[3단계]
[1] 괴로움 [2] 자유로움

1. 위강은 "평안할 때 위태로움을 생각해야 합니다. 생각하면 준비해야 할 것이고, 준비하면 걱정할 일이 없을 것이라고 하였습니다"고 말하였습니다. 즉 평화로운 시절일수록 언제 닥칠지 모를 일을 대비하여야 한다는 것입니다.

2. 도공은 '평화로운 시절일수록 더욱 미리 철저히 준비'라는 위강의 말을 통해 유비무환의 교훈을 알게 되었습니다.

3. 준비(備)가 있다면(有) 걱정(患)이 없다(無). 예를 들어 난형난제(難兄難弟)를 해석해 보면 형(兄)이라 부르기 어렵고(難) 아우(弟)라 부르기도 어렵다(難)가 됩니다. 이와 같은 순서로 해석하면 됩니다.

4. 건강할 때 미리 예방접종을 하자는 뜻이기에 '유비무환'이 적절합니다.

5. ②의 '일어나기 전에 미리 준비하여 막다'가 '예방하다'의 뜻으로 적절합니다.

6. 우산을 챙겨 온 경우가 '유비무환'과 어울립니다.

어법·어휘편 해설

[1단계] 앞으로 일어날 일에 대한 준비이기에 '대비'가 적절합니다. 할아버지는 자신의 생각이나 규칙을 지키는 분이기에 '원칙'이 답이 됩니다. 냉장고에 물건 등을 넣어 관리하는 것은 '보관'이 답이 됩니다.

[2단계] '올곧다'는 '마음이나 정신 상태 따위가 바르고 곧다'는 뜻입니다. 따라서 ②번이 답이 됩니다. 예를 들어 '올곧은 정신', '올곧은 성품' 등으로 이용됩니다. '평안'은 '걱정이나 탈이 없음'을 뜻합니다. 따라서 ②번이 답이 됩니다.

[3단계] 위태롭다는 위태로움이 되고, 이롭다는 이로움이 되었습니다. 따라서 괴롭다는 '괴로움'이 되고, 자유롭다는 '자유로움'이 됩니다.

10회 본문 040쪽

1 ①
2 항복, 그리스
3 세 번째 칸에 O표
4 고무, 발사, 연료
5 첫 번째 칸에 O표

어법·어휘편

[1단계]
[1] 결판 - ⓒ 옳고 그름, 이기고 지는 것 따위가 …
[2] 저주 - ㉠ 남에게 재앙 등이 닥치기를 바람
[3] 방심 - ㉡ 마음을 다잡지 못하고 긴장을 …

[2단계]
[1] ② [2] ①

[3단계]
쑥대밭

1. 그리스와 트로이는 10년 이상 큰 전쟁을 했기에, 사이가 좋다고 말하기 어렵습니다. 라오콘만이 카산드라의 말을 진지하게 들어주었고, 나머지 트로이 사람들은 목마를 성안에 들이는 것을 찬성했습니다.

2. 트로이 사람들은 그리스 군대가 목마만 두고 도망을 쳤기에, 목마를 '항복'의 의미로 받아들였습니다. 하지만 실상 목마에는 트로이로 들어가기 위해 '그리스' 군대가 숨어 있었습니다.

3. '돌다리도 두들겨 보고 건너라'는 '아무리 확실해 보여도 만약의 경우를 생각해 한 번 더 확인해 보라'는 뜻입니다. 따라서 라오콘이 이 말을 한 까닭은, 그리스 군이 두고 간 '목마'가 항복의 뜻이라고 해도 만약의 경우를 대비해 한 번 더 목마의 안을 확인하자는 것이었습니다.

4. 챌린저호 사고는 '고무'로 만든 O링에 문제가 있을 수 있기에 '발사'를 늦춰달라는 기술자의 경고를 무시했기 때문에 일어났습니다. 결국 금이 간 O링에서 '연료'가 새어 챌린저호는 폭발하게 됩니다.

5. 기술자가 계속 발사를 늦춰 달라고 경고했던 이유는 '아무리 사소한 문제라도 조심해야 한다'는 생각을 가지고 있었기 때문입니다. 따라서 첫 번째 내용이 정답입니다.

어법·어휘편 해설

[1단계] '결판'은 '옳고 그름이나 이기고 짐에 대한 최후의 판정을 내린다'는 뜻이며, '저주'는 '남에게 재앙 등이 닥치기를 바라는 것'입니다. 또한 '방심'이란 '긴장하여 마음을 푸는 것'입니다.

[2단계] '사소한'은 '사소하다'의 활용으로 '보잘것없이 작거나 적다'는 뜻입니다. 그리고 '신중'은 매우 조심스럽다는 뜻입니다.

[3단계] 쑥이 잔뜩 드러난 땅을 '쑥대밭'이라고 합니다. 여기서 '쑥대'는 쑥의 줄기를 뜻합니다.

2주차 주말부록 정답

본문 044쪽

② 잊어 / 잊어

11회 본문 046쪽

1 X, X, O, O, O
2 ④
3 손, 황금
4 첫 번째 칸에 O표
5 ⑤
6 1. ㉠   2. ㉡

어법·어휘편

[1단계]
[1] 남매   [2] 자매   [3] 형제

[2단계]
[1] 소원을 - ㉢ 빌다
[2] 감옥에 - ㉠ 가두다
[3] 잔치를 - ㉡ 벌이다

[3단계]
[1] ①   [2] ②

---

1. 만지는 것마다 황금으로 바뀌어 미다스 왕은 크게 기뻐했지만, 빵과 물도 황금이 되어 먹을 수 없고 사랑하는 딸조차 가까이할 수 없다는 사실에 크게 후회하였습니다.

2. (가)에는 원인과 결과를 이어주는 '그러자'가 적당합니다. (나)에는 앞의 내용과 반대되는 내용을 연결하는 '그러나', '하지만' 등이 어울립니다.

3. 미다스 왕이 입버릇처럼 말하던 것은 '손에 닿는 것마다 모두 황금으로 변했으면' 입니다.

4. 누군가가 만든 물건이 매번 큰 성공을 거둔다는 것은 마치 손에 닿는 것 모두를 황금으로 만드는 미다스 왕의 손길과 같습니다. 따라서 하는 일마다 큰 성공을 거둘 때 '미다스의 손'이라는 말을 씁니다.

5. 헨젤과 그레텔이 어두운 숲으로 들어가게 되었을 때, 돌아오는 길을 잃어버리지 않으려고 빵 조각들을 떼어 놓았습니다. 하지만 새들이 빵 조각들을 먹어 치우는 바람에 길을 잃고 말았습니다.

6. '입에 달고 다니다'는 '음식을 입에 달아둔 것처럼 늘 먹으며 지낸다는 뜻'과 '어느 말을 버릇처럼 반복한다'는 뜻을 가지고 있습니다. ㉠은 말과 관련되었으므로 '말버릇'과 관련되어 있으며, ㉡은 먹는 것과 연관되어 있어 '늘 먹고 지낸다'는 뜻이 됩니다.

어법·어휘편 해설

[1단계] 남매는 '오빠와 누이', 자매는 '언니와 여동생', 형제는 '형과 아우'를 의미합니다.

[2단계] '소원'과 어울리는 말은 '빌다'이며, '감옥'과 연관되는 말은 '가두다'입니다. 그리고 '잔치'는 '벌이다'와 어울립니다.

[3단계] '늘'은 '언제나'의 뜻입니다. 뛸 듯이 기뻐한다는 것은 매우 기뻐한다는 뜻입니다. 따라서 '무척'이 정답이 됩니다.

12회 본문 050쪽

1 ④   2 [1], [2], [3]에 O표
3 [1] 서당 - ㉢   [2] 훈장님 - ㉡
   [3] 제자 - ㉣   [4] 호통 - ㉠
4 입, 말   5 훈장님, 할 말
6 첫 번째 칸에 O표

어법·어휘편

[1단계]
[1] 퍼뜩   [2] 꾸벅꾸벅

[2단계]
[1] 총명하다 - ㉠ 똑똑하다
[2] 둘러대다 - ㉢ 변명하다
[3] 어서 - ㉡ 얼른

[3단계]
'죽, 호흡'에 O표

---

1. 이 이야기는 조선 시대 '오성과 한음' 이야기 중 하나입니다. 깜빡 졸은 훈장님은 부끄러워 공자님을 만나고 왔다는 핑계를 댑니다. 잠시 후 오성과 한음이 졸자 그들 역시 공자님을 만나고 왔다는 말을 하는 기지를 발휘합니다. 그런데 '공자'는 실제로 등장하지 않습니다.

2. 두 아이는 죽이 잘 맞았기 때문에 서로 행동이나 생각이 다르지 않았습니다.

3. '서당'은 옛날에 아이들에게 한문이나 글을 가르치던 곳이며, '훈장님'은 서당에서 글을 가르치는 사람을 높여 부르는 말이며, '제자'는 스승으로부터 가르침을 받는 사람이고, '호통'은 몹시 화가 나서 크게 소리 지르거나 꾸짖는 소리입니다.

4. 유구무언(有口無言)은 입(口)은 있으나(有) 할 말(言)이 없다(無)는 뜻입니다. 따라서 정답은 '입' '말'입니다.

5. '훈장님'은 공자님을 뵙고 왔다는 거짓말을 했고, 아이들 역시 같은 핑계를 대어 훈장님은 '할 말'이 없었습니다. 따라서 유구무언이라고 할 수 있습니다.

6. '유구무언'은 실수나 잘못한 것이 너무 확실하여 도무지 아무 말도 할 수 없는 상황에서 쓰는 표현입니다. 따라서 친구를 두고 혼자 도망치는 잘못을 한 경우가 가장 적절합니다.

어법·어휘편 해설

[1단계] '퍼뜩 정신을 차리다'는 말을 자주 사용합니다. 여기서 '퍼뜩'이란 어떤 생각이 아주 순간적으로 떠오르는 모양을 뜻합니다. '꾸벅꾸벅'이란 머리나 몸을 앞으로 자꾸 숙였다가 드는 모양입니다. 따라서 '꾸벅꾸벅'이 정답으로 어울립니다.

[2단계] '총명하다'는 '똑똑하다'와 바꾸어 쓸 수 있으며, '둘러대다'는 '변명하다', 그리고 '어서'는 '얼른'과 같은 뜻입니다.

[3단계] '죽이 잘 맞다'는 서로 생각이나 행동이 잘 맞는다는 뜻입니다. 여기서 '죽'이란 먹는 죽이 아니라, '옷이나 그릇 따위를 열 벌씩 묶어 세는 말입니다. 예를 들어 양말 한 죽이라면 양말 열 켤레가 됩니다. 그런데 죽이 안 맞으면 짝이 없는 상태가 됩니다. 따라서 '죽이 잘 맞다'는 호흡이 잘 맞다, 마음이 통한다 등의 뜻으로 사용됩니다.

13회 본문 054쪽

1 음력, 새해(혹은 신년)
2 북부, 콩, 굴
3 떡국, 식감, 맛, 없을, 비슷(유사)
4 [1] 메밀 [2] 밀가루
5 한국 전쟁, 메밀, 밀가루, 매운

어법·어휘편

[1단계]
[1] 민족 - ㉠ 오랫동안 같이 살아서 …
[2] 명절 - ㉢ 해마다 기념하고 즐기는 특정한 날
[3] 음력 - ㉡ 달이 차고 기우는 …

[2단계]
[1] ② [2] ①

[3단계]
(위에서부터) 북부, 중부, 남부

1. 설날은 '음력'으로 1월 1일이기 때문에, '새해(신년)' 첫날의 의미가 있습니다.

2. 지역에 따라 떡국은 다릅니다. 강원도 '북부' 지방은 만두로만 '만둣국'을 해 먹었습니다. '콩'이 잘 자라는 전라북도에서는 두부를 납작하게 썰어 부드럽고 깔끔한 맛의 두부 떡국을 만들어 먹었습니다. 경상남도의 경우 '굴'이 많아 굴로 국물을 내었습니다.

3. 과거 '떡국'에 꿩고기를 넣었는데, 꿩고기가 구하기 힘들어 대신 닭을 사용했습니다. 이는 닭고기가 '식감'과 '맛'에서 꿩고기와 비슷하기 때문입니다. 따라서 꿩 대신 닭이란 무언가가 '없을' 때 '비슷(유사)'한 것으로 대신한다는 뜻입니다.

4. 냉면을 만들 '메밀'이 없어 '밀가루'로 냉면을 만든 것이 밀면의 시작입니다. 따라서 꿩과 닭의 관계에서 생각하면 '메밀과 밀가루'가 정답이 됩니다.

5. 한국 전쟁(1950년)으로 북쪽에서 온 사람들은 '메밀'로 만든 냉면을 먹고 싶었지만, 메밀이 없어 '밀가루'로 냉면을 해 먹었고, 사람들의 입맛에 따라 '매운' 양념이 들어갔습니다.

어법·어휘편 해설

[1단계] 민족은 '오랫동안 같이 살아서 비슷한 문화를 가진 사람들의 무리'를 뜻하며 명절은 '해마다 기념하는 특정한 날'입니다. 음력은 양력의 반대말로서 '달이 차고 기우는 것을 기준으로 하는 날짜'입니다.

[2단계] 지방에 따라 다양한 떡국이 있습니다. 따라서 '제각각'이 정답입니다. '식감'이란 음식을 먹을 때 입안에서 느끼는 감각이고 '미각'이란 맛을 느끼는 감각이란 뜻입니다. 따라서 '식감'이 정답입니다. '미각'은 맛과 같은 말이기에 중복되어 틀립니다.

[3단계] 동서남북을 생각하면 쉽게 이해할 수 있습니다. 그리고 가운데 부분을 '중부'라고 합니다.

14회 본문 058쪽

1 ①
2 좋은 생각
3 두 번째 칸에 O표
4 황금빛
5 6

어법·어휘편

[1단계]
[1] ① [2] ②

[2단계]
[1] 너도나도 [2] 탐스럽게 [3] 이만저만

[3단계]
광고

1. 처음에 농부들은 '합격 사과'라는 말을 이해하지 못했지만, 그 뜻을 이해한 후 무릎을 치며 감탄하였습니다.

2. '좋은 생각'이 떠오르거나 누군가의 말에 큰 감동을 하였을 때, 자신도 모르게 손뼉을 치는 등의 행동을 합니다. 이때 우리는 '무릎을 치다'라는 표현을 사용합니다.

3. 첫 번째 '무릎을 쳤습니다'는 말 그대로 무릎을 치는 동작을 뜻합니다. 반면 민호는 관용적 표현인 '놀라거나 감탄할 때 손뼉 등을 친다' 등의 뜻으로 '무릎을 쳤기' 때문에 정답이 됩니다.

4. 강 건너편에서 보면 우리 집도 '황금빛'으로 빛나고 있다는 사실을 알았기 때문에 더는 강 건너편에 있는 집을 부러워하지 않게 되었습니다.

5. 무릎을 치는 경우는 '좋은 생각'이 떠오르거나 알게 되었을 때입니다. 따라서 [6]번의 '아하...'와 같이 깨닫는 장면에 어울립니다.

어법·어휘편 해설

[1단계] '유명'은 이름이 널리 알려진 상태이고, '평소'는 특별한 일이 없는 보통 때를 뜻합니다. 따라서 '유명한'은 '이름이 널리 알려진'으로 바꿀 수 있고, '평소'는 '보통 때'로 바꾸어 쓸 수 있습니다.

[2단계] [보기]의 낱말들을 각각의 문장에 넣어 보면, [1]은 모두가 도움을 주는 것이므로 '너도나도'가 정답이 됩니다. [2]의 경우 사과가 열린 모습을 표현하기에 '탐스럽게'가 적절하며, [3]에서는 '이만저만'이 정답이 됩니다. '이만저만'은 이만하고 저만하다는 뜻으로 '웬만하다'는 의미입니다. 그런데 '이만저만'이 '아니다' '어렵다' 등과 사용되면 '웬만하지 않다', '매우 어렵다' 등의 의미가 됩니다. 예를 들어 '이만저만 고생이 아니다'는 매우 고생한다는 뜻입니다.

[3단계] '광고'란 '물건을 팔기 위해 어떤 사실을 널리 알리는 일'입니다. 여기서 제시된 문구와 글은 '합격 사과'가 태풍에도 떨어지지 않은 특징을 내세워 홍보하기에 '광고'라고 할 수 있습니다.

1 ④
2 ㉮, ㉣, ㉯, ㉰
3 ⑤
4 [1] 진나라 왕 - ㉡ 길을 통해 쳐들어가 …
  [2] 촉나라 왕 - ㉠ 금소를 가져오게 하기 위해
5 ③
6 ②

어법·어휘편

[1단계]
[1] 소문   [2] 정벌   [3] 기회

[2단계]
[3]에 O표

[3단계]
④

1 ④
2 [1]-①, [2]-④, [3]-③, [4]-②
3 구름, 몸, 꿈 / 용, 바다, 예지몽
4 지혜, 소문, 해몽
5 새우에 ○표   6 ④

어법·어휘편

[1단계]
[1] 해몽   [2] 덕담   [3] 승천

[2단계]
[1] X   [2] O   [3] O

[3단계]
[1] 夢 꿈 몽   [2] 談 이야기 담   [3] 昇 오를 승

---

1. 진나라 왕은 촉나라를 가지고 싶었지만, 촉나라로 가는 길이 '매우 험한 산길'이어서 쳐들어갈 수 없었습니다.

2. 진나라 왕은 촉나라를 가지기 위해 '금소에 대한 소문'을 냈고, 촉나라 사신이 와서 소문을 확인하고 돌아갔습니다. 이후 촉나라는 큰길을 만들고 금소를 받으려고 했지만, 오히려 큰길로 인하여 진나라에 나라를 빼앗겼습니다.

3. 촉나라 왕은 '금소'라는 '작은 것'을 탐하다, '촉나라'라는 '큰 것'을 잃었습니다. 따라서 ⑤번이 정답으로 적절합니다.

4. 촉나라 왕은 큰길을 만들어 금소를 가져오려고 했지만, 진나라는 그 길을 통해 촉나라를 침입했습니다.

5. '빈대 잡으려다 초가삼간 태우다'와 '소탐대실'은 공통적으로 무엇인가를 얻으려다 손해를 보는 것입니다. 따라서 ③번이 정답으로 적절합니다.

6. 아무리 빈대가 미워도 집을 태워 빈대를 잡는다면 그 손실이 어마어마할 것입니다. 아무리 밉고 화나도 그런 행동을 한다면 '어리석은' 사람이 될 것입니다.

어법·어휘편 해설

[1단계] '정벌'이란 '적을 무력으로 친다'는 뜻이며, '기회'는 '무슨 일을 하는 데 있어 적절한 시기나 경우'를 뜻합니다. '소문'은 '사람들의 입에 오르내려 전하여 들리는 말'입니다.

[2단계] '엿보다'는 '남이 보이지 아니하는 곳에 숨거나 남이 알아차리지 못하게 하여 대상을 살펴보다'라는 뜻을 가지고 있습니다. 따라서 [3]의 '엿보며'는 정답이 될 수 없습니다. 참고로 '엿보다'의 발음은 [엳뽀다]입니다.

[3단계] '넓다, 좁다'는 면이나 바닥 따위의 면적을 기준으로 반대되는 의미입니다. '위 - 아래', '오다 - 가다', '남자 - 여자'는 각각 위치, 동작, 성별이 반대됩니다. 그런데 '맛있다 - 재미있다'는 반대말이 될 수 없습니다. '맛있다'와 '재미있다'는 공통 요소도 없고 다른 요소도 없기 때문입니다.

1. 가자미는 망둥어의 해몽과 달리 멸치의 꿈은 멸치가 인간들의 밥상 위에 올라가게 되는 예지몽이라고 했습니다.

2. 마지막 문단을 보면 가자미는 두 눈이 한쪽으로 몰리고, 꼴뚜기는 두 눈을 몸통 아래에 옮겨 답니다. 새우는 허리가 구부러졌고, 병어는 작은 입을 가지게 되었다는 것을 알 수 있습니다.

3. '꿈보다 해몽이 좋다.'는 '어떤 일에 대해 일부러 좋게 풀이하다.'라는 뜻을 가집니다. 이 글에서 멸치는 '구름을 타고 하늘에 올라 추웠다 더웠다 하더니 몸 위로 눈이 펑펑 쏟아지는 꿈'을 꾸었고, 망둥어는 그 꿈이 '멸치가 용이 되어 바다를 다스릴 거라는 예지몽'이라며 꿈을 좋게 풀이했습니다.

4. 본문의 5번째 문장 '망둥어 선생은 1000년을 넘게 살아 지혜롭고, 해몽을 잘한다는 소문이 자자했기 때문입니다.'를 참고하면 빈칸을 채울 수 있습니다.

5. '구름을 타고 하늘에 올랐다.'는 멸치의 꿈이므로 밑으로 1칸, '멸치가 구름을 타고 하늘로 승천한다.'는 망둥어의 해몽이므로 왼쪽으로 1칸 , '몸이 더웠다 추웠다 했다.'는 멸치의 꿈이므로 밑으로 1칸, '용이 된 멸치가 눈을 내리게 만든다.'는 망둥어의 해몽이므로 왼쪽으로 1칸 이동합니다. 따라서 멸치가 만나게 되는 등장인물은 '새우'입니다.

6. '꿈보다 해몽이 좋다.'라는 속담은 '하찮거나 마음에 들지 않는 일도 마음먹기에 따라 좋게 풀이할 수 있다.'는 뜻을 가집니다.

어법·어휘편 해설

[1단계] '해몽'은 '꿈에 일어난 일에 대해 좋고 나쁨을 풀이함'이라는 뜻입니다. '덕담'은 '남이 잘되기를 바라면서 해 주는 말'이라는 뜻입니다. '승천'은 '하늘로 올라가는 것'이라는 뜻입니다.

[2단계] 진수성찬은 '푸짐하게 잘 차린 귀하고 맛있는 음식'입니다. 여러 음식이 가득한 '뷔페'나 '식탁 가득' 음식을 차린 상황에서는 사용할 수 있으나 '음식이 초라하다'라는 표현과는 쓸 수 없습니다.

[3단계] [1] '악몽'(惡악할 악 夢꿈 몽)은 '무섭거나 기분 나쁜 꿈'입니다. [2] '미담'(美아름다울 미 談말씀 담)은 '감동을 일으키는 아름다운 행실에 대한 이야기'입니다. [3] '승진'(昇오를 승 進나아갈 진)은 '직장에서 지금보다 더 높은 곳으로 오름'을 의미합니다.

1 2, 4, 1, 3
2 ①
3 뚜껑, 뜸, 잘, 기다리는
4 첫 번째 칸에 ○표
5 [2]에 ○표

어법·어휘편

[1단계]
[1] 한두 번 - ⓒ 한 번이나 두 번 정도
[2] 서너 번 - ⓔ 세 번이나 네 번 정도
[3] 대여섯 번 - ㉠ 다섯 번이나 여섯 번 정도

[2단계]
'비타민, 탄수화물'에 ○표

[3단계]
③

---

1. 밥을 짓기 위해서는, '쌀을 씻는다', '물을 조절한다', '밥을 끓인다', '뜸을 들인다'의 과정을 거쳐야 합니다.

2. 밥 짓는 과정 중 쌀을 씻는데 너무 세게 씻으면 고소한 맛이 떨어질 수 있으므로 주의해야 합니다. 따라서 '세게'는 틀린 말이 됩니다.

3. 밥을 할 때 뜸을 들이기 위해서는 밥이 끓은 후 '뚜껑'을 덮고 기다려야 합니다. 밥을 지을 때의 '뜸'은 기다린다는 의미이지만 의미가 확대되어 어떤 일이나 계획이 '잘' 이루어지도록 '기다리는' 것으로도 사용됩니다.

4. 별주부전은 토끼의 간을 먹어야 병이 낫는 용왕을 위해 육지로 나간 자라와, 죽음의 위기로부터 탈출하는 토끼의 이야기입니다. 문제에서 용왕이 문어 의사의 이야기를 듣고 한숨을 내쉰 까닭은 '바다에 사는 생물들이 육지에 있는 토끼의 간을 구해 오는 것은 매우 힘들기' 때문입니다.

5. 밥에 뜸이 들기 위해서는 10분 이상 기다려야 합니다. 따라서 '말이나 일 따위를 지나치게 느리게 진행한다'는 의미로도 사용됩니다. 예를 들어 '뜸 들이지 말고 어서 줘!'의 경우, 빨리 달라는 뜻이 됩니다.

어법·어휘편 해설

[1단계] '한두 번'은 '한 번이나 두 번 정도'를 뜻합니다. 따라서 '서너 번'은 '세 번이나 네 번 정도', '대여섯 번'은 '다섯 번이나 여섯 번 정도'입니다. 참고로 '한두 번'의 '번'은 일의 횟수를 나타내는 단위이기 때문에 '한 번, 두 번, 세 번'과 같이 띄어 씁니다.
여기서 더 나아가 '한번'이라는 표현도 있습니다. 이때는 '지난 어느 때' 혹은 '어떤 일을 시도할 때'라는 뜻으로 붙여 씁니다. '한번은 해 보았어', '한번 해 보았다', '한번 잘 생각해 봐!', '한번 놀러 와' 등으로 사용될 수 있습니다.

[2단계] '영양분'은 몸에 이로운 성분입니다. 따라서 '일산화탄소'와 같이 무서운 물질은 영양분이 될 수 없습니다.

[3단계] '질다 - 고슬고슬하다 - 되다'는 물기가 많은 것부터 나열한 것입니다. 따라서 '진밥 - 고슬고슬한 밥 - 된밥'이 정답입니다.

---

1 ②
2 ③
3 ④
4 사면초가
5 ⑤
6 초나라, 노래

어법·어휘편

[1단계]
[1] 사기 - ⓒ 자신감으로 가득 찬 기세
[2] 칠흑 - ⓛ 무척 어두운 검은색
[3] 탄식 - ㉠ 한숨을 쉬며 한탄함

[2단계]
[1] ①   [2] ①

[3단계]
거리

---

1. 어려운 형편에 처한 초나라 병사들은, 고향의 노랫소리를 듣고 더욱 마음이 약해졌습니다.

2. 초나라 병사들이 노랫소리를 들은 때는, 칠흑같이 어두워 아무것도 보이지 않는 밤이었습니다. 따라서 '아침'을 이야기한 상철이의 말이 적절하지 않습니다.

3. '사면초가'의 '사면(四面)'은 '전후좌우'를 뜻합니다. 따라서 네 면을 표시한 ④번이 정답입니다.

4. 포위되고 해결할 방법이 없기에 '사면초가'라는 고사성어가 적절합니다.

5. 남한산성이 볼거리가 많고 휴식을 취하기 좋은 장소이지만, 역사를 살펴보면 가슴 아픈 이야기가 있습니다. 따라서 ⑤번이 정답으로 적절합니다.

6. '사면초가'는 사방에서 '초나라'의 '노래'가 들린다는 뜻입니다. 어찌할 수 없고 어떤 탈출구도 보이지 않는 상황을 묘사하는데, 누구의 도움도 받을 수 없을 만큼 힘들고 어려운 상황을 두고 자주 사용합니다.

어법·어휘편 해설

[1단계] '사기'는 '자신감으로 가득 찬 기세'를 뜻합니다. 예를 들어 '병사들의 사기가 높았다', '선수들의 사기가 하늘을 찌를 듯하다' 등에서 사용됩니다. '칠흑'은 '무척 어두운 검은색'을 뜻하며, '탄식'은 '한탄하여 내쉬는 숨'을 의미합니다. 예를 들어 '가뭄으로 백성들이 탄식만 하고 있다', '기대가 탄식으로 변해 갔다' 등이 있습니다.

[2단계] 며칠간의 '-간'은 '동안'을 뜻하는 말입니다. 예를 들어 이틀간, 한 달간, 이십 일간 등으로 사용됩니다. 따라서 '며칠간'은 '며칠 동안'이 됩니다. '더 이상'이 있는 부분에 '더는'과 '더욱'을 넣어보면 '더는'이 적절합니다.

[3단계] 먹거리, 일거리, 이야깃거리에서 '거리'는 '무엇인가의 내용이 될 만한 재료'를 뜻합니다. 예를 들어 '국거리, 반찬거리, 비웃음거리' 등이 있습니다.

19회 본문 080쪽

1 ①
2 ㉠ 부모님께서 날 키우느라 …
3 ⑤
4 ③
5 새 발의 피
6 정원에 O표

어법·어휘편

[1단계]
①

[2단계]
[1] 허풍　　　　[2] 풍습

[3단계]
[1] 지레　　　　[2] 으레

---

1. 아이는 용돈을 받아 과자와 아이스크림을 사 먹고 싶었습니다. 따라서 장난감을 사기 위해 용돈이 필요했던 것이 아닙니다.

2. 아이는 부모님을 위해 많은 일을 했기에 용돈을 받는 것이 당연하다고 생각했습니다. 하지만 자신을 위해 부모님이 했던 많은 일을 깨달은 뒤 부모님을 열심히 도와드려야겠다고 마음먹었습니다.

3. '새 발의 피'는 '새의 발에서 나오는 아주 적은 양의 피'라는 의미로, 매우 적거나 모자랄 때 쓰는 표현입니다. 따라서 '아주 하찮다'로 바꾸어 쓸 수 있습니다.

4. '펄펄'은 눈이 내리는 모습을 흉내 낸 말입니다. 예를 들어 '아기가 아장아장 걷는다'의 '아장아장'은 모습을 흉내 낸 말로서 의태어라고 부릅니다. 의태어의 '의'는 한자로서 '흉내'를 뜻하며 '태'는 '모습'을 뜻합니다. 따라서 ③의 '둥둥'이 정답입니다. '멍멍'과 '텅텅'은 소리를 흉내 내는 말입니다.

5. '아주 작은 것이라네.'는 '새 발의 피'로 바꾸어 쓸 수 있습니다. 참고로 '모기 다리의 피만 하다'와 같은 표현도 있습니다.

6. 장난을 당한 사람, 즉 선물을 받는 사람이 가짜 선물임을 눈치채면 선물을 보낸 사람이 음식을 대접해야 했습니다. 따라서 신웅이는 내용을 잘 이해하지 못했습니다.

어법·어휘편 해설

[1단계] 머리맡은 누운 사람의 머리 위쪽이나 그 주위를 뜻합니다. 따라서 ①이 정답입니다. 발이 있는 쪽은 '발치'라고도 합니다.

[2단계] '면허'란 어떤 특정한 일을 할 수 있도록 국가가 허락하는 것입니다. '습관'이란 어떤 일을 오랫동안 되풀이하여 저절로 익혀진 행동 방식을 뜻합니다.

[3단계] 경서는 시합하기도 전에 겁을 먹은 것이기에 '지레'가 정답이고, 늘 분식집에 가는 경욱이의 경우 '으레'가 맞습니다.

20회 본문 084쪽

1 [1] 에리시크톤 - ㉠ 이 참나무에 풍요의 …
　[2] 일꾼들 - ㉡ 신은 나뭇잎 한 장에도 …
2 풍요, 요정, 리모스
3 ②
4 ④
5 장점, 소비자
6 주원에 O표

어법·어휘편

[1단계]
[1] 경고　　　[2] 풍요　　　[3] 축복

[2단계]
[1] ①　　　　[2] ②

[3단계]
남자, 여자(순서 상관없음), 늙은이, 젊은이(순서 상관없음)

---

1. 숲에 있는 참나무를 보고 '에리시크톤'은 요정의 존재를 믿지 않았지만, '일꾼'들은 참나무가 신의 축복을 받았다고 믿었습니다.

2. 에리시크톤은 '풍요'의 여신 데메테르 여신의 축복이 깃든 참나무를 베었습니다. 화가 난 '요정'들은 여신에게 달려가 이 사실을 알렸고, 굶주림의 신 '리모스'를 보내 에리시크톤이 평생 굶주림에 시달리도록 하였습니다.

3. 게는 겁이 많아 바람만 불어도 눈을 감추고 재빨리 숨어 버립니다. 이런 모습에서 '(마파람에) 게 눈 감추듯'이라는 표현이 나왔는데, 이 지문에서는 '음식을 허겁지겁 빨리 먹어 치우다'라는 뜻으로 사용됩니다. 에리시크톤이 계속 배가 고파서 순식간에 먹었다는 모습을 보면 짐작할 수 있습니다.

4. '게 눈 감추듯 사라지게 만드는 맛'이란 매우 맛있어 허겁지겁 빨리 먹게 만든다는 뜻입니다. 따라서 정답은 ④번이 적절합니다.

5. 광고는 상품의 '장점'을 '소비자'에게 알려 상품이 많이 팔게 하는 것을 목적으로 하고 있습니다.

6. 주원이의 말처럼 '게 눈 감추듯 사라지게 만드는 맛'이라면 누구라도 그 음식을 먹고 싶을 것입니다. 하지만 그 말이 음식을 빨리 먹으라는 뜻은 아닙니다.

어법·어휘편 해설

[1단계] '경고'란 '조심하거나 어떤 행동을 하지 않도록 미리 주의를 주는 것'입니다. 따라서 [1]은 경고가 어울립니다. '풍요'는 '부족하지 않으며 넉넉한 상태'를 뜻하며, '풍요로운 계절, 풍요의 계절' 등으로 사용될 수 있습니다. '축복'은 '행복을 빎'입니다.

[2단계] '머무르다'는 '살다'와 같은 의미이고, '망설이다'는 '주저하다, 머뭇거리다'와 같은 뜻입니다.

[3단계] 남녀노소는 남자(男), 여자(女), 늙은이(老), 젊은이(少)라는 뜻으로 '모든 사람'을 의미합니다.

21회 | 본문 090쪽

1 '강태공'에 O표
2 ④
3 관직, 세월, 능력
4 정용에 O표
5 ⑤
6 ③

어법·어휘편

[1단계]
[1] 성품   [2] 계책   [3] 관직

[2단계]
⑤

[3단계]
②

---

1. 이 글의 등장인물은 '강태공, 젊은이, 문왕'입니다. 그 중, 주인공은 강태공이라고 할 수 있습니다.

2. 문왕은 강태공을 보고, 한눈에 그의 능력을 알아보았습니다. 따라서 강태공의 능력을 의심했다는 ④번은 적절하지 않습니다.

3. 젊은이는 능력을 갖추고도 '관직'에 나서지 않고 '허송세월'하는 강태공이 이해되지 않았습니다. 하지만 강태공은 시간을 그냥 흘려 보낸 것이 아니라 '능력'을 마음껏 펼칠 기회를 기다린 것입니다.

4. '허송세월'은 '헛되이 보내는 세월'이라는 뜻으로 허송세월을 보내지 않겠다는 말은 언제나 공부에 힘쓰겠다는 말과 잘 어울립니다. 지술의 경우에는 '허허벌판'이, 강인의 경우에는 '수불석권'이 적절합니다.

5. 지문에서는 유배를 가면 절대 돌아올 수 없다는 말이 없습니다.

6. '목민심서'는 정약용이 유배지에서 펴낸 책으로 관리들이 지켜야 할 내용을 담은 글입니다.

어법·어휘편 해설

[1단계] '성품'은 사람의 성질이나 됨됨이를 뜻합니다. '계책'은 어떤 일을 이루기 위하여 꾀나 방법을 생각해 내는 것을 말하는데, 예를 들어 '을지문덕 장군은 멋진 계책으로 수나라 군대를 물리쳤다' 등으로 사용할 수 있습니다. '관직'은 국가로부터 받은 일정한 직무나 직책을 뜻합니다.

[2단계] '허(虛)'는 '비었다'는 뜻입니다. 따라서 '허점(虛點, 허술한 구석), 허공(虛空, 텅 빈 하늘), 허무(虛無, 아무것도 없이 텅 빔), 허약(虛弱, 힘이나 기원이 없고 약함), 허기(虛氣, 속이 비어 허전한 느낌)' 등으로 사용됩니다. 반면 '허락(許諾)'의 '허'는 '받아들인다 또는 바라는 것을 들어준다'는 뜻입니다.

[3단계] 탄생과 사망은 반대말입니다. 따라서 '상승 - 하강, 건설 - 파괴, 공격 - 방어, 아이 - 어른' 등이 같은 관계입니다. 그러나 '문학 - 소설'은 큰말과 작은말의 관계입니다. 예를 들어, '학교 - 초등학교, 음식 - 냉면, 차 - 자동차' 등이 있습니다.

22회 | 본문 094쪽

1 신하들의 주장 - 수준, 풍습
  세종대왕의 주장 -한자, 관청
2 '세종대왕'에 O표
3 반대, 한글
4 ③
5 신혜에 O표

어법·어휘편

[1단계]
[1] 풍습 - ㉠ 어느 사회에 전해지는 관습 따위
[2] 관청 - ㉢ 나라의 일을 맡아보던 곳
[3] 하소연 - ㉡ 억울하거나 잘못된 일을 남에게 …

[2단계]
[1] ①   [2] ①

[3단계]
[2]에 O표

---

1. 한글이 창제될 당시 신하들은 한글은 깊은 뜻이 없는 글자라 우리의 '수준'을 떨어트릴 것이라고 주장했고, 새로운 글자를 만드는 것은 '풍습'을 만드는 것이므로 천천히 진행해야 한다고 하였습니다. 반면 세종대왕은 '한자'를 쓰면 서로 말이 통하지 않고, 백성들은 배움의 기회를 가지지 못한다고 생각했습니다. 또한 글자를 몰라 억울한 일이 있어도 '관청'에 하소연조차 할 수 없음을 안타까워 했습니다.

2. 세종대왕은 한글로 인해 우리의 수준이 높아지고, 백성들은 훌륭한 글과 책을 읽을 수 있을 거라 믿었습니다.

3. 신하들이 한글 창제 '반대' 이유로 든 것들은 '한글'을 만들어 얻게 될 이익에 비해 작았습니다. 따라서 구더기는 '반대 이유'가 되고, 장 담그는 것은 '한글을 만드는 일'입니다.

4. 새로 만든 글자인 한글은 총 28자였고, 중국과 우리말이 달라 백성들이 소통에 어려움을 겪었기 때문에 한글이 창제되었습니다. 한글이 익히고 쓰기 쉬운 글자이기는 하였으나, 이로 인해 글을 모르는 사람이 없어졌다는 내용은 언급되어 있지 않습니다.

5. 세종대왕은 말하고 싶은 내용이 있어도 글자를 몰라 말하지 못하는 백성들을 가엾게 생각하여 한글을 만들었습니다. 지문에서 '어리석다'는 말은 백성들에 대한 세종대왕의 안타까운 마음이 드러난 표현으로, 낮잡아 본다는 의미는 아닙니다.

어법·어휘편 해설

[1단계] '풍습'은 '어느 사회에 전해지는 관습 따위'를 뜻합니다. '관청'이란 '나라의 일을 맡아보던 곳'이며, '하소연'은 '억울하거나 잘못된 일을 남에게 말하는 것'을 의미합니다.

[2단계] '혼란스럽다'는 '보기에 뒤죽박죽이 되어 어지럽고 질서가 없는 데가 있다'는 뜻입니다. 그리고 '마땅하다'는 '그렇게 하는 것이 이치로 보아 옳다'는 뜻입니다.

[3단계] '뜻'은 '단어의 뜻, 낱말의 뜻, 말씀하신 뜻'과 같이 '말이나 글 따위의 속내'를 뜻합니다. 반면 '뜻'은 '무엇을 하겠다고 속으로 먹는 마음'이라는 뜻도 있습니다.

23회 본문 098쪽

1 첫 번째 그림에 O표
2 ②
3 ③
4 첫 번째 칸에 O표
5 우형에 O표
6 독일어, 프랑스어, 모국어

어법·어휘편

[1단계]
[1] 언어 - ⓒ 말과 글자
[2] 지각 - ⓒ 약속에 늦음
[3] 게시판 - ㉠ 전달 사항을 알리는 곳

[2단계]
[1] ②　　　　[2] ①

[3단계]
③

24회 본문 102쪽

1 ⑤
2 재윤에 O표
3 푸른곰팡이, 페니실린
4 ③
5 두 번째 칸에 O표

어법·어휘편

[1단계]
[1] 세균 - ⓒ 발효나 부패 작용을 하는 …
[2] 특정 - ㉠ 특별히 정해진
[3] 성분 - ⓒ 물체를 이루는 물질

[2단계]
인체, 세균, 감염

[3단계]
방

---

1. 알퐁스 도데의 「마지막 수업」은 1871년 프랑스와 독일과의 전쟁 후를 배경으로 삼습니다. 프랑스는 전쟁에서 패배하면서 일부 지방을 독일에 넘겨주게 됩니다. 이 소설은 그러한 역사적 배경을 바탕으로 작가가 쓴 글로, '프랑스'의 어느 마을이 소설의 배경입니다.

2. 늦잠으로 지각을 한 프란츠는 선생님의 꾸중이 걱정되었으나, 선생님의 꾸중을 듣지 않아 기분이 좋아졌습니다. 하지만 더 이상 프랑스어를 배울 수 없음을 안 프란츠는 가슴이 미어졌습니다.

3. 더 이상 프랑스어를 배울 수 없다는 사실이 프란츠의 가슴을 미어지게 하였습니다.

4. '가슴이 미어지다'는 '마음이 슬픔이나 고통으로 가득 차 견디기 힘든 모습'을 나타내는 말입니다. 아래의 경우는 매우 기쁜 상황입니다. 따라서 '가슴이 뛰다' 등이 적절합니다.

5. 이 이야기는 '나'가 주인공이 되어 사건의 전개 과정을 직접 이야기합니다. 따라서 우형이의 말이 적절합니다.

6. 프란츠와 그 마을 사람들은 독일어 외의 다른 말은 쓸 수 없게 되었습니다. 따라서 모국어인 프랑스어 수업은 마지막이 되었습니다.

어법·어휘편 해설

[1단계] '언어'는 '말과 글자', '지각'은 '약속에 늦음', '게시판'은 '전달 사항을 알리는 곳'입니다.

[2단계] '평소'는 특별한 일이 없는 보통 때입니다. 따라서 '보통'이 들어간 ②가 정답입니다. 그리고 '마음대로'는 자유롭다는 뜻이므로 ①의 '자유롭게'가 정답이 됩니다.

[3단계] '미소'는 소리 없는 웃음입니다. 따라서 자지러지게 웃는 소리를 흉내 낸 '까르르'가 어울리지 않는 표현입니다.

---

1. 페니실린은 알렉산더 플레밍이 발견하였고, 세균을 죽이면서도 부작용이 적은 물질입니다. 페니실린의 등장으로 많은 사람을 살릴 수 있었으며, 그 공로를 인정받아 알렉산더 플레밍은 노벨 의학상을 받게 되었습니다. 따라서 '노벨 평화상'을 받았다는 ⑤번이 옳지 않습니다.

2. 페니실린의 등장으로 많은 사람을 살릴 수 있었습니다. 따라서 재윤의 말이 옳습니다.

3. '전화위복'이란 나쁜 일이 도리어 좋은 일이 된다는 뜻입니다. 알렉산더 플레밍에게 나쁜 일은 '세균을 담은 접시에 푸른곰팡이가 핀 것'입니다. 그러나 그 나쁜 일이 '페니실린의 발견'으로 이어졌으며 결국 좋은 일이 되었습니다.

4. 존슨앤드존슨은 타이레놀 독극물 사건으로 인해 위기를 겪었습니다. 그러나 도리어 이 일로 많은 사람에게 신뢰를 주어 더욱 크게 성장할 수 있었습니다.

5. 존슨앤드존슨은 위기상황에서 타이레놀을 회수하고 환불해 주고, TV 광고를 해서 타이레놀의 위험성을 알렸습니다. 그 덕에 사람들은 오히려 존슨앤드존슨에 대해 신뢰감을 가지게 되었습니다. 따라서 큰 위기가 닥치더라도 과감하고 신속한 대처를 한다면 오히려 사람들의 신뢰를 쌓을 수 있다는 교훈을 얻을 수 있습니다.

어법·어휘편 해설

[1단계] '세균'은 '발효나 부패 작용을 하는 아주 작은 생물체'를 뜻합니다. 그리고 '특정'은 '특별히 정해진', '성분'은 '물체를 이루는 물질'이라는 의미입니다.

[2단계] '세균', '인체', '감염'을 문장에 각각 넣어보면 적절한 문장을 찾을 수 있습니다.

[3단계] '실(室)'은 '방'이라는 뜻입니다. 따라서 연구실은 연구하는 방이 되고, 실험실은 실험하는 방이 됩니다. 따라서 대기실은 대기하는 '방'이 됩니다.

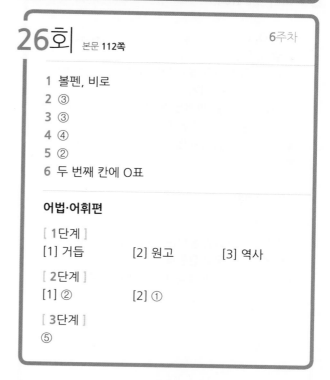

25회 본문 106쪽

1 ⑤
2 ㉮, ㉯, ㉰, ㉱
3 ⑤
4 ⑤
5 ②

어법·어휘편

[1단계]
[2]에 O표

[2단계]
[1] ②   [2] ②

[3단계]
[1] 모으다   [2] 통하다

---

1. 다른 나라 때문에 고민에 빠진 왕은 장군을 보내 직접 그 나라를 살피게 하였습니다. 결국 장군은 그 나라를 살펴보고 몰아낼 방법을 찾았습니다.

2. 다른 나라가 백성을 괴롭혀(㉮) 왕과 신하들은 어떻게 해야 할지 의논을 하였습니다(㉯). 그 결과 장군을 그 나라로 보냈고, 장군은 포로도 만나기도 하고(㉰) 그 나라의 실상을 알아보기도 하였습니다. 그 결과 다른 나라의 군사들이 나타나는 지역에 백성을 살게 하고 병사들을 두어 적군을 몰아냈습니다(㉱).

3. '백 번 듣는 것이 한 번 보는 것만 못하다'는 듣는 것보다 직접 보고 경험하는 것이 더 좋다는 뜻입니다.

4. 왕이 '백 번 듣는 것이 한 번 보는 것만 못하다'라고 말한 이유는 책으로 다른 나라의 문물을 배우는 것보다 직접 가서 배워 오는 것이 낫다고 생각했기 때문입니다.

5. 보빙사는 미국에 가서 미국 대통령을 만나 나라를 운영하는 제도를 배웠고 새로운 문물에 대해서도 공부하였습니다. 그 결과 우편 제도와 영어를 가르치는 학교가 세워졌습니다. 따라서 '한글'을 배워 왔다는 말은 알맞지 않습니다.

어법·어휘편 해설

[1단계] 얼굴은 우리 신체의 한 부분으로 머리의 앞면뿐만 아니라, 표정이나 대표를 의미하기도 합니다. 이 문제에서는 '걱정스러운 얼굴'이므로 '감정 따위가 드러난 표정'이 정답이 됩니다.

[2단계] '몰아내다'는 몰아서 밖으로 쫓거나 나가게 한다는 뜻입니다. 따라서 '내쫓다, 밀어내다, 쫓아내다' 등이 비슷한 말입니다. '생각'은 '무엇인가를 헤아리고 판단하는 작용'을 뜻하는데, 문맥에 따라 '진심'이 되기도 하고, '판단'이 되기도 합니다. 따라서 문장을 보고 판단해야 합니다. '나는 그의 생각을 따르기로 했다'의 경우 생각은 판단이 적절합니다.

[3단계] 일반적으로 '의견을 모으다', '말이 통하다'라고 말합니다.

5주차 주말부록 정답
본문 110쪽

② 붙여 / 붙여

6주차

26회 본문 112쪽

1 볼펜, 비로
2 ③
3 ③
4 ④
5 ②
6 두 번째 칸에 O표

어법·어휘편

[1단계]
[1] 거듭   [2] 원고   [3] 역사

[2단계]
[1] ②   [2] ①

[3단계]
⑤

---

1. 이 글은 볼펜이 어떻게 발명되었는지 설명하는 글입니다. 그리고 주요 내용은 '볼펜을 발명한 라슬로 비로'의 이야기입니다.

2. 라슬로 비로가 만년필보다 편리한 필기구를 만들기 위해, 처음에는 끈끈한 잉크를 사용하였는데, 잉크가 끈끈한 나머지 만년필 끝으로 잉크가 거의 흘러나오지 않았습니다. 따라서 ③번이 정답이 됩니다.

3. '손에 익다'는 '어떤 일이나 물건에 익숙해지다'라는 뜻을 가지고 있습니다. 따라서 '샤프가 손에 익을 때까지는 시간이 걸릴 것 같다'가 정답이 됩니다. ①은 '발이 넓다', ②는 '낯이 익다', ④는 '손에 꼽을', ⑤는 '귀가 얇은'이 어울립니다.

4. ㉠의 '손에 익지 않던 만년필'에서 '익지'는 '익다'의 활용이고 그 뜻은 '자주 해 보아서 어떤 일에 서툴지 않다'는 의미입니다. 따라서 정답은 ④번입니다.

5. '공을 던지고 또 던졌습니다'에서 '손에 익을 때까지' 연습을 했음을 알 수 있습니다.

6. 커밍스가 만든 변화구는 '커브'입니다. 그리고 커브는 공이 앞쪽으로 회전하면서 날아가다가 아래 방향으로 크게 떨어집니다. 속도는 포크볼, 슬라이더보다 느립니다.

어법·어휘편 해설

[1단계] '거듭'은 '어떤 일을 되풀이하여'를 뜻하며, '원고'는 '인쇄하거나 발표하기 위해 쓴 글이나 그림' 따위를 의미합니다. 또한 '역사'는 '인류의 기록'입니다.

[2단계] '오늘 배운 내용을 실생활에 적용해 보자'는 '오늘 배운 내용을 실생활에 알맞게 이용해 보자(맞추어 보자)' 등의 의미입니다. 따라서 [1]의 적용은 '이론이나 원칙 같은 것을 실제로 맞추어 쓰는 것'이라고 할 수 있습니다. ①은 적응에 대한 설명입니다. [2]의 '일쑤였다'는 '흔히 겪거나 흔히 그러는 일이다'라는 뜻입니다.

[3단계] '필기구'에는 붓, 볼펜, 샤프, 연필, 만년필 따위가 있습니다. '방망이'는 필기구라고 할 수 없습니다.

27회 본문 116쪽

1 X, O, O, X
2 앞뒤, 모순
3 [1] 절대 깨지지 않는 다이아몬드 - ⓛ 무엇이든
지 부수는 망치
   [2] 아무도 못 맞히는 문제를 내는 선생님 - ㉠
어떤 문제든 푸는 학생
4 (왼쪽부터) 잡히지 않는, 라엘랍스(사냥개)
5 ③

어법·어휘편

[1단계]
[1] 상인 - ⓒ 물건을 파는 것이 직업인 사람
[2] 견고 - ㉠ 굳고 단단함
[3] 예리 - ⓛ 끝이 뾰족하거나 날이 선 상태

[2단계]
①

[3단계]
④

1. 길에서 큰 소리로 창과 방패를 팔던 상인은 앞뒤가 맞지 않는 이야기를 해서 사람들의 신뢰를 잃어버렸고, 그 결과 물건을 팔 수 없었습니다.

2. 상인은 창과 방패를 소개하며 '앞뒤'가 맞지 않는 말을 했습니다. 이처럼 두 사실이 반대되어 서로 맞지 않는 상황을 '모순'이라 부릅니다.

3. 모순 관계는 앞뒤가 맞지 않는 상황입니다. 즉 하나가 맞으면 다른 쪽이 틀리고, 다른 쪽이 맞으면 하나가 틀리는 상황입니다. 따라서 '절대 깨지지 않는 다이아몬드 - 무엇이든지 부수는 망치', '아무도 못 맞히는 문제를 내는 선생님 - 어떤 문제든 푸는 학생'이 모순 관계입니다.

4. 여우는 누구에게도 절대 잡히지 않는 동물이고, 라엘랍스는 무엇이든지 무조건 잡을 수 있는 사냥개입니다.

5. 제우스는 여우와 사냥개 라엘랍스를 보고, 세상에 모순이 생겼다고 생각했습니다. 그 이유는 절대 잡히지 않는 동물이라면 사냥개 라엘랍스가 있을 수 없고, 사냥개 라엘랍스가 있다면 여우는 존재할 수 없기 때문입니다.

어법·어휘편 해설

[1단계] '상인'은 '물건을 파는 것을 직업인 사람'입니다. 그리고 '견고'는 '굳고 단단함'을 뜻하며, '예리'는 '끝이 뾰족하거나 날이 선 상태'를 의미합니다.

[2단계] 기적적으로 죽지 않은 상황이므로 '살아 있었다', '살아 남았다'가 적절합니다. '살아 빌었다'는 어색합니다.

[3단계] 앞과 뒤의 관계는 반대말입니다. 따라서 '위 - 아래, 빛 - 어둠, 시작 - 끝, 추가 - 삭제' 등은 답이 될 수 없습니다.

28회 본문 120쪽

1 2, 3, 1
2 [1] 부리또 - ⓒ 멕시코
   [2] 오일 파스타 - ⓒ 이탈리아
   [3] 깐풍기 - ㉠ 중국
3 X, O, O
4 ③
5 '검은발 살쾡이'에 O표
6 쥐똥

어법·어휘편

[1단계]
[1] 역할   [2] 작다

[2단계]
[1] 그리믄   [2] 마슨   [3] 자근

[3단계]
[1] 맵다   [2] 역할

1. 글의 처음 부분을 보면 오이고추가 가장 크고, 그 다음이 녹광고추이며, 청양고추는 가장 맵지만 작다고 하였습니다.

2. 작은 고추들이 들어가는 음식 중 이탈리아의 오일 파스타, 중국의 깐풍기, 멕시코의 부리또를 소개하고 있습니다.

3. '작은 고추가 반드시 맵다'는 말은 지나친 일반화입니다. 무조건 작은 것이 맵지는 않기 때문입니다. 참고로 일반화란 특수한 경우를 보고 일반적인 것으로 여기는 것입니다. 예를 들어 자신이 알고 있는 안경 쓴 사람들의 성격이 좋을 때, 안경 쓴 사람들은 모두 성격이 좋을 거라고 생각하는 것이 일반화입니다.

4. '작은 고추가 더 맵다'는 '몸집이 작더라도 무시하면 안 된다'는 뜻입니다.

5. '검은발 살쾡이'는 작은 고양잇과 동물이지만 무시무시한 사냥꾼입니다. 따라서 '작은 고추가 더 맵다'라는 말을 쓰기에 적절합니다.

6. '쥐의 똥'을 가리키는 말이므로 '쥐똥'이 적절합니다. 또한 '쥐똥만하다'는 매우 작다는 뜻입니다.

어법·어휘편 해설

[1단계] '역할'이란 '할 일'이라는 뜻으로 마땅히 하여야 할 임무 등을 의미합니다. 단, '역활'은 없는 말입니다. '작다'는 크기에 사용되고, '적다'는 양에 사용됩니다. 예를 들어 '키가 작다', '작고 조용한 마을', '옷이 작다', '작은 사건', '작은 목소리'에서 '작다'는 길이, 넓이 등의 크기와 관련됩니다. 또한 '수업이 적다', '관심이 적다', '적게 먹어 배고프다', '용돈이 적다' 등 '적다'는 수, 분량 등의 양에서 사용됩니다.

[2단계] '그림은'에서 '림'의 받침 'ㅁ'이 뒤의 '은'과 만나 [그리믄]으로 발음됩니다. 마찬가지로 '맛은'에서 'ㅅ+은'이 되어 [마슨]이 되고, '작은'에서 'ㄱ+은'이 되어 [자근]이 됩니다.

[3단계] 맵다의 발음은 [맵따]이고 역할의 발음은 [여칼]입니다.

1 콜럼버스, 달걀
2 ③
3 두 번째 칸에 O표
4 ⑤
5 첫 번째 칸에 O표

어법·어휘편

[1단계]
[1] 항해 - ㉡ 배를 타고 바다 위를 다님
[2] 기념 - ㉢ 뜻깊은 일 따위를 오래도록 기억함
[3] 연회장 - ㉠ 잔치 따위가 벌어지는 장소

[2단계]
'갈라파고스'에 O표

[3단계]
[1]에 O표

1 ①
2 ④
3 앞(전), 뒤(후)
4 ④
5 ①

어법·어휘편

[1단계]
[1] 평정 - ㉡ 난리 난 세상을 진정시킴
[2] 정치 - ㉢ 나라를 다스리는 일
[3] 가히 - ㉠ 능히, 넉넉히

[2단계]
[1] 새벽   [2] 빠짐

[3단계]
[2]에 O표

1. 이 이야기는 콜럼버스의 아메리카 대륙 발견 기념 잔치에서 있었던 일에 관한 내용입니다. 특히 사람들의 트집을 '달걀' 하나로 잠재운 일은 유명한 일화입니다.

2. 콜럼버스는 아메리카 대륙을 발견한 것에 대해 사람들이 계속 트집을 잡자, 달걀을 깨서 세우는 것에 비유하여 반박한 것입니다.

3. 콜럼버스를 미워하고 싫어하던 사람들은 누구나 배를 서쪽으로 끌고 가면 신대륙을 발견할 수 있다고 생각했습니다.

4. '트집'은 '공연히 조그만 흠을 들추어내어 불평을 하거나 말썽을 부림'을 뜻합니다. 예를 들어 '트집을 부리다', '트집이 나서 그렇게 말하는 거지' 등으로 사용됩니다. 따라서 ㉡의 '트집을 잡는 것'은 '흠을 잡아 흉을 보는 것'이 됩니다.

5. ㉢의 '각자 자신이 가지지 못한 것을 고르지 않겠습니까?'라는 말은 '자신에게 있는 것보다 없는 것을 가지고 싶어 하는 것이 당연하다'라는 말입니다. 즉 부족한 것을 가지고 싶다는 뜻입니다. 이렇게 생각하면 피터슨 교수는 '지혜'가 부족해서 '지혜'를 선택한 것이 됩니다.

어법·어휘편 해설

[1단계] '항해'는 '배를 타고 바다 위를 다님'을 뜻하며, '기념'이란 '뜻깊은 일 따위를 오래도록 기억함'을 의미합니다. 또한 '연회장'이란 '잔치가 벌어지는 장소'를 말합니다.

[2단계] 지구에는 크게 여섯 개의 대륙이 있습니다. 아시아, 아프리카, 유럽, 오세아니아, 남아메리카, 북아메리카 등의 대륙이 있습니다. 갈라파고스는 19개의 섬으로 되어 있습니다. 따라서 여러 섬의 모임을 뜻하는 '제도'라는 말을 써, '갈라파고스 제도'라고 합니다.

[3단계] '볼멘소리'는 서운하거나 성이 나서 퉁명스럽게 하는 말투입니다. 따라서 문맥이 자연스러워 정답이 됩니다. '슬쩍'은 '심하지 않은 약간'의 의미이기에 '우당탕'과 어울리지 않으며, '혼날 기회'라는 말은 사용하지 않습니다. '기회'는 '어떤 일을 하는 데 적절하고 좋은 시기'를 뜻하기 때문입니다. '혼날 때'가 적절합니다.

1. 유기는 제갈량이 만든 '흙으로 빚은 닭'을 깨뜨렸는데, 그 안에 유기가 언제 자신이 만든 닭을 깨뜨린다는 내용이 있었습니다. 이를 본 유기는 제갈량의 능력에 감탄하고 그를 인정하게 되었습니다.

2. '전무후무'는 '이전에도 없었고 앞으로 경험하기 어려울 만큼 대단히 놀랍고 뛰어난 것'을 설명할 때 쓰는 말입니다. 따라서 ④번이 정답입니다. 참고로 ①은 '청출어람', ②는 '자수성가', ③은 '입신양명', ⑤는 '대기만성'이 적당합니다.

3. '전무후무'는 전(前)에 없었고(無) 후(後)에도 없다(無)고 해석할 수 있습니다.

4. 이 글은 '승정원일기'에 관한 글입니다. 승정원이 하는 일, 승정원일기의 특징, 승정원일기의 글자 수, 승정원 일기의 가치 등의 내용을 찾을 수 있으나 '승정원일기가 보관된 곳'에 관한 내용은 없습니다.

5. 승정원일기는 하루 동안 처리한 문서나 사건에 대해 상세히 적은 일기입니다. 승정원일기에는 임금과 신하 간에 이루어진 시시콜콜한 대화까지 모두 포함되어 있습니다. 따라서 유라의 말이 옳지 못합니다.

어법·어휘편 해설

[1단계] '평정'이란 '난리 난 세상을 진정시킴'의 뜻을 가지고 있습니다. '정치'란 '나라를 다스리는 일'을 말하며, '가히'는 '능히, 넉넉히'의 의미를 가지고 있습니다.

[2단계] 이른 아침은 '새벽'을 뜻하며, 전부는 '빠짐없이'를 말합니다.

[3단계] '시시콜콜'은 '자질구레한 것까지 낱낱이 따지거나 다루는 모양'입니다. 예를 들어 '시시콜콜 따지다', '그는 그녀에 대해서 시시콜콜 다 알고 있다' 등의 상황에서 사용됩니다. 따라서 '중요하고 시시콜콜한 일'과 같은 말은 어울리지 않습니다. '방대'는 '규모나 양이 매우 많음'을 의미합니다. 그런데 [3]에서는 '열심히 찾은 정보가 겨우 이정도야?'라고 말했기에 '방대'가 어울리지 않습니다.

31회 본문 134쪽

1 난데없이, 멀뚱멀뚱
2 ④
3 민석에 O표
4 ②
5 상현에 O표

어법·어휘편

[1단계]
[1] 부디쳐X → '부딪쳐', '부딪혀' (둘 다 정답)
[2] 밑에X → 밑에

[2단계]
ⓛ 우리 집에 매일 놀러오던 재호가 …

[3단계]
'갑자기'에 O표

---

1. '난데없이'는 '별안간, 뜻밖에, 갑작스레'와 비슷한 말로서 '나타나는 모양이 아주 뜻밖이고 갑작스럽다'의 의미가 있습니다. 그리고 '멀뚱멀뚱'은 '눈만 둥그렇게 뜨고 물끄러미 쳐다보는 모양'입니다. 따라서 토끼가 갑작스레 나무에 부딪쳐 죽는 모습은 '난데없이'가 적절하며, 단지 나무 밑에 앉아 토끼를 기다리는 모습은 '멀뚱멀뚱'이 좋습니다.

2. 홍시를 먹고 싶다면 따야 합니다. 감나무 밑에 누워 홍시가 떨어지기를 기다려도 홍시는 떨어지지 않습니다. 따라서 ④의 '아무런 노력도 하지 않고 좋은 결과를 얻기를 바란다'가 정답입니다.

3. '100점을 바라면서 공부하지 않는 민석'의 모습이 '감나무 밑에 누워서 홍시 떨어지기를 기다린다'와 어울립니다.

4. 신라는 고구려의 도움을 받지 않았고, 백제와 화해하여 큰 전쟁을 피할 수 있었습니다.

5. '감나무 밑에 누워서 홍시 떨어지기를 기다린다'는 아무것도 하지 않으면서 좋은 결과를 바란다는 뜻입니다. 아무것도 하지 않고 고구려가 돕기만을 기다리고 있다면, 위급한 상황이 전혀 나아지지 않는다는 의미로 ⊙처럼 말하였습니다.

어법·어휘편 해설

[1단계] '부딪쳐'가 정답이지만, '부딪혀'도 정답이 됩니다. '전봇대에 머리를 부딪쳤다'와 같이 '어떤 것이 다른 것에 세차게 가 닿는 상황'은 '부딪치다'가 어울립니다. 반면 '배가 세찬 파도에 부딪혔다'와 같이 '배'가 '파도'에 의해 부딪히는 경우 '부딪히다'가 좋습니다. 즉 '부딪히다'는 남에 의해 일어나는 상황을 말합니다.

[2단계] '의아하다'는 '의심스럽고 이상하다'라는 뜻으로 '매일 우리 집에 놀러오던 재호가 오늘은 오지 않아 의아했다'와 같은 상황에서 쓸 수 있습니다.

[3단계] '난데없이'는 '갑자기 불쑥 어디서 왔는지 알 수 없게'의 의미입니다. 예를 들어 '난데없이 나타나다', '난데없이 끼어들다', '난데없이 모여들다'와 같이 말합니다.

32회 본문 138쪽

1 ③
2 첫 번째 칸에 O표
3 ⑤
4 ①
5 ③

어법·어휘편

[1단계]
결의, 몰두, 근성

[2단계]
[1] 손제주X → 손재주   [2] 한낟X → 한낱

[3단계]
[1] 양물   [2] 농장물

---

1. 라이트 형제는 '오토 릴리엔탈'의 사고 소식을 듣고 사람들이 안전하게 하늘을 날 수 있는 비행기구를 만들겠다는 결의를 했습니다. 그리고 글라이더가 박살 날 때마다 새로 만들고 계속 도전했습니다. 무려 석 달 동안 1000번의 글라이더를 날리기도 하였습니다.

2. 수많은 실패가 있었지만 라이트 형제는 이를 악물고 포기하지 않고 꿈을 이루기 위해 최선을 다하였습니다.

3. '이를 악물다'는 '힘겨운 어려움을 헤쳐 나가기 위해 참고 견디거나, 결의를 굳게 하다'라는 뜻입니다. 따라서 '절대로, 절대로 포기하지 않을 거야. 난 이 일을 반드시 해내겠어.'와 같은 말을 할 때 쓰일 수 있습니다.

4. 시나리오에서는 동작, 표정 등을 가리키는 지시문이 있습니다. 오빌의 대사 '우리는 반드시 해낼 거야.'와 어울리는 동작이나 표정은 '이를 악물며'가 적절합니다.

5. 앞 지문의 [가]는 글쓴이가 내용을 설명하는 모습입니다. 반면 [나]는 이야기의 주인공들의 대화로 구성되어 있습니다. [가]는 내용을 객관적이고 정확하게 전달할 수 있다는 장점이 있습니다. 그리고 [나]는 인물들이 어떤 고민을 했을지 좀 더 생생하게 전달합니다.

어법·어휘편 해설

[1단계] '근성'이란 '태어날 때부터 지니고 있는 성질'이고, '결의'란 '뜻을 정하고 굳게 마음을 먹는다'는 뜻입니다. 또한 '몰두'는 '어떤 일에 온 정신을 다 기울여 열중함'이라는 뜻으로 '공부에 몰두하다', '일에 몰두하다' 등으로 쓰입니다.

[2단계] '손재주'가 정확한 표현이며, 뜻은 '손으로 무엇을 잘 만들어 내거나 다루는 재주'입니다. 그런데 '제', '재'를 구분하여 발음하지 않는 사람이 많아 구분하기는 쉽지 않습니다. '제'의 'ㅔ'는 입을 보통으로 열고 혀의 높이를 중간으로 하여 발음합니다. '재'의 'ㅐ'는 입을 크게 벌리고 혀를 아래에 붙여 발음합니다. 어렵다면 '공부해'의 '해'를 생각하면 쉽게 발음할 수 있습니다.

[3단계] 악물다는 [앙물다], 곡물은 [공물]로 발음됩니다. 따라서 약물은 [양물], 농작물은 [농장물]이 됩니다. 참고로 이런 발음변화를 '자음동화'라고 합니다.

33회 | 본문 142쪽

1 O, O, O, X 2 ⑤
3 ③ 4 두 번째 그림에 O표
5 ② 6 오줌, 황소, 암행어사

어법·어휘편

[1단계]
[1] 부렸다 [2] 끼었다 [3] 채웠다

[2단계]
[1] 재치 - ㉡ 눈치가 빠른 재주
[2] 모욕 - ㉢ 깔보고 욕되게 함
[3] 심보 - ㉠ 마음을 쓰는 속 바탕

[3단계]
[2], [4]에 O표

1. 이 글의 '장해 선생님'은 많은 제자에게 가르침을 주었고, 안개를 끼게 하는 신비로운 요술을 부릴 수도 있었습니다. 그런데 그는 욕심 많은 부자가 오는 것을 원하지 않아 그가 올 수 없도록 하였습니다. 쉽게 돈을 벌 수 있다는 것은 부자의 생각일 뿐, 장해 선생님이 한 일은 아닙니다.

2. 욕심 많은 부자가 장해 선생님을 찾으러 갈 때마다 안개가 끼어 찾아뵐 수 없습니다. 결국 정답은 '장해 선생님의 집으로 가는 방향을 찾을 수 없었기 때문이야.'가 됩니다.

3. '모호하다'는 '말이나 태도가 흐리터분하여 분명하지 않다'는 뜻입니다. '모호하게 대답을 얼버무렸다'와 같이 쓰입니다. 반면 '신기하다'는 '믿을 수 없을 정도로 색다르고 놀랍다'는 뜻입니다. 따라서 '신기하다'와 '모호하다'는 어울리는 쌍이 아닙니다.

4. '오리무중'은 안개가 짙게 끼어 바로 앞도 안 보이는 상황이므로 두 번째 그림이 적절합니다.

5. '오리무중'이란 '어떤 일이나 상황에 대해 방향을 알 수 없다'는 뜻입니다. 따라서 '어떻게 해야 황소를 되찾을 수 있을지, 방법을 찾기가 정말 어렵네'가 어울립니다.

6. 황 대감은 자신의 밭에 '오줌'을 누는 것이 자신을 모욕하는 것이라 여기고, 농부에게 '황소'를 바치라고 하였습니다. 반면, 오성과 한음은 싸우는 척하면서 그런 못된 사람이 있으면 '암행어사'에게 말할 것이라고 황 대감에게 겁을 주었습니다. 결국 욕심 많은 황 대감은 황소를 농부에게 돌려주었습니다.

어법·어휘편 해설

[1단계] 마술을 부리다의 '부리다'는 '재주나 꾀 따위를 피우다'는 뜻입니다. 예를 들어 '요술을 부리다', '조화를 부리다' 등으로 쓰입니다. 안개가 끼었다의 '끼다'는 '연기나 안개 따위가 퍼져서 서리다'의 의미입니다. '구름이 끼다', '안개가 끼다', '아지랑이가 끼다' 등의 용법이 있습니다. '채우다'는 일정한 공간에 사람, 사물 등이 더 들어갈 수 없게 가득하게 한다는 말입니다.

[2단계] '재치'는 '눈치가 빠른 재주', '모욕'은 '깔보고 욕되게 함', '심보'는 '마음을 쓰는 속바탕'을 뜻합니다.

[3단계] '리'는 과거에 쓰던 단위입니다. 제시된 [보기]와 같이 단위로 사용된 것은 [2], [4]번입니다.

34회 | 본문 146쪽

1 ④
2 ⑤
3 고인 물이 썩는다
4 ②
5 호족, 과거, 활력

어법·어휘편

[1단계]
[1]에 O표

[2단계]
[1] 삼촌의 별장 … - ㉠ 물이 흐르는 소리나 모양
[2] 옆집 강아지는… - ㉡ 자꾸 뒤를 따라다니는 모양

[3단계]
옹달샘

1. 곰은 옹달샘을 발견하고 혼자 차지하기 위해 팻말을 세웠습니다. 그런데 토끼가 팻말을 무시하고 옹달샘에서 물을 마시자, 토끼를 내쫓고 거처를 옹달샘 옆으로 옮겼습니다. 곰 이외의 동물들이 샘물을 이용하지 않자 샘물이 고여 더러운 물웅덩이로 변하게 되고, 이에 실망한 곰은 옹달샘을 떠나게 됩니다. 이후 동물들이 샘물을 먹게 되자 다시 깨끗한 옹달샘이 되었습니다.

2. 곰이 거처를 옹달샘 옆으로 옮겨 다른 동물들이 샘물을 마실 수 없게 되었습니다. 따라서 정답은 ⑤번입니다.

3. '오랫동안 우리끼리만 활동하다 보니 방송에 변화도 없고 발전이 없는 것 같았어.'라는 말이 있어 '고인 물이 썩는다'는 표현을 사용하는 것이 좋습니다.

4. 과거 시험은 호족뿐만 아니라 그 누구나 동등한 조건에서 시험을 치를 수 있었습니다.

5. 이 이야기에서 '고인 물'은 '지방 호족'을 뜻합니다. 지방 호족만 계속해서 관직에 나가게 되면 늘 하던대로만 하게 되어 사회의 활력이 떨어지기 때문에 과거 시험을 통해 새로운 인물들을 등용하였습니다.

어법·어휘편 해설

[1단계] '어처구니'는 '없다'와 함께 쓰여, 뜻밖이거나 한심해서 기가 막힌다는 뜻입니다. '어이 없다'와 같은 말입니다. 따라서 '마른 하늘에 날벼락이라니 어처구니가 없다'가 바른 표현입니다.

[2단계] '졸졸'은 '가는 물줄기 따위가 잇달아 부드럽게 흐르는 소리', '작은 동물이나 사람이 자꾸 뒤를 따라다니는 모양'을 뜻합니다. 예를 들어 '시냇물이 졸졸 흐르다', '강아지가 노인을 졸졸 따라다녔다' 등으로 쓰입니다. 참고로 '줄줄'이 있는데, '졸졸'에 비해 조금 무겁고 어두운 느낌을 줍니다.

[3단계] '작고 오목한 샘'은 '옹달샘'이라고 합니다. 여기서 '샘'은 '물이 땅에서 솟아 나오는 곳'을 말합니다.

35회 본문 150쪽

1 두꺼비
2 ②
3 ②
4 도둑, 삼돌이
5 채령에 O표
6 두 번째 칸에 O표

어법·어휘편

[1단계]
[1] 의심   [2] 영문   [3] 자백

[2단계]
[1] ②   [2] ②

[3단계]
[1] ㉠   [2] ㉢   [3] ㉡

1. 촌장은 도둑을 잡기 위해 마을 사람들에게 독 안에 도둑을 보면 손을 무는 두꺼비가 들었다며 독에 손을 한 번씩 넣으라고 했습니다.

2. 도둑은 마을에 살고 있던 삼돌이였고, 촌장의 지혜로운 꾀로 결국 도둑을 잡을 수 있었습니다.

3. ⓐ, ⓒ, ⓓ, ⓔ의 '독'은 간장, 김치 등을 담가두는 항아리를 뜻하고, ⓑ의 '독'은 건강이나 생명에 해가 되는 성분을 뜻합니다.

4. '독 안에 든'은 도둑인 것을 들켜 도망갈 곳이 없어진 상황을 가리키고, '쥐'는 도둑으로 잡힐 위기에 처한 '삼돌이'를 가리킵니다.

5. 삼돌이는 촌장이 말한 독 안에 정말 두꺼비가 들어 있을 줄 알고 자신이 도둑이니까 두꺼비에게 물릴까 봐 겁이 났습니다.

6. '독 안에 든 쥐'는 아무리 애를 써도 벗어나지 못하는 궁지에 몰린 경우이므로, 도둑이 가게 안에 갇혀 나오지 못하는 상황에 어울리는 표현입니다.

어법·어휘편 해설

[1단계] '의심'은 믿지 못해서 의아하게 여긴다는 뜻이고, '영문'은 어떤 일이 진행되는 까닭을 뜻합니다. '자백'은 자신의 죄를 스스로 고백함을 뜻합니다.

[2단계] '잦아들다'는 가라앉으며 조용해진다는 뜻이고, '흙빛이 되다'는 얼굴빛이 어두워진다는 뜻으로 쓰이는 말입니다.

[3단계] [1]에서 '묵은'은 두꺼비가 오래 살았다는 뜻으로 쓰였고, [2]에서 '묵은'은 오랫동안 사용되지 않고 그대로 두었다는 뜻으로 쓰였습니다. [3]에서 '묵게'는 일정한 곳에서 나그네로 머무른다는 뜻으로 쓰였습니다.

36회 본문 156쪽

1 파란, 광부, 청바지
2 ④
3 ⑤
4 환골탈태
5 ⑤
6 [3]에 O표

어법·어휘편

[1단계]
[1] 생산 - ㉠ 물건 등을 만들어 냄
[2] 노동 - ㉢ 몸을 움직여 일함
[3] 의뢰 - ㉡ 남에게 부탁함

[2단계]
[1] 적자 - ㉠ 사용한 돈보다 … 손해를 본 상황
[2] 흑자 - ㉡ 사용한 돈보다 … 이익을 본 상황

[3단계]
첫 번째 그림에 O표

1. 천막용 천을 생산하던 중 직원의 실수로 색깔을 모두 파란색으로 물들여 천이 팔리지 않자, 스트라우스는 남은 천으로 광부용 바지인 청바지를 만들었습니다.

2. 청바지는 천막용 천으로 만들었기 때문에 질기고 튼튼해서 잘 해지지 않아서 광부들에게 인기를 끌었습니다.

3. 스트라우스가 천막용 천으로 만들었던 청바지는 세계 곳곳에서 가장 많이 팔리는 옷 중 하나가 되었습니다.

4. 천막용 천이 청바지로 만들어져 사람들에게 인기를 끈 것은 천막용 천이 더 나은 방향으로 변하여 완전히 달라진 것이므로 '환골탈태'라 할 수 있습니다.

5. '장점'과 '단점'은 서로 반대되는 뜻으로 쓰이는 말입니다.

6. '환골탈태'는 사람이나 사물이 좋은 방향으로 바뀐 경우에 사용하는 말이므로 [3]이 적절한 표현입니다.

어법·어휘편 해설

[1단계] '생산'은 물건 등을 만들어 내는 일을 뜻하고, '노동'은 몸을 움직여 일하는 것을 뜻합니다. '의뢰'는 남에게 부탁함을 나타내는 말입니다.

[2단계] '적자'는 물건을 팔아서 손해를 본 상황이고, '흑자'는 물건을 팔아서 이익을 남긴 상황을 뜻합니다.

[3단계] '광부'는 광산에서 광물을 캐어 내는 사람입니다.

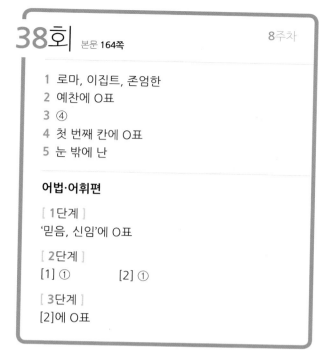

1 더운 날 - 우산, 부채
  비 오는 날 - 부채, 우산
  아저씨의 말을 들은 후 - 작은, 큰
2 영지에 O표
3 ④　　4 ①
5 첫 번째 칸에 O표　　　　6 ③

어법·어휘편

[1단계]
[1] 장사　　　　[2] 장수　　　　[3] 근심
[2단계]
[1] 폭염 - ⓒ 매우 심한 더위
[2] 호우 - ㉠ 줄기차게 내리는 크고 많은 비
[3] 혹한 - ⓛ 몹시 심한 추위
[3단계]
혀

1 로마, 이집트, 존엄한
2 예찬에 O표
3 ④
4 첫 번째 칸에 O표
5 눈 밖에 난

어법·어휘편

[1단계]
'믿음, 신임'에 O표
[2단계]
[1] ①　　　　　[2] ①
[3단계]
[2]에 O표

1. 어머니는 더우면 사람들이 '우산'보다 '부채'를 사서 큰아들이 걱정되었고, 비가 오면 '부채'보다는 '우산'이 팔리게 되어 작은아들 걱정을 하였습니다. 하지만 옆집 아저씨의 말을 듣고 더우면 '작은아들'의 장사가 잘되어 기쁘고, 비 오면 '큰아들'의 장사가 잘되니 걱정할 필요가 없다는 것을 알게 되었습니다.

2. 아들들을 걱정하는 어머니를 위해 그들이 할 수 있는 것은 '최선을 다해 일을 열심히 하여 걱정 시켜 드리지 않는 것'입니다.

3. 아저씨는 '더운 날이면 작은아들이, 비가 오는 날이면 큰아들이 장사를 잘할 텐데 하루하루가 기뻐야 하는 일 아니오?'라고 말했습니다. 즉 '생각하기에 따라 나쁜 일처럼 보이는 것도 좋은 일이 될 수 있다'는 말입니다.

4. '가지 많은 나무에 바람 잘 날 없다'라는 속담은 '자식을 많이 가진 부모님은 많은 자식을 하나하나 챙기느라 걱정이 그칠 날이 없다'라는 말입니다. 이 글에서 '가지 많은 나무'는 '어머니'를 뜻하며, '바람 잘 날'은 '걱정이 없는 날'을 의미합니다.

5. '가지 많은 나무에 바람 잘 날 없다'와 관련 깊은 상황은 첫 번째입니다. 삼 남매를 챙기느라 늘 바쁜 부모님을 말하고 있기 때문입니다.

6. '가지 많은 나무에 바람 잘 날 없다'와 '새끼 아홉 둔 소 길마 벗을 날 없다'는 비슷한 말로서, 두 속담 모두 자식이 많은 부모의 걱정을 이야기하고 있습니다.

어법·어휘편 해설

[1단계] 묵과 콩나물을 파는 행동과 관련 깊은 낱말은 '장사'입니다. 그리고 엿과 같은 물건을 파는 사람을 '장수'라고 합니다. '근심'은 '걱정'과 같은 말입니다.

[2단계] '폭염'은 '매우 심한 더위'를 말하며, '호우'는 '줄기차게 내리는 크고 많은 비'를 뜻합니다. '혹한'은 '몹시 심한 추위'에 쓰입니다.

[3단계] 어떤 일을 참는 것이기에 첫 번째는 '혀를 깨물다'가 적절하며, 그림 솜씨에 놀라는 것은 '혀를 내두르다'가 사용됩니다. 마지막으로 싸우는 모습에 유감을 표하는 것은 '혀를 차다'를 씁니다.

1. 안토니우스는 이집트의 클레오파트라에게 반해 '로마'의 땅 일부를 선물했습니다. 클레오파트라는 안토니우스를 유혹해 '이집트'를 다시 일으키려고 했습니다. 옥타비아누스는 안토니우스를 이기고 로마의 황제가 된 뒤 '존엄한' 사람이라는 뜻의 '아우구스투스'라는 이름을 얻었습니다.

2. 로마 시민들은 안토니우스가 로마의 땅 일부를 클레오파트라에게 주자 그를 비난했고, 옥타비아누스는 군사들의 힘이 약했지만 안토니우스와 싸워 이겼습니다.

3. 안토니우스가 클레오파트라의 유혹에 빠져 결혼하고, 로마의 땅 일부를 선물하는 바람에 로마 시민들은 안토니우스를 비난했습니다.

4. 맹자는 왕에게 나라를 제대로 다스리지 못하는 왕은 왕의 자리에서 내려와야 한다는 말을 하려고 질문을 이끌어 나갔습니다.

5. '마음을 잃다'는 마음에서 멀어졌다는 뜻으로 '눈 밖에 나다'와 비슷한 뜻으로 쓰이는 관용어입니다.

어법·어휘편 해설

[1단계] '신뢰'는 믿고 의지한다는 뜻으로 '믿음', '신임' 등과 비슷한 말입니다.

[2단계] '통치하다'는 나라를 다스린다는 뜻이고, '분노하다'는 몹시 성이 난 상태를 나타내는 말입니다.

[3단계] [2]의 '반해'는 마음이 끌려 좋아한다는 뜻으로 사용되었고, [1]의 '반해'와 [3]의 '반하는'은 무엇이 반대로 되거나 거스른다는 뜻으로 쓰였습니다.

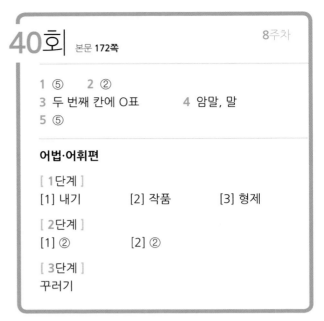

1 X, O, X

2 ④

3 ㉰ 갈라테아 같은 사람과 …

4 불철주야

5 ⑤

6 두 번째 칸에 O표

어법·어휘편

[1단계]

[1] 빌다 - ㉢ 소원대로 되길 바라며 기도하다

[2] 일다 - ㉠ (새로) 생기다

[3] 이루다 - ㉡ 뜻대로 되다

[2단계]

'점점, 차차'에 O표

[3단계]

[1] ②　　　　[2] ③　　　　[3] ①

---

1. 피그말리온은 세상에서 가장 아름다운 여인의 모습을 조각으로 남기고 싶었고, 그가 만든 조각상에 이름을 붙여 주었습니다. 피그말리온의 정성에 감동한 아프로디테는 그의 소원을 들어주어, 조각상이 사랑스러운 여인으로 변했습니다.

2. ㉠, ㉡, ㉢, ㉭은 '갈라테아'를 가리키고, ㉣은 '아프로디테'를 가리킵니다.

3. 피그말리온은 자신이 만든 조각상인 갈라테아를 사랑하게 되었습니다.

4. '불철주야'는 밤낮을 가리지 않고 어떤 일에 몰두하여 힘쓴다는 뜻입니다.

5. '불철주야 공부하다'는 밤낮을 가리지 않고 쉴 틈 없이 공부한다는 뜻입니다.

6. '불철주야'는 어떤 일을 매우 열심히 하는 상황을 말하므로, 고마움을 느낄 때 사용하는 표현이 아닙니다.

어법·어휘편 해설

[1단계] '빌다'는 소원대로 되기를 바라며 기도한다는 뜻이고, '일다'는 없던 것이 새로 생긴다는 뜻입니다. '이루다'는 어떤 일이 뜻대로 되었다는 뜻입니다.

[2단계] '점차'는 '시간이나 차례에 따라 조금씩'이라는 뜻으로 '점점', '차차'와 비슷한 말입니다.

[3단계] [1]은 동생의 이름을 따서 강아지의 이름을 지어준 경우이므로 ②이고, [2]는 닫힌 깡통의 뚜껑을 땄으므로 ③의 경우이며, [3]은 나무에 붙어 있는 사과를 떼어냈으므로 ①의 뜻으로 쓰였습니다.

---

1 ⑤　　　2 ②

3 두 번째 칸에 O표　　　4 암말, 말

5 ⑤

어법·어휘편

[1단계]

[1] 내기　　　　[2] 작품　　　　[3] 형제

[2단계]

[1] ②　　　　[2] ②

[3단계]

꾸러기

---

1. 난쟁이 형제들이 만든 '묠니르'는 로키의 형인 '토르'에게 선물 되었습니다. 만약 로키가 난쟁이 형제들을 방해하는 데 실패했다면 '자루가 짧은 묠니르'는 완성될 수 없었을 것입니다. 그리고 난쟁이 형제가 만든 선물의 개수는 '세 개'이고, 로키와 난쟁이와의 내기로 인해 시작되었습니다.

2. '묠니르'는 난쟁이 형제가 가장 심혈을 기울인 작품인데 로키의 방해로 자루가 짧아진 망치였습니다. 따라서 ②번의 그림이 '묠니르'로 적절합니다.

3. 로키의 장난으로 묠니르의 자루가 짧아져 두 손으로 들 수 없게 되었습니다. 이에 난쟁이 형제는 '다 된 밥에 재를 뿌린다'는 말로 안타까움을 표현하였습니다.

4. 이 이야기에서 로키는 아름다운 '암말'로 변신하여 바위를 나르던 거대한 '말'을 유혹하였습니다. 결국 바위를 싣고 오지 못한 사내는 기한 내에 성벽을 쌓는 데 실패하고 말았습니다.

5. 로키의 장난이 없었다면 성벽을 완성할 수 있었을 것입니다. 따라서 '다 끝나 가는 일을 망치는구나!'라는 말로 바꾸어 쓸 수 있습니다.

어법·어휘편 해설

[1단계] '내기'는 무언가를 걸고 승부를 겨루는 것입니다. 예를 들어 돈내기 등으로 쓰입니다. '작품'은 사람이 직접 손으로 만들어 낸 물건을 뜻하며, '형제'는 형과 동생을 함께 부르는 말입니다.

[2단계] '일정하다'는 '전체적으로 흐름이나 절차가 규칙적이다'라는 뜻으로, '일정한'은 '변함없는'과 바꾸어 쓸 수 있습니다. '거듭하다'는 '어떤 일을 자꾸 되풀이하다'라는 뜻으로, '반복하다'로 대신 쓸 수 있습니다.

[3단계] 꾸러기라는 낱말이 '잠', '장난', '심술' 과 같은 낱말 뒤에 쓰이면 '그것이 심하거나 많은 사람'을 뜻합니다. 예를 들어 '잠꾸러기'는 '잠이 많은 사람'을 뜻하고 '심술꾸러기'는 '심술이 많은 사람'을 의미합니다.

8주차 주말부록 **정답**　　　　본문 176쪽

① 쌓이 / 쌓이

스스로 붙임딱지 **활용법**

공부를 마치면 아래 보기를 참고해 알맞은 붙임딱지를 '학습결과 점검표'에 붙이세요. ※붙임딱지는 마지막 장에 있습니다.

다 풀고 나서 스스로 대단하다는 생각이 들었을 때
- 정답 수 : 3개 이상
- 걸린 시간 : 10분 이하

열심히 풀었지만 어려운 문제가 있었을 때
- 정답 수 : 2개 이하
- 걸린 시간 : 20분 이상

오늘 읽은 글이 재미있었을 때
- 내용이 어려웠지만 점수와 상관없이 학생이 재미있게 학습했다면

스스로 공부를 시작하고 끝까지 마쳤을 때
- 학생이 스스로 먼저 오늘 할 공부를 시작하고 끝까지 했다면

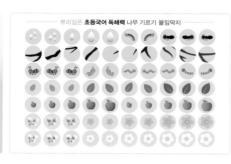

독해력 나무 기르기 **붙임딱지 활용법**

공부를 마치면 아래 설명을 참고해 알맞은 붙임딱지를 '독해력 나무 기르기'에 붙이세요. 나무를 완성해 가면서 끝까지 공부를 했다는 성취감을 느껴 보세요.
※독해력 나무 기르기는 뒤쪽에 있습니다.

❶ 그날 학습을 마쳤을 때, 학습을 한 회차 칸에 어울리는 붙임딱지를 자유롭게 붙이세요.
❷ 첫째~셋째 줄까지는 뿌리 부분(1~20일차)에 붙이는 붙임딱지입니다. 뿌리 모양 붙임딱지는 뿌리 끝의 모양에 맞춰서 붙여 보세요.
❸ 넷째~일곱째 줄까지는 나무 부분(21~40일차)에 붙이는 붙임딱지입니다.

2024 The 4th Mothertongue Scholarship for TOP Elementary School Students

2024 마더텅 제4기 초등학교 성적 우수 장학생 모집

🎓 2024년 저희 교재로 열심히 공부해 주신 분들께 장학금을 드립니다! 🎓

🏆 지원 자격 및 장학금

초1 ~ 초6

대상	금상	은상
30만 원	10만 원	3만 원

지 원 과 목 국어/영어/한자 중 최소 1과목 이상 지원 가능 ※여러 과목 지원 시 가산점이 부여됩니다.

제 출 서 류 아래 2가지 항목 중 최소 1개 이상 서류 제출
① 2023년 2학기 혹은 2024년 1학기 초등학교 생활통지표 등 학교에서 배부한 학업성취도를 확인할 수 있는 서류
② 2023년 7월~2024년 6월 시행 초등학생 대상 국어/영어/한자 해당 인증시험 성적표
책과함께 KBS한국어능력시험, J-ToKL, 전국영어학력경시대회, G-TELP Jr., TOEFL Jr., TOEIC Bridge, TOSEL, 한자능력검정시험(한국어문회, 대한검정회, 한자교육진흥회 주관)

📢 위 조건에 해당한다면 마더텅 초등교재로 공부하면서 느낀 점과 공부 방법, 학업 성취, 성적 변화 등에 관한 자신만의 수기를 작성해서 마더텅으로 보내 주세요. 우수한 글을 보내 주신 분들께 **수기 공모 장학금**을 드립니다!

응 모 대 상 　마더텅 초등 교재들로 공부한 초1~초6

뿌리깊은 초등국어 독해력, 뿌리깊은 초등국어 독해력 어휘편, 뿌리깊은 초등국어 독해력 한국사, 뿌리깊은 초등국어 한자, 초등영문법 3800제, 초등영문법 777, 초등영어 받아쓰기·듣기 10회 모의고사, 초등교과서 영단어 2400, 비주얼파닉스 Visual Phonics, 중학영문법 3800제 스타터 중 최소 1권 이상으로 신청 가능

응 모 방 법 　① 마더텅 홈페이지(www.toptutor.co.kr)의 [고객센터-이벤트] 게시판에 접속
② [2024 마더텅 초등학교 장학생 선발] 클릭 후 지원하는 분야의 [2024 마더텅 초등학교 장학생 지원서 양식]을 다운
③ [2024 마더텅 초등학교 장학생 지원서 양식] 작성 후 메일(mothert.marketing@gmail.com)로 발송

선 발 일 정 　접수기한 2024년 7월 31일　수상자 발표일 2024년 8월 12일　장학금 수여일 2024년 9월 11일

뿌리깊은 초등국어 독해력 나무 기르기

*하루 공부를 마칠 때마다 붙임딱지를 붙여서 독해력 나무를 길러보세요!

| 이름 | | 공부 시작한 날 | 년 월 일 | 공부 끝난 날 | 년 월 일 |

● 가장 좋았던 글은 무엇이었나요?　제목

이유